社会治理现代化研究丛书

　　本书为北京大学政府管理学院、北京大学城市治理研究院、北京大学首都发展研究院所承担的水体污染控制与治理科技重大专项"城市污水处理厂及配套管网运行绩效管理体系研究与示范"课题之子课题"城市排水行业管理绩效体系研究及示范"成果。

城市排水行业政府绩效
管理研究

CHENGSHI PAISHUI HANGYE ZHENGFU JIXIAO
GUANLI YANJIU

沈体雁　黄　宁　郭　洁◎著

北京大学城市治理研究院出品

中国出版集团公司
世界图书出版公司
广州·上海·西安·北京

图书在版编目（CIP）数据

城市排水行业政府绩效管理研究 / 沈体雁，黄宁，郭洁著. — 广州：世界图书出版广东有限公司, 2017.8
ISBN 978-7-5192-3487-4

Ⅰ.①城… Ⅱ.①沈… ②黄… ③郭… Ⅲ.①市政工程—排水—国家行政机关—行政管理—研究—中国
Ⅳ.①D630.1

中国版本图书馆CIP数据核字（2017）第198771号

书　　名	城市排水行业政府绩效管理研究
	CHENGSHI PAISHUI HANGYE ZHENGFU JIXIAO GUANLI YANJIU
著　　者	沈体雁　黄宁　郭洁
责任编辑	孔令钢
装帧设计	黑眼圈工作室
出版发行	世界图书出版广东有限公司
地　　址	广州市新港西路大江冲25号
邮　　编	510300
电　　话	020-84460408
网　　址	http:// www.gdst.com.cn
邮　　箱	wpc_gdst@163.com
经　　销	新华书店
印　　刷	北京市金星印务有限公司
开　　本	710mm×1000mm　1/16
印　　张	15.75
字　　数	263千
版　　次	2017年8月第1版　2017年8月第1次印刷
国际书号	ISBN　978-7-5192-3487-4
定　　价	55.00元

课题成员

课题委托单位：

北京城市排水集团有限责任公司

课题组长：

沈体雁　北京大学政府管理学院教授、博士生导师，城市治理研究院执行院长、首都发展研究院副院长

课题组成员：

周志忍　北京大学政府管理学院教授、博士生导师

徐朝阳　中国社会科学院博士、中核投资有限公司法律总顾问

何燎原　北京大学政府管理学院博士后、香港冰源资本合伙人

温锋华　北京大学政府管理学院博士后、中央财经大学政府管理学院副教授

魏海涛　北京大学政府管理学院博士后、中央财经大学政府管理学院副教授

劳　昕　北京大学政府管理学院博士、中国地质大学（北京）人文经管学院讲师

常　旭　北京大学政府管理学院博士后、北京北达城市规划研究院副总规划师

张云飞　北京大学政府管理学院博士后、北京北达城市规划研究院高级规划师

郭　洁　北京大学政府管理学院博士研究生

李　乐　北京大学政府管理学院博士

黄　宁　北京大学政府管理学院硕士、国家开发银行工作人员

向　前　北京大学政府管理学院硕士

前　言

开展水务行业绩效管理是全面落实国家节能减排政策、促进城市水环境规划管理科学化、实现水体污染控制与治理的重要举措。科学评估和有效提升各级政府推行城市排水行业管理的绩效，是城市污水处理厂网绩效管理体系研究的重要前提和关键内容。根据国家水专项课题"城市污水处理厂及配套管网运行绩效管理体系研究与示范"的要求，2009年1月至2013年4月，北京大学政府管理学院、北京大学城市治理研究院、北京大学首都发展研究院、北京城市排水集团有限责任公司、上海市城市排水有限公司、上海城投污水处理有限公司等单位联合开展了"城市排水行业管理绩效体系与示范"子课题研究（编号：2009ZX07318-005-02），旨在从提升各级政府城市排水行业管理能力的角度，研究我国城市排水行业管理及投融资体制现状，构建城市排水行业管理绩效指标体系及考核评价方法，提出改进排水行业管理和投融资体制、提升城市排水行业管理绩效的可行建议，为探索建立城市污水处理厂网绩效管理体系提供条件和支撑。

本研究回顾和总结了我国城市排水行业管理体制，特别是投融资体制的发展历程，分析了现行管理体制，特别是投融资体制的现状与问题；以国家相关法规为依据，借鉴国内外城市排水行业管理经验，进一步明确我国城市排水行业管理体制的目标模式，界定各级政府、排水企业和排水户之间的权责关系；在此基础上，通过对国内外城市排水行业政府绩效管理模式的比对分析，提出我国城市排水行业绩效管理体系，包括理论、方法、目标、层次、流程和发展路线图；进而从省级政府和城市政府两个层次构建城市排水行业政府绩效指标和测度体系，并采用省级模拟数据进行验证研究，初步提出了我国城市排水行业政府绩效评估报告的内容框架和体例；最后提出我国城市排水行业绩效管理的实施体系，研究了城市排水行业投融资体制的现状、问题、改革目标与建议，为"十二五"、"十三五"以及更长一段时期深入研究和系统建立我国城市排水行业管理绩效评估与实施体系奠定基础。

　　本书在课题组调查研究的基础上，主要由沈体雁、黄宁、郭洁三位作者撰写完成。课题研究和书稿撰写过程中，得到了北京城市排水集团有限责任公司的林雪梅董事长、蒋勇副总经理的指导以及阜葳、黄韵、杨柳、秦惠雄、李鑫伟等同事的帮助，也得到了北京大学政府管理学院周志忍教授等课题组成员的支持以及北京大学城市治理研究院、首都发展研究院各位同事们的鼓励，世界图书出版广东有限公司的孔令钢编辑也给予了积极敦促，在此一并感谢！由于时间、精力、能力所限，本书难免有很多不足之处，恳请各位读者批评指正！

沈体雁

2017 年 4 月 28 日

目　录

1 城市排水行业政府绩效管理及其重要意义

1.1 什么是政府绩效管理

1.1.1 什么是绩效管理

绩效，从语义学的角度来看，指的是成绩和成效，其中成绩是指"工作或学习的收获"，即强调针对工作或学习成果的主观评价；成效是指"功效或效果"，即强调工作或学习所造成的客观后果和影响[1]。因此，绩效的含义就是二者的综合，即"工作或学习的收获和效果"[2]。目前，由于界定绩效的层次和视角不同，主要存在以下三种理解绩效的观点：

第一种观点认为绩效属于结果范畴。这是传统绩效管理对于绩效的认识，泰罗、法约尔等都认为应当从结果的角度衡量和测度绩效，德鲁克更是提出了成果第一的方针。

第二种观点认为绩效属于行为范畴。有学者认为，许多工作结果可能会受到许多与工作无关的其他因素影响；过度关注结果会导致忽视重要过程和人际因素，不

---

[1] 陈巍，曹丹. 绩效评估与政府责任机制的完善 [J]. 湖南社会科学，2008(6):217-220.

[2] 现代汉语词典 [Z]. 商务印书馆，1997:602、158、159。转引自盛明科. 服务型政府——绩效评估体系构建与制度安排研究 [M]. 湘潭大学出版社，2009:25.

适当地强调结果可能会在工作要求上误导员工[1]。Murphy 给绩效下的定义是："绩效是与一个人在其中工作的组织或组织单元的目标有关的一组行为。"[2]

第三种观点认为，绩效属于能力范畴。持这种观点的学者认为，从员工个人角度来看，绩效应当是一种能力，因为能力是个人的基本特征，它与一项工作或一定条件下的参考标准或优良的绩效存在着一定的因果关系，也就是能力意味着未来的高绩效[3]。

本研究认为，绩效是"特定行为主体的生产或管理活动所取得的成就或产生的社会效果"。这里的行为主体可以是一个单位，也可以是个人。

学术界对绩效管理尚未形成一致、准确的定义。从现有文献和管理实践看，绩效管理主要有三种含义。

1.1.1.1 作为系统工程的绩效管理

按照哈佛大学教授罗伯特·本的说法："绩效管理就是公共机构领导人积极的、有意识的系统化努力，以便向公民提供更多、更好的结果。"[4] 因此，绩效管理具有明确的指向性，即为了有效地提高绩效而实施的管理。著名学者迈克尔·阿姆斯特朗曾经指出，绩效管理涉及组织管理的各个环节，是多种技术有机结合的产物，具有自己的理念、理论和操作特点。绩效管理主要是为了提高政府绩效而进行的管理活动，涵盖了目标责任制、组织绩效评估、项目评估、质量管理、流程再造、标杆管理等多项内容，是既相对独立又有机集合的整体。

1.1.1.2 作为动态过程的绩效管理

美国"国家绩效评鉴委员会"的绩效管理定义是："使用绩效评估信息帮助建立绩效目标，分配并优先配给资源，通知管理者确定或改变目前的政策或项目方向

---

[1] Richard S. Williams. *Performance Management.* London: International Thomson Business Press, 1998.

[2] Richard S. Williams. *Performance Management.* London: International Thomson Business Press, 1998.

[3] 威廉姆斯. 组织绩效管理 [M]. 清华大学出版社 , 2002.

[4] Behn, Robert D. (2003), One Approach to Performance Leadership: Eleven "Better Practices" That Can Help "Ratchet Up" Performance, *paper prepared for The Twenty-Fifth Annual Research Conference, The Association for Public Policy Analysis and Management, Washington, D.C.*

以满足制定的目标，并报告是否成功地满足了这些目标。"[1] 美国总审计署认为绩效管理是一个"由相互补充的三大环节构成的动态过程，包括确定战略方向，制定年度目标和测度体系，报告绩效水平"。实践中，美国政府部门的绩效管理一般包括四个环节：部门绩效的战略规划；年度绩效计划；持续性绩效管理；绩效评估、报告和信息利用。每个环节由不同的要素构成，以战略规划（一般覆盖期 5 年）为例，包括了系统的使命陈述、目标体系的确立、手段和策略描述、外部因素和风险分析等要素 [2]。

与作为系统工程的绩效管理概念不同，这里的绩效管理是作为一个过程而存在的。绩效管理由一系列具体操作程序构成，每一个操作程序都具备自身的标准、要求和规范，每个操作程序串联起来，便形成了绩效管理。由于其具备操作性强的特点，因此在目前国际既有的绩效管理实践中居于主流地位。

1.1.1.3 作为人力资源开发手段的绩效管理

作为人力资源的开发手段，绩效管理可以被定义为围绕组织绩效提高这一目标而实施的人力资源管理原则和技术。阿姆斯特朗列举了这些管理原则和技术，包括共识管理、民主管理、参与管理、雇员素质与能力分析、团队精神的塑造、考核制度的完善与改进、业绩工资制和其他激励措施、雇员培训与发展等等。简言之，绩效管理是围绕组织绩效而实施的人力资源管理，它的着眼点是组织绩效，但关注的领域主要限于人力资源开发与管理。这也是对绩效管理的狭义解释。需要说明的是，尽管有其历史渊源，绩效管理的这一界定在政府管理中已经影响式微。

当代对政府绩效管理的界定存在两种主导模式，"作为系统工程的绩效管理"和"作为动态过程的绩效管理"，每种界定包含着不同的要素和不同的要素组合方式：作为系统工程的绩效管理的要素属于"横向板块式"组合，而作为动态过程的绩效管理的要素更倾向于纵向式组合。

---

[1] 转引自 Holzer, Marc. *Performance Measurement and Improvement in the Public Sector*. Chinese Public Administration, No. 3, 2000. 绩效评鉴委员会（National Performance Review）由副总统戈尔挂帅，是克林顿时期政府改革的总设计师。1997 年更名为"全国重塑政府伙伴委员会"（National Partnership for Reinventing Government），强调和私营部门、非政府组织、公民合作以实现政府的重塑。

[2] 周志忍. 效能建设：绩效管理的福建模式及其启示 [J]. 中国行政管理，2008(11):42-47.

1.1.2 什么是政府绩效管理

目前，学者们主要从三个角度来理解政府绩效管理的含义：一是基于过程的政府绩效管理，如科尔尼认为绩效就是"为实现结果而管理公共项目"[1]；二是基于公共产品或公共服务质量的政府绩效管理，如哈特瑞认为如果以牺牲公共服务质量为代价来降低单位产出的成本（效率），或者提高单位投入获得产出（生产力），这种效率的提高实际上扭曲了政府绩效的真正内涵；三是基于政府使用或支配资源能力的政府绩效管理，如 OECD 将绩效界定为一个组织或部门获取资源并高效率、高效益地使用这些资源实现目标的熟练性。

综上所述，目前并不存在一个被大家广泛接受的政府绩效的定义。本研究采用盛明科的观点，认为政府绩效分为内部绩效和外部绩效。内部绩效通常体现为公共产品或公共服务；外部绩效指政府提供的公共产品或公共服务所取得的实际效果。政府绩效是指在既定资源条件下为满足公众需要，政府通过自身内部管理和实施各种行为或公共项目的效率以及对社会产生的实际影响和效果[2]。

1.1.3 政府绩效管理的目标

无论是作为系统工程的绩效管理还是作为动态过程的绩效管理，以及作为人力资源开发手段的绩效管理，政府绩效管理的终极目标都是为了提升政府绩效，提高政府行政效率和效能，更好地做到服务民众、服务社会[3]。

具体来看，政府绩效管理的目标体系是使命确定后的指路牌和里程碑。根据法规要求和实践，不同部门的目标体系不一样。下面介绍绩效管理目标的具体层次以及设定的方法。

1.1.3.1 目标的层级体系

一般分为三个层次：战略目标（strategic goals）、总目标（general goals）、绩

---

[1] Richard C. Kearney. Public Sector Performance: Management, Motivation, and Measurement. Boulder, Colorado: Westview Press, 1999:1-2.

[2] 盛明科. 服务型政府——绩效评估体系构建于制度安排研究 [M]. 湘潭大学出版社 , 2009:28.

[3] 温锋华，郭洁，沈体雁. 基于云计算的我国城市排水行业政府绩效管理网络研究 [J]. 城市发展研究 , 2013, 20(8):127-131.

效目标（performance objective）。以美国交通部的目标体系为例，它有五个战略目标："更安全的交通、更便捷的交通、全球链接、环境指导、创造卓越（即交通部要在内部管理方面成为典范）。""更安全的交通"再划分为五个总目标：①高速公路安全目标——2008 年以前高速公路事故死亡率降低到亿分之一，大型货运卡车重大事故死亡率降低到亿分之 1.65。②航空运输安全目标——2008 年以前商业航空运输重大事故率降低到百万分之 0.1，重大事故降低到每年 325 次以下。③铁路运输安全目标——2008 年以前铁路运输事故和意外中断率降低到每百万英里 16.14。④市内交通安全目标——2008 年以前市内交通安全事故死亡率降低到亿分之 0.488。⑤管道运输安全目标——2008 年以前天然气和有害液体运输管道的总事故数降低到每年 307 次 [1]。

1.1.3.2　目标的表述方式

战略目标可以笼统，但总目标和绩效目标应该具体。按照管理和预算办公室的要求，这些目标可以有三种表述方式：①定量目标，如"到 2010 年，70% 的美国家庭拥有自己的住房"；②可直接测定的目标即项目目标，如"2005 年底以前完成马的基因测序工程"；③以评估为基础（assessment-based）的目标，如"到 9 年级时，参加过政府举办的学前教育项目的儿童，其教育水平应至少达到其他同龄儿童的水平"[2]。

1.1.3.3　目标设定应遵循的原则

包括公民为本、结果导向、广泛参与等。以"结果导向"为例，评价部门绩效的重点不是投入及过程，而是给社会带来的客观效果。比如治安绩效管理的评价，普通民众关注点不在政府投入的财政资源、安保人员，而是自家是否安装防盗栏，进而从小区防盗栏安装层数这一客观结果反映治安管理的绩效。

1.1.4　政府绩效管理的层次

政府绩效管理具有多层次的特点，可根据管理实践而灵活确定。既有宏观层次的绩效，又有微观层次的绩效；既有针对整体组织的绩效，也有针对个人的绩效。以单位绩效为例，既可以针对整个政府，也可以针对政府中的一个组成部分。

---

[1]　周志忍 . 发达国家政府的绩效管理 [J]. 新远见 , 2009(12):106-115.

[2]　周志忍 . 发达国家政府的绩效管理 [J]. 新远见 , 2009(12):106-115.

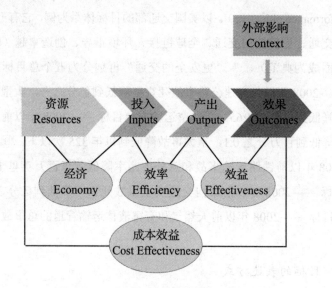

图 1.1.1　英国财政部政府绩效内容示意图

按照目前国际通用的框架，微观层面的政府绩效主要包括"三 E"，即经济（Economy）、效率（Efficiency）和效益（Effectiveness）。英国财政部依据"三 E"原则提出了政府绩效管理的内容框架，见图 1.1.1。从中可以看出，所谓"三 E"实际上是"资源"、"投入"、"产出"和"效果"四个基本概念之间的三种相互关系。"资源"就是预算拨款，它是任何政府部门获取的资源的最初形态；然后用预算资金来用人、留人、购买设备、保护及维持办公条件等等，这些都是管理过程中的"投入"；人力、物力、财力等投入转换成"产出"；产出最后导致所期望的社会效果。政府工作从一定程度讲，就是从资源到追求的结果的一个转换过程。管理就是对这个过程的驾驭。这里讲的"经济"实际上就是资源向投入的转换状况；"效率"是投入产出比；"效益"是产出对社会的影响，目前包括产出的质量、社会效果、公民满意等。

需要强调的是，产出与效益之间并不是线性关系，一个政府部门的产出多并不一定意味着效果好。政策是部门的一个产出，如果政策制定有误，对社会的影响可能是负面的。以生活中打击超载问题为例：处理超载的目标是为了交通秩序和安全。警方出动人力拦截超载车辆，交罚款后放行。这里出动的人力、物力等是投入，拦截处理次数和罚款额等是产出，产出跟效益关系不大。交罚款后车辆继续行驶，对交通秩序和安全造成的潜在危险仍然存在。

1.1.5 政府绩效管理的流程

按照美国总审计署的定义，美国联邦政府的绩效管理框架是一个由相互关联的三个步骤所构成的动态过程（见图1.1.2）。第一步，制定战略规划，确定使命和目标；第二步，制定年度绩效计划，确定具体方向和测量标准；第三步，绩效评估、报告和评估信息的利用。

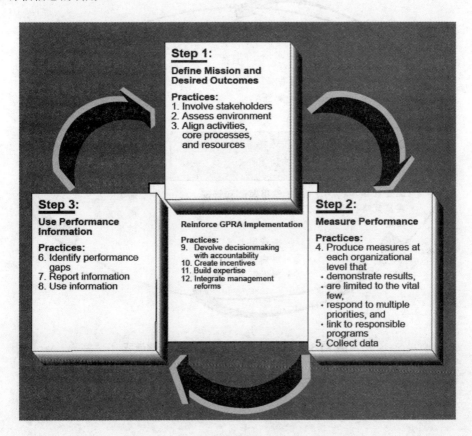

图1.1.2 美国联邦政府的绩效管理框架图

对不同国家和不同层级的政府而言，其绩效管理的环节不完全一样。美国弗吉尼亚州政府绩效管理的框架流程包括战略规划、项目规划、结果测度、结果监测和管理、结果导向的预算、结果报告和评估六个环节（见图1.1.3）。我们可以看出，州政府的绩效管理流程框架与联邦政府略有不同。也就是说，在研究制定特定行业或地区政府绩效管理框架时，我们可以根据政府绩效管理的一般原理和流程以及本行业、本地区实际情况对绩效管理的部分环节和要素进行调整。总体而言，政府绩效管理分为三大环节：一是确定战略目标；二是确定具体方向和衡量标准，即年度绩效计划；三是绩效评估、报告以及绩效信息的利用[1]。

战略规划和绩效测度流程图

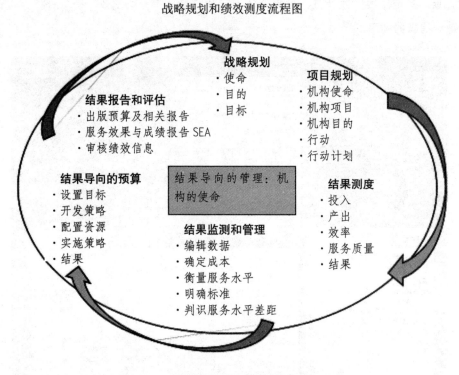

图 1.1.3　美国弗吉尼亚州政府绩效管理流程

1.2　城市排水行业系统

城市排水行业是指从事城市排水系统收集、输送、处理和排放城市污水和雨水的经营单位或者个体的组织结构体系。城镇排水与污水处理是市政公用事业的重要组成部分，直接关系到社会公共利益和公共卫生安全，关系到人民群众的生活质量和环境质量，关系到城镇经济社会的可持续发展。

---

[1]　周志忍. 效能建设：绩效管理的福建模式及其启示 [J]. 中国行政管理，2008(11):42-47.

本报告的研究范围为污水处理的投资、建设和运营，具体包括水资源管理，水厂和水管网的建设、运营和维护，污水处理厂及其管网的建设、运营和维护等方面。

1.3　城市排水行业绩效与政府绩效管理

中国共产党十六届五中全会通过的《中共中央关于制定国民经济和社会发展第十一个五年规划的建议》对推进行政管理体制改革提出了明确的要求，即加强政府绩效管理与评估是深化行政管理体制改革的重要内容和转变政府职能的必然要求。在这一要求下，各级地方政府开始将绩效管理运用到实际的工作中。城市排水行业也不例外。

在政府绩效管理理论与方法的指导下，政府排水绩效管理也具有了其独特的内涵、目标、层次与意义。具体介绍如下。

1.3.1　内　　涵

政府排水绩效管理既是一个系统工程，又是一个动态过程，也是对于政府排水公务人员考核的一种方法。它是指在政府排水管理的领域，利用绩效管理的手段（包括目标责任制、组织绩效评估、项目评估、质量管理、流程再造、标杆管理、变革和创新管理）设立绩效管理的目标（包括战略目标、总目标和年度具体目标），分配并优先配给资源，通知管理者确定或改变目前的政策或项目方向以满足制定的目标，并报告是否成功地满足了这些目标。

1.3.2　目　　标

政府排水绩效管理的目标，分为三大层次，包括战略目标、总目标和年度绩效目标。政府排水绩效管理的战略目标是指排水管理在一段较长时间内（5—7年）要达到的宏观目标，比如"使得城市水更清"的目标。而总目标则是在战略目标的指导下，细分制定的目标，比如"使得城市水更清"的战略目标细分为总目标就可能包括以下方面：

第一，更高水平的日排污处理能力——某年前，某地污水处理厂的数量，污水处理厂的日排污处理吨数；

第二，更广的排污设施覆盖率——某年前，某地排污设施的覆盖程度。

而政府排水绩效管理的年度绩效目标则是指在战略目标和总目标的指导框架内，在具体年度内，排水行业要实现的目标包括哪些，需将目标具体化、定量化。比如在 2013 年，某市排水污水日处理量要达到多少万吨。

1.3.3　流　　程

政府排水绩效管理的流程包括三大步骤：一是确定政府排水管理的战略目标；二是确定排水管理的具体方向和衡量标准，即排水管理的年度绩效计划；三是进行排水管理的绩效评估、报告以及绩效信息的利用。

另外，特别值得指出的是，在排水管理年度绩效计划的制定过程中，具体的绩效指标的制定需要考虑三大方面的问题：一是经济；二是效率；三是效益。

1.4　城市排水行业政府绩效管理的重要意义

1.4.1　行业绩效管理的关键抓手

目前，排水行业绩效管理主要集中于对企业开展绩效管理的层面，但是由于行业的特殊性，仅仅对企业进行绩效管理无法解决行业发展中的根本问题。随着经济和社会的发展，政府绩效在行业绩效中的地位和作用日渐显露。排水行业作为市政公用行业的重要代表，承担着创新行业管理方式的重要任务。如何在兼顾企业效益与社会利益的前提下，把管规划、管政策、管标准、加强行业指导与完善行业管理体系有机结合起来，是城市排水行业政府绩效管理必须首先解决的问题。推行绩效管理，建立完善市场经济条件下权责一致、决策科学、执行顺畅、监督有力的管理体制，强化责权利的统一，才能提高行政效能，推动重点工作落实，增强政府履职能力。

1.4.2　政府绩效管理的重要组成部分

政府绩效管理考核工作一直受到中央的高度重视。在 2005 年的国务院政府报告中，首次提出"建立科学的政府绩效评估体系和经济社会发展综合评价体系"；在 2008 年党的十七届二中全会通过的《关于深化行政管理体制改革的意见》中，又提出了"推行政府绩效管理和行政问责制度"；"十二五"规划的《建议》中再次提出，

"完善政府绩效评估制度"。加强政府绩效管理是深入贯彻落实科学发展观、加快转变经济发展方式的必然要求；是推进政府职能转变、提高政府执行力和公信力的重要举措；是转变机关作风、加强政府勤政廉政建设的重要抓手；是政府管理创新的一项基础性工作；也是实现政府战略目标、提高政府效能的重要手段和工具。

在城市供排水行业引入市场机制并已经形成投资主体多元化的今天，如何开展城市排水行业政府绩效考核是受人瞩目的重要课题。建立健全排水行业政府绩效管理体系在很大程度上为政府衡量特定职能的合理性与必要性提供了一个清晰的标准和明确尺度，科学全面、系统合理地反映政府的系统效益。另外，社会公众对特定政府职能的评判所形成的巨大压力可以促进政府对其职能及行使方式进行反思。

1.4.3　节能减排和可持续发展的基础

国务院办公厅印发的文件《"十二五"节能减排综合性工作方案》中提出污染物减排是节能减排的重点工程，并明确规定了推进城镇污水处理设施及配套管网建设，改造提升现有设施，强化脱氮除磷，大力推进污泥处理处置，加强重点流域区域污染综合治理的目标。对于城市排水行业进行政府绩效管理不仅有助于排水行业效益的提升，更有助于落实节能减排目标责任，推进节能减排工作格局。排水行业的政府绩效管理也能进一步明确企业的节能减排主体责任，督促执行节能环保法律法规和标准，加大节能减排推广力度，真正把节能减排转化为企业和各类社会主体的内在要求。而节能减排即节约能源和减少污染物的排放，是可持续发展的重要内容，也是可持续发展的重要手段。在我国转变经济发展方式的关键时期，有效的城市排水行业政府绩效管理对于缓解我国当前经济发展与环境破坏之间的尖锐矛盾具有重要作用，对于实现"绿水青山就是金山银山"具有重要意义。

本章参考文献

[1] 周志忍. 效能建设：绩效管理的福建模式及其启示 [J]. 中国行政管理，2008(11):42-47.

[2] 周志忍. 发达国家政府的绩效管理 [J]. 新远见，2009(12):106-115.

[3] 中国城市排水行业的发展状况与目标.http://www.reader8.cn/data/2008/0802/

article_127058_3.html.

[4]温锋华，郭洁，沈体雁．基于云计算的我国城市排水行业政府绩效管理网络研究[J]．城市发展研究，2013, 20(8):127-131.

[5]刘维城．世纪之交的我国城市水污染防治技术经济政策[C]// 中国环境保护产业发展战略论坛论文集．2000.

[6]刘维城．我国城市水污染控制技术经济政策[J]．给水排水，1999(10):1-4.

[7]我国城市水污染控制技术经济政策．

[8]http://www.mycnhightech.com/new/zyyhjjs/swrkjjs/200808/609.html.

[9]佚名．中国城市污水处理现状及规划[J]．中国环保产业，2003(1):32-35.

[10]中国城市污水处理现状及规划．

http://max.book118.com/html/2015/0607/18601150.shtm.

[11]中国城市污水处理现状及规划．

http://m.book118.com/html/2015/0607/18601150.shtm.

[12]陈巍．绩效评估与政府责任机制创新研究[D]．湘潭大学，2013.

[13]管珍珍．市辖区级政府效能建设研究[D]．上海交通大学，2011.

[14]刘征兵．中国城市污水处理设施建设与运营市场化研究[M]．中南大学，2006.

[15]夏旭．党校行政后勤绩效管理的初步探讨[J]．新东方，2008(12):62-64.

[16]王悦．市场化条件下的浦东新区排水管理模式转型研究[D]．同济大学，2006.

[17]盛明科．支持政府绩效管理的组织文化特征与培育途径－基于中西方国家比较的视角[J]．武汉大学学报（哲学社会科学版），2014, 67(5):70-76.

[18]陈巍，曹丹．绩效评估与政府责任机制的完善[J]．湖南社会科学，2008(6):217-220.

[19]郭洁，向前，沈体雁．我国城市排水行业运营管理体制改革目标模式研究[J]．城市发展研究，2013, 20(8):122-126.

2 中国城市排水行业管理体制发展阶段、现状与问题

通过文献梳理和实地调研，总结我国城市排水行业管理体制发展阶段，摸清我国城市排水行业管理体制的现状和问题[1]。特别是从责任主体、实施主体、消费主体之间关系入手，厘清各利益主体之间的相互关系，找出主体角色定位缺失或偏差、市场失灵以及投融资体制障碍等方面的瓶颈问题。

2.1 中国城市排水行业管理体制发展阶段

随着我国城市投融资体制的变化，中国城市排水行业管理体制大体上可以划分为民营化前和民营化后两个阶段。

2.1.1 民营化前城市排水管理体制

在国家建设部下令将城市公共事业推向民营化之前，城市排水服务一直由政府直接承担[2]。政府自身对于其承担的城市排水服务工作进行监督与管理，其手段主要是通过行政管理。

---

[1] 郭洁, 向前, 沈体雁. 我国城市排水行业运营管理体制改革目标模式研究 [J]. 城市发展研究, 2013, 20(8):122-126.

[2] 郭洁, 向前, 沈体雁. 我国城市排水行业运营管理体制改革目标模式研究 [J]. 城市发展研究, 2013, 20(8):122-126.

2.1.1.1 管理机构

中国的城市排水部门一直归属于城市建设部门管理，但存在多次机构变更。按照时间追溯可发现，在1949年新中国成立后，建设部门直接归属于"中央人民政府政务院财政经济委员会"；1952年"建筑工程部"成立；1953年建筑工程部设立"城市建设局"；1955年又设立"城市建设总局"；1956年"城市建设部"成立；1958年"国家基本建设委员会"成立；1979年"国家城市建设总局"成立；1982年"国家城市建设总局"被撤销，"城乡建设环境保护部"成立；1988年建设部门从国家环保局单独划出，改称为"建设部"。尽管存在多次历次机构变更，城市排水一直隶属于城市建设部门，分别是城市建设局、市政工程局和城市建设司。

近年来，城市水环境污染控制的形势和任务不断发生变化，管理体制一直是采用分级且分部门管理。根据《中华人民共和国水法》、《中华人民共和国城市规划法》、《中华人民共和国水污染防治法》、《中华人民共和国环境保护法》的规定，按照国务院领导下的部门分工，三级政府即中央、省（自治区、直辖市）和县镇分设行政主管部门；需要单独提出的是，城市的独立工矿企业的水污染处理设施由各自所属的行政部门管理，但是同级城市建设部门和环保部门可在技术上和业务上给予指导。

2.1.1.2 部门责任

在国务院的组成部门中，负责审查的是环境保护部，负责建设行政管理的是建设部，负责有关供水的水资源调配的是水利部，负责水污染防护和治理的是国家环保总局，负责饮水卫生与健康的是卫生部。

其中，环境保护部的主要职责是审查直接或者间接向水体排放污染物的新建、扩建、改建项目和其他设施，是否遵守国家有关建设项目环保管理规定。建设项目需提交环境影响报告书，报告书中需对此项目可能产生的水污染和对生态环境的影响做出评价，提出规定防治的措施，通过环保和建设主管部门审查批准后才可设计和施工。建设项目的防治水污染设施，须与主体工程保持"三同时"原则。企事业单位需按照规定，及时申报防治水污染的有关技术资料，并保持正常使用，实现达标排放。

建设部下设城市建设司，负责指导全国的城市建设，指导城市供水节水和排水工作，研究拟定城市市政公用、环境卫生和园林风景事业的发展战略、中长期规划、改革措施、规章，指导城市规划区内地下水的开发利用与保护等。同时，会同国家发展计划管理部门审批重大城市市政工程和公用工程等建设项目。

在分工系统的第二级，即省、自治区和直辖市的政府部门中，负责城市建设行政主管的部门是建设委员会或建设厅。在分工系统的第三级，即城市和县镇的政府部门中，负责城镇供水、排水建设及管理工作的部门是城市建设局或市政工程局、公用局、水务局。具体的业务工作由下设的节约用水办公室、水资源管理办公室等机构负责，而城市供水、排水行业的经营管理由排水管理处或排水公司、自来水公司负责。

城市建设部门的主要责任包括：①编制保护城市水源的建设规划，编制防护城市水污染的建设规划，建设及完善城市排水处理设施如排水管网，污水集中处理设施等，总体上加强对城市水环境的整治。②审批经营及管理城市污水集中处理设施部门（排水公司）所申报的收费标准，是否符合国家编制的污水处理的收费规定。③监督征收的污水处理费用除了用于城市污水集中处理设施的建设和运行以外，不得用于其他地方。④在环保部门的主导下，协助依法划定生活饮用水的水源保护区，并且对排污单位及个人进行排污监督，以防地表水源和地下水源受到污染[1]。

水利部门的主要责任包括：依照国家资源与环境保护的相关法律法规，组织划分水功能区，控制饮用水源区等水域的排污，监测江河湖库等水质，测度水域的纳污能力，提出排污总量的限制意见[2]。

城市排水行业是指从事城市排水系统收集、输送、处理和排放城市污水和雨水的经营单位或者个体的组织结构体系。排水系统对于现代化的城市来说，是非常重要的基础设施。在环境治理工程和各类市政建设中，排水系统方面的投资占据的比例通常也较大。那么，如何设计合理的城市排水系统，以及如何优化改扩建排水系统，一直是规划设计领域的难点和重点课题[3]。城市排水许可管理办法的出台，旨在解决此类问题的发生。城市排水行业系统就对于城市排水行业这一重要城市基础设施运

[1] 郭洁，向前，沈体雁.我国城市排水行业运营管理体制改革目标模式研究 [J].城市发展研究，2013, 20(8):122-126.

[2] 佚名.中国城市污水处理现状及规划 [J].中国环保产业，2003(1):32-35.

[3] 引自 http://www.studa.net/huanjing/060311/10394953-3.html，刘维城《中国城市排水行业的发展状况与目标》。

营的好坏起到了关键作用，因此关注城市排水行业系统的发展是关注城市发展的一大课题[1]。

2.1.2　民营化后城市排水的管理体制

2002 年年底，建设部出台《关于加快市政公用行业市场化进程的意见》，该意见中提出要开放市政公用行业投资建设、运营、作业市场，鼓励多元化投资主体参与，建立政府特许经营制度和转变政府管理方式的市场化改革措施[2]。由此，拉开了中国水务行业市场化改革的帷幕[3]。随着城市公用事业的民营化改革，城市排水行业也开始了民营化。随着城市排水行业中民营资本、外资和个人资本等多种资本的引入，此前政府独自承担提供城市排水公共服务的局面被打破。部分企业代替政府成为了直接提供城市排水服务的承担者。因此，提供排水服务的主体除了政府以外，还包括一些排水企业。政府对于排水的管理除了需要对自身监督外，还需要对相关企业进行监督和管理。

随着政府绩效管理改革进程的加快，以及排水行业市场化程度的加深，仅仅依靠行政管理手段和法律管理手段已经不能满足政府对排水行业的管理需求，因此如何在绩效管理思想的指导下，将行政管理和法律管理，与经济管理的手段结合起来是当前亟需解决的问题[4]。

2.2　中国城市排水行业管理体制现状

中国城市水务行业管理体制源于传统计划体制下的政府管理体系。市政公用事业的市场化改革，提出了政府部门管理职责的改革要从直接管理向宏观管理转变，要从行业管理向市场管理转变。我国城市水务行业的市场化改革，已经初步实现了开放市场、打破垄断、引入竞争的目标。目前，在城市水务行业中，多元化投资主

---

[1]　引自 http://www.studa.net/huanjing/060311/10394953-3.html，刘维城《中国城市排水行业的发展状况与目标》。

[2]　郭洁，向前，沈体雁. 我国城市排水行业运营管理体制改革目标模式研究 [J]. 城市发展研究，2013, 20(8):122-126.

[3]　徐朝阳. 中国城市水务行业市场化研究 [D]. 中国社会科学院研究生院，2011:1.

[4]　郭洁，向前，沈体雁. 我国城市排水行业运营管理体制改革目标模式研究 [J]. 城市发展研究，2013, 20(8):122-126.

体已逐渐形成，基础设施投资在不断增长，商品化水价的形成机制也在持续改进。这些成果为城市水务行业服务质量的进一步改善、投资及生产运营效率的提高，奠定了良好的基础[1]。

2.2.1 条块结合的两级排水管理体制

从管理上看，中国公用事业的监管实行的是中央政府加地方政府的两级监管制度。中央政府主要负责总体性问题的决策，基本政策原则的制订，地方政府 [又分为省、市（地）、县三级] 主要负责实际工作的执行，同时接受中央政府各部委的业务领导和监督指导。具体到水务行业的监管方面，中央政府和省级政府均负责政策制定和业务指导，市（地）级才是进行行业监管和提供公共服务的直接执行者[2]。

从中央政府层面看，水务行业的管理长期实行的是条块分割制管理，在平行设立的建设部、水利部、环保总局、卫生部、国家发展和改革委员会、财政部等各委办局之间，根据业务性质来划分监管职能。过去传统上是以建设部为领导主体，负责城市的供水、污水处理和垃圾处理等事务。建设部又内设城市建设司，负责指导地方城市供水节水和城市规划区内地下水的开发利用与保护工作。水利部主要负责水资源管理，主要涉及城市供水的水源调配工作，水利部下设长江水利委员会、黄河水利委员会、珠江水利委员会、海河水利委员会、松辽河水利委员会、淮河水利委员会和太湖流域管理局七个流域管理机构[3]，主管本流域或管区的水利建设和管理工作。国家环保总局负责对国家重点流域和河段的水污染防治，并制定相关质量标准和排放标准。国家发展和改革委员会负责城市水务行业发展的产业政策和价格政策的制定和基本建设项目的立项审批。财政部负责对中央投资项目和世界银行、亚洲开发银行以及外国政府贷款的资金管理。地方政府在业务上受国家相应部委的领导和指导，也按照中央政府的部门结构设置相应的对口机构，建设局、水利局、环保局、卫生局、发改委、购政局等与中央各部委进行纵向衔接。

传统上建设部和水利部在城市水务管理体系中是两个最重要的管理部门，建设部负责城市的供水、污水处理事务，水利部负责水资源管理，一直存在建设部系统

[1] 郭洁，向前，沈体雁. 我国城市排水行业运营管理体制改革目标模式研究 [J]. 城市发展研究，2013, 20(8):122-126.

[2] 郭洁，向前，沈体雁. 我国城市排水行业运营管理体制改革目标模式研究 [J]. 城市发展研究，2013, 20(8):122-126.

[3] 王传成. 城乡水务管理理论与实证研究 [D]. 山东农业大学，2006.

与水利部系统就城市水务管理的职权之争。而随着社会经济发展，人们对环境保护的认识更加深入、更加重视，各级环保部门在城市水务行业的发展和监管上开始承担越来越重要的职责。

近年来，随着城市水务行业市场改革的发展，建设部门作为早期的主管部门在率先引导了整个行业的市场化改革后，已逐渐将城市水务行业管理的职能让渡于水利部门。水利部门通过组建水务局，统一管理城市水务改革，从而大力推行水务一体化管理的这一举措，已经逐渐取代建设部门，成为城市水务行业最重要的主管部门。

据水利部门统计，截至 2010 年底，全国已经有 4 个省级单位组建了水务局，占全国的 12.9%；有 1 817 个县级以上单位组建了水务局，或者实行了城乡涉水事务的一体化管理，占全国县级以上行政单元总数的 74.6%。

但是，必须指出这种管理上的变化，本质上只是部门权力和职能的重新调整，并未在政府管理角色、管理体制和监管内容等方面进行有效的变革，也未能就市场化下的城市水务行业管理提出新的管理思路和办法。而且，由于水利部门长期以来并未介入城市水务行业的运营监管，业界甚至不断出现对其专业管理能力的质疑。而且，由于水务局和水利局往往是"两块牌子、一套人马"，角色定位更加混乱，很难避免重新陷入政企不分的覆辙。

2.2.2　城市排水法律法规体系基本形成

改革开放以前，我国整体法律体制不完善，没有任何涉水的专业法律颁布。从20 世纪 80 年代开始，环境保护问题日益受到政府和社会各界的重视，以此为契机，国家于 1984 年颁布了《中华人民共和国水污染防治法》，确立了水污染防治控制的法律基础。1988 年颁布了水务方面的基础法律《中华人民共和国水法》，2002 年该法又进行了修订。自此才以法律形式明确，水资源属于国家所有，水资源的所有权由国务院代表国家行使。同时，《中华人民共和国水法》提出了水资源"使用者付费"的原则，鼓励单位和个人依法开发、利用水资源，并保护其合法权益。2002 年该法修订后，强调了水资源的统一管理，并授权水利部及其直属机构与环保局共同推进水质管理。

随着社会经济的发展和水务行业市场化改革的推进，我国关于涉水事务的法律、法规和政府规定逐步丰富完善起来。目前，我国涉水法律大体有以下三个层次：国家法律、行政法规和规范性文件、部门规章。其中：国家法律 5 部，分别为：《中华人民共和国水污染防治法》（1984 年）、《中华人民共和国环境保护法》（1989 年）、《中华人民共和国水土保持法》（1991 年）、《中华人民共和国防洪法》（1997 年）和《中华人民共和国水法》（2002 年）。行政法规和法规性文件 8 部，分别为：《中华人民共和国河道管理条例》（1988 年）、《城市供水条例》（1994 年）、《水污染防治法实施细则》（2000 年）、《国务院关于加强城市供水节水和水污染防治工作的通知》（2000 年）、《水利工程管理体制改革实施意见》（2002 年）、《国务院关于投资体制改革的决定》（2004 年）、《国务院办公厅关于推进水价改革促进节约用水保护水资源的通知》（2004 年）和《取水许可和水资源费征收管理条例》（2006 年）。部门规章和规范性文件若干，包括：《饮用水源保护区污染防治管理规定》（1989 年）、《城市节约用水管理规定》（1989 年）、《生活饮用水卫生监督管理办法》（1996 年）、《关于贯彻城市供水价格管理办法有关问题的通知》（1999 年）、《重要商品和服务价格成本监审暂行办法》（2002 年）、《关于推进城市污水、垃圾处理产业化发展的意见》（2002 年）、《关于加快市政公用事业市场化进程的意见》（2002 年）、《水利工程供水价格管理办法》（2003 年）、《水功能区管理办法》（2003 年）、《城市供水价格管理办法》（2004 年）、《市政公用事业特许经营管理办法》（2004 年）、《关于加强公用事业监管的意见》（2005 年）、《水行政许可实施办法》（2005 年）、《水行政许可听证规定》（2006 年）、《城市供水水质管理规定》（2007 年）和《取水许可管理办法》（2008 年）等。

2.2.3 城市排水规制正趋完善

鉴于城市水务行业的公用事业特性和自然垄断属性，其投资、建设、生产和服务都存在显著的外部性，单纯引入市场机制，通过市场竞争不可能完全实现资源的最优配置。如果放任自由竞争来进行市场分配，则可能导致企业滥用垄断优势，造成社会福利的损失。城市水务行业的市场化，实质是政府管制与市场竞争的博弈与平稳。一方面，要鼓励多元化投资主体投资水务行业，在城市水务行业中引入市场竞争机制，以提高生产经营效率，优化资源配置，满足社会不断增长的对水务产品与服务数量和质量的需求；另一方面要对城市水务行业中基于自然垄断属性的因素加以严格管制，尤其要防止企业利用垄断地位限制竞争或破坏性竞争，以及企业制定垄断价格攫取垄断利润，以确保提供普遍服务，实现社会整体经济效率的最优和社会福利的最大化。

政府监管通常分经济性监管和社会性监管两部分。经济监管通常包括以下内容：市场准入与退出、成本监管和价格监管。随着我国城市水务行业市场化改革进程的加快，政府在经济性监测管理方面的作用日益完善。

2.2.3.1　市场准入与退出

市场的准入和退出是政府对城市水务行业实行的最重要、最基本的管制。所谓市场准入与退出管制，就是指政府为防止城市水务行业的资源配置效率较低或者竞争过度，同时也为实现规模经济的效益，以及提高整体经济运行的效率，从技术、资金、管理手段和环境保护等方面，制定一定的准入标准，通过公开竞争等市场选择手段，选择合格投资者，并由政府依法给予批准或授权等许可，对社会投资主体进入和退出城市水务行业进行管理的行为。

鉴于城市水务行业投资规模大，资产沉淀性高，生产和经营存在显著的自然垄断性和规模经济特征。一方面在既有生产能力范围内，随着提供产品和服务数量的增加，边际成本和平均成本均呈现递减趋势；另一方面，在同一市场范围内，如果同时有多家投资者竞争，会形成过度投资或恶性竞争，从而造成资源配置效率降低，损害社会整体福利水平。因此，只能进行有限度的市场竞争，并对其市场准入和退出进行监管和规制。

传统体制下，城市水务行业作为市政公用事业，从规划、投资、建设到运营服务完全由政府独家承担、独家经营，由此也造成了水务行业运营低效、人浮于事、亏损严重的局面。城市水务行业市场化改革的第一步就是放松对市场准入的规制，允许多元化社会投资主体参与到城市水务行业的投资、建设和运营事务中来，充分利用市场机制来进行资源的有效配置，满足日益增长的社会需求，通过竞争提高整个行业的投资、经营效率。同时，基于城市水务行业的公共服务性，还要从技术、安全、资源利用和环境保护等方面入手，制定明确的市场准入规则。一方面要鼓励合格的投资者积极参与投资，提高企业资源的利用效率，降低社会成本，促进行业技术和经营管理的进步，实现社会经济稳定发展；另一方面要防止出现过度投资、恶性竞争的局面，保护消费者权益和公众利益，促进行业内企业公平竞争。目前，城市水务行业的准入一般采取公开招投标选择投资者，对中标者授予一定期限特许经营权的准入规制。退出规制包括两方面内容：其一是获得准入许可的合格投资者，在许可期满或与政府达成一致的情况下，有序退出水务行业，防止投资者随意退出而影响水务行业的稳定生产和供应；另一方面是对破坏规则、损害公共利益的已进入投资者，由政府依法强制其退出市场，以保障公众利益不受损害，维护竞争和管制的严肃性。

我国城市水务行业的市场准入规制变化，起始于 20 世纪 90 年代中期。基本路径是先对外资放开市场准入，再对内资放开市场准入。其基本标志是：1994 年国家外经贸部发布的《对外贸易经济合作部关于以 BOT 方式吸收外商投资有关问题的通知》，该通知确认了我国在对公路、铁路、电话、废水处理等领域的项目，可以 BOT 方式吸引外资进行投资，但相关行为需要规范。2002 年年底，建设部出台了《关于加快市政公用行业市场化进程的意见》，正式提出开放市政公用行业的投资建设、运营管理和作业市场。对水热气等供给、污水处理和垃圾处理等经营性市政公用设施的建设，应公开向社会招标选择投资主体；鼓励外资、民营资本、个人资本等社会资金市政公用设施的建设，可采用合作、合资、独资等多种方式，形成多元投资结构；并且允许跨行业、跨地区地参与市政公用企业经营。

2.2.3.2　价格监管

价格监管是政府市场监管的核心内容。所谓价格监管，是指基于城市水务行业的自然垄断性和规模经济特征，为抑制企业垄断定价，保障公共利益而必须对水务行业的产品和服务价格进行限制利润水平的政府监管。价格监管是中国城市水务行业最传统的监管手段。由于价格问题不仅关系到消费者的支出还影响到投资者的收益，城市水务行业市场化改革以后，价格监管成为市场参与各方最为关注的内容。

价格监管包括价格水平和价格结构两方面内容。合理的价格体系不仅要有合理的综合价格水平，还要求具有合理的价格结构。价格水平的决定，与对水务行业基本属性的定位直接相关。在我国传统计划体制下，水务行业被视为政府提供的福利性公共产品，在政府价格管制下长期执行福利性低价。对于进行市场化改革后的城市水务行业，其价格水平不仅要考虑普遍服务和消费者承受能力，还要兼顾投资者的成本回收和获得合理利润。结构定价主要指的是对同一产品或者服务，在不同的消费阶层中根据不同的需求弹性，制定不同的价格，把生产经营的共同成本在多种产品或服务之中进行合理分摊。

在中国传统计划体制下，水务行业被视为政府提供的福利性公共产品，因而长期执行的是以满足社会福利为目的，兼顾消费者经济承受能力而不考虑生产成本的福利性低价不能反映水资源的稀缺性特点。为了节约用水和吸引投资者，从20世纪90年代后期开始，政府开始逐步改变政策，提高水价。

1998年9月，国家计委和建设部联合发布了《城市供水价格管理办法》，对城市供水价格进行规范，首先根据使用性质将城市供水分为五类，分别是工业用水、居民生活用水、经营服务用水、行政事业用水和特种用水，并根据供水成本、税金、费用和利润确定城市的供水价格。对于供水企业而言，盈利的平均水平即净资产利润率应保持在8%—10%，其中对于投资方为政府的企业，净资产利润率不得高于6%；对于投资方为社会资本的企业，在其还贷期间，净资产利润率应低于12%。同时规定城市供水的定价方式应逐渐实行两部制水价，即将容量水价与计量水价相结合，或者实行阶梯式计量水价。

1999年，国家计委、国家环保总局、建设部联合发布《关于加大污水处理费的征收力度，建立城市污水排放和集中处理良性运行机制的通知》。该通知提出对于污水排放和集中处理应当建立良性的运行机制，污水处理费应当根据补偿排污管网及其他污水处理设施的运行维护成本，在供水价格上合理加收，并建立合理盈利的标准原则。污水处理费的具体标准，可以按照各地方的承受能力分步执行。

这两个文件的出台，奠定了中国城市水务行业市场化改革的基础。此后国家又陆续出台了一系列文件，明确要推进水价改革，建立合理的供水价格形成机制，加大污水处理费征收力度，逐步提高水资源费征收标准。城市水务行业的价格监管逐步进入了市场化的轨道。

2.2.3.3 成本监管

由于我国目前实行的是成本加成定价，政府对企业生产成本的监管成为价格监管的基础。2004年，国务院办公厅发布《关于推进水价改革促进节约用水保护水资源的通知》。该通知中第一次明确规定城市水价由水资源费、城市供水价格、水利工程供水价格、污水处理费四部分组成，并强调要逐步调整供水价格，保证水价在合理区间，进一步明确水价结构，扩大征收水资源费的范围，并合理提高水价的征收标准。值得注意的是，城市供水价格的合理调整需建立在强化成本约束、审核供水企业运营成本的基础上。在污水处理费用征收标准的提高方面，需将标准调整到保本微利的水平，且应保持城市优先提高。

但是，长期以来国有企业垄断城市水务行业的投资运营，国有水务企业的生产成本和承担的社会成本难以合理区分，加之本身的经营效率低下，整体成本居高不下。而市场化后政府对相应的水务项目的成本缺乏统一的监管制度，成本监管基本流于形式，政府对水务行业市场化项目的真实成本并不了解。

从目前的国际经验看，政府监管部门可以建立国内水务行业的公开、统一的经营数据库，全面掌握企业的真实成本，借助标杆管理（Benchmarking）的办法，根据比较统计数据的结果，对水务行业的企业加压，促使其实现管理进一步改善、效率进一步提高。然而政府部门之间仍存在认识和协调问题，发改委负责价格监管，要求企业公开成本；建设部负责成本监管，认为生产成本是企业机密，不宜公开。如何执行成本监管与如何建立有效的价格监管机制交织在一起，已成为水务行业深化改革的障碍。

2.2.4 城市排水绩效管理初见成效

从现状与实际情况来看，我国对于城市排水绩效管理也刚刚起步。从 2006 年《中共中央关于制定国民经济和社会发展第十一个五年规划的建议》提出"加强政府绩效管理与评估"以来，各级政府在工作中开始绩效管理与评估。其中，关于排水绩效管理系统主要依据住房和城乡建设部于 2010 年印发的《城镇污水处理工作考核暂行办法》建立实施[1]。

该考核采取日常监管、现场核查和重点抽查相结合的方式进行。考核指标主要为城镇污水处理设施覆盖率、处理设施利用效率、污水处理率、监督管理指标以及污染物削减效率。考核采用百分制，将各考核指标分值进行加总。在每年 5 月前，住房和城乡建设部会考核上一年度的全国城镇污水处理的工作情况。在每年的 3 月前，各省、自治区、直辖市应将上一年度的城镇污水处理工作自查报告报送到住房和城乡建设部。自查内容除了应包括考核指标外，还需有城镇污水处理规划的编制和执行情况、污水处理费用的收取情况、城镇污水处理的监管制度及落实、污水处理的水质监测情况、重大安全事故等[2]。

---

[1] 温锋华，郭洁，沈体雁．基于云计算的我国城市排水行业政府绩效管理网络研究 [J]. 城市发展研究，2013, 20(8):127-131.

[2] 《城镇污水处理工作考核暂行办法》（建城函〔2010〕166 号）。

目前该排水绩效管理系统处于使用初期，效果尚不明显。各省（自治区、直辖市）积极响应反馈有助于推进城镇减排工作，加强城镇污水处理建设和运行的监管。

2.3　中国城市排水行业管理体制问题

我国城市排水行业改革过程中也暴露出了许多亟需解决的问题，比如缺乏系统性的战略规划；没有厘清市场化后政府与企业的角色和定位；部门利益分割超过其承担的公共责任，政府责任缺失导致公众利益受损；社会公众参与的积极性不高；有限市场化的特性与泛市场化的实践之间存在矛盾；水务行业的公益性特点与企业的逐利性追求存在矛盾；提高社会福利水平、改善企业经营效益与促进节约用水三大目标难以兼顾；水务行业对外资的开放，威胁长期国家安全等[1]。

2.3.1　缺乏系统性的战略规划

排水行业的市场化改革本应是涉及政策法律体系、政府管理体制、行业投融资体制、行业运营和监督管理体制等诸多层面的系统性战略规划，需要基于宏观视角，从整个经济运行体制和政府管理职能角度出发，进行综合的考虑和平衡。但是，由于理论、政策、体制机制等方面的制约，中国城市排水行业的市场化改革在这些方面显得有些准备不足，缺少一个适应城市排水行业市场化改革的宏观政策法律环境，缺乏系统性战略规划。

首先，国家在排水行业乃至整个涉水行业的立法方面缺乏统一规划和超前布局。时至今日，我国还没有构建一部兼顾公用事业特点和市场化要求、统率水务行业市场化改革相关法律规范的基本水法。而有限的涉水法律多由不同涉水管理部门所起草，带有明显的部门利益特征，在规制领域和效力层次上缺乏相互配合，相互交叉冲突和无法可依的现象同时存在。

其次，有关部门和社会对于排水行业在国民经济中的地位和作用认识不到位，对排水行业市场化改革的认识尚停留在投融资、产权和价格方面，缺乏对改革整体性和必要性的充分认识。水务行业的管理体制仍然沿用传统的条块分割的管理体制，并未改变"多龙治水"的痼疾；相关改革配套措施的位阶过低、政出多门，现有政

[1] 郭洁，向前，沈体雁. 我国城市排水行业运营管理体制改革目标模式研究 [J]. 城市发展研究，2013, 20(8):122-126.

策的执行力度不足，部分市场运作办法缺少依据，需要进一步完善相关的配套政策法规。

最后，在水务市场化实践中，基于短期利益的考量超越了整体性战略思考。地方政府对水务市场化改革只有朴素的诉求：一是解决或者缓解城市化高速发展对水务基础设施建设的巨额资金需求；二是将持续亏损、需要政府财政补贴支持的国有水务企业包袱尽快出手。改革以国有资产转移为主线，对于如何扭转水务企业亏损书面，改善并提高生产和服务效率，更好地履行政府提供公用事业服务的职责，缺乏认真的思考和规划。在具体市场化项目的操作上，往往是政府领导直接干预，主管部门强势操刀，重在招商引资，忽视公共利益，结果整个市场化过程缺乏有效的监督和制约，贱卖国有资产、签订不合理合同和向公众转嫁改革成本等现象时有发生，为水务行业的长远发展埋下了巨大的隐患。

2.3.2　市场化后政府与企业的角色和定位混淆

在推进城市水务市场化进程中，从中央政府部门到地方政府部门，在认识上普遍存在对于政府在水务市场化中的角色定位的认识偏差，往往更愿意强调让市场在资源配置中发挥基础性作用，对于政府应当承担怎样的责任和市场机制如何才能在水务投资和运营服务中更好地发挥作用，缺乏合理的认识；在实践中，地方政府只注重招商引资的成果和水务企业补贴包袱的卸载，对于市场化后的政府公共责任与监管职责估计不足、监督不到位。有些地方政府甚至提出对市场化改革后的水务行业"政府原则上不再担任投资主体"，对水务行业中公益性和经营性领域不加严格界定，希望通过市场化转嫁政府在水务公共服务领域的职责，出现"泛市场化"的倾向。

对于实际参与水务市场化的投资者来说，当前的城市水务市场化改革也存在诸多的困惑。传统国有水务企业亏损有许多原因，概括地说可以分成：经营性和非经营性两类。经营性原因：主要是指企业冗员过多、人浮于事，企业生产成本居高不下，生产效率低下，加之水价制定偏低不能弥补成本等。非经营性原因是：企业在进行生产经营的同时，不能完全从生产经营角度考虑安排投资建设，要承担许多政府安排的政治任务等，如：政府的城市建设规划过于超前，企业超前投资不能形成经营效益；为配合政府的招商引资工作，对某些特定的企业单位要给予水价的优惠；对政府在消防、绿化方面的用水要免费提供等。在进行市场化改革后，本应是剥离非经营性干扰，通过改善经营管理来提高企业效益，但在改革实践中，政府往往会忽视甚至罔顾企业投资的盈利性要求，甚至以传统国有水务企业的标准来管理市场化改革后的水务企业，如：要求中标的投资者承诺：几年内不减少聘用人员数量，不降低企业薪酬福利标准等非经济性限制。这些完全违背经济规律的非经济性限制在水务行业改革中非常普遍，严重影响了企业通过改善经营管理提高企业效益的效果，投资者只能将改善经营提高收益的希望寄托在提高水价上，结果造成水价的不断攀升，改革成本向社会公众转嫁。

2.3.3　有限市场化特性与泛市场化实践的矛盾

自然垄断行业通常都有这样的特点：资源稀缺、规模经济、服务不可选择且具有公益性。而且由于初始投资规模大，存在着资源稀缺性和规模经济、范围经济效益，使得单一厂商生产比多家厂商生产成本更低，效率更高，市场竞争无法实现优胜劣汰。单一厂商垄断经营可能利用垄断地位追求自身利益最大化，导致"市场失灵"，从而降低社会福利、损害社会公众利益，必须由政府对其进行适当管制。基于国家职能和政府职责等政治、经济方面的考虑，大部分国家的自然垄断行业都是由国家垄断经营，并由政府进行管制的。

20 世纪 70 年代以来，随着西方新公共管理理论的发展和英国的"公用事业私有化"实践，人们开始重新思考政府的职能和使命，并从政府与市场的关系、政府的职能以及政府公共管理的体制和服务提供方式等方面开始了反思和改革。但是，改革只是在公共产品的供给过程中引入了市场竞争，目的是提高政府提供公共产品的效率，改善公共服务的质量，并未削弱或者放弃政府提供公共产品的职能。而自然垄断行业的特点也决定了这种市场化改革只是基于产业链分离后的有限市场化，只是对公共产品供给中的可竞争业务部分进行的有限度的改革。城市水务行业当然也不能例外，而且由于城市发展的需要和水务服务的普遍服务原则，政府在非可竞争业务部分，如：需要超前投资的基础设施建设，仍然需要承担主要的投资责任，城市水务行业的市场化改革应当是在经营管理阶段的有限市场化。

我国在推进城市水务市场化进程中，从中央政府部门到地方政府部门，普遍存在对于政府在水务市场化中的角色定位的认识偏差，往往更愿意强调让市场在资源配置中发挥基础性作用，对于政府职能和应当承担怎样的责任，以及市场机制如何才能在水务投资和运营服务中更好地发挥作用，缺乏合理的认识；在实践中，地方政府只注重招商引资的成果和水务企业补贴包袱的卸载，对于市场化后的政府公共责任与监管职责估计不足，监督不到位。有些地方政府甚至提出对市场化改革后的水务行业"政府原则上不再担任投资主体"，对水务行业中公益性和经营性领域不加严格界定，希望通过市场化转嫁政府在水务公共服务领域的职责，出现"泛市场化"的倾向。BOT、TOT 成为城市水务行业市场化改革的主要模式，高溢价转让水务项目资产和经营权现象不断出现，从某种程度上说，就是政府在城市水务行业"泛市场化"实践引导的结果。

城市水务行业自然垄断的特点决定了市场化改革只能是基于产业链分离后的有限市场化。而目前一些地方政府的泛市场化改革操作必将对地方城市水务行业的发展和社会公共利益造成严重的损害。

从世界各国城市水务行业的发展来看，大多数发达国家仍然保持城市水务行业的国有，只是在运营阶段引入了竞争机制，城市水价的制定受到严格控制。城市水务行业实行全面市场化的国家绝大部分是发展中国家。据世界银行 2009 年报告《城市水业公私合作关系——发展中国家经验的回顾》的调查，过去 20 年里，实施城市水务私有化改革的 65 个发展中国家中，已经有 24 个国家撤销了水务私有化改革，将城市水务企业重新收归国有经营。

2002 年，美国国家科学院对水务行业市场化问题和实践的专题研究也认为：保持公用设施产权国有，将公用设施的经营权委托给私人公司的市场化模式，是美国政府和公众利益最大化的水务市场化模式。这一研究成果不仅获得了美国政府的认可，并且已在许多州的水务市场化实践中得到了应用。

综上，中国城市水务行业市场化改革的最优路径，仍然应当是在经营管理阶段"官督民办"，因为社会投资主体和市场竞争的优势，不在于筹集资金的能力，而在于控制投资、降低成本和提高经营管理效率。

2.3.3.1　固定回报引发广泛质疑

固定回报项目是 20 世纪 90 年代在我国基础设施领域非常普遍的一种外商投资方式。当时正值改革开放初期，地方政府财力严重不足，而工业化和城市化发展又对基础设施存在巨大的需求。同时，国内商业银行贷款不仅利率很高（12% 左右），而且不是列入国家投资七十划的项目也很难获得贷款。因此，地方政府为吸引外商投资基础设施建设，对外商投资运营的基础设施项目，多以政府为主体通过合同授权特许经营的方式，承诺其在某一约定的运营年限内，享有一个稳定的保底收益水平，即固定回报率。其实质是地方政府变相举借外债以解决当地基础设施建设的资金问题，并不是严格意义上的市场投资行为。2000 年以前，这一方式在全国多地的电力、公路、桥梁和水务等基础设施建设中得到了广泛的应用。根据有关资料，当时全国仅水务行业就有 20 多个固定回报项目，主要分布在浙江、江西、广东、辽宁、黑龙江、天津、河北等地。这些项目包括：威立雅投资成都水源六厂 BOT 项目、威立雅投资天津凌庄自来水项目、柏林水务投资的西安南郊水厂 BOT 项目、泰晤士水务投资的上海大场项目、香港汇津中国有限公司投资沈阳第九水厂 BOT 项目和 2000 年香港汇津投资的长春市北郊污水处理厂 BOT 项目等等，固定回报水平一般在 12%—18%。2000 年，国家统计局公布的 1999 年三资工业企业主要经济效益指标中，水务行业以 24.48% 的工业成本费用利润率位居各行业之首，被认为是外商投资中国获利最高的"暴利"行业。

应当说，通过这种引进外资方式，地方政府在短期内确实在一定程度上缓解了基础设施建设的资金压力，并且形成了一定的政绩。然而，随着时间的推移，国内金融机构逐渐实行了市场化改革，网内贷款利率也大幅度降低，这些项目当初承诺收益水平过高的问题也逐渐暴露出来。尤其在城市水务行业，由于投资的整体收益取决于自来水售水量和价格两大因素，随着水价的提高，加上工业和居民节约用水意识提高，城市用水量呈现下降趋势，固定回报的水务投资项目通过水费收入自身现金流无法保证其保底收益的实现。为保证外商的保底收益水平必须提高水价，而水价调整又受到社会的广泛关注。结果，政府不得不直接以财政收入为这类项目提供补贴，有的则以牺牲既有国营水务项目利益的方式变相补贴外商投资收益。这些做法不仅给地方财政带来了巨大的压力，也在社会上引起了广泛的质疑。

从 1998 年到 2002 年，国家接连发布《国务院关于加强外汇外债管理开展外汇外债检查的通知（国发〔1998〕31 号）》《国务院关于进一步加强和改进外汇收支管理的通知（国发〔2001〕号）》和《国务院办公厅关于妥善处理现有保证外方投资固定回报项目有关问题的通知（国办发〔2002〕43 号）》三个文件，明确指出"保证外方固定的投资收益不符合中外投资者利益共享、风险共担的原则，违背了中外合资、合作经营相关法律和法规的规定"，"中方对投资项目的实际经营效益和市场承受能力忽略不见，盲目承诺其产品的价格或收费水平，或者用项目外的收入等确保外方固定投资回报，其实质都是变相举债"；要求有关地方政府及项目主管部门根据项目具体情况，"严格规范吸收外资行为，坚决纠正和防止变相对外举债"，"对于将项目自身的收益用来支付外方投资固定回报的项目，中外各方应充分协商，并在此基础上修改合同或协议，取消固定回报方式，用提前回收投资等合法的收益分配形式代替；对于项目收益不足，用项目外资金支付外方的大部分或部分投资回报，或未向外方支付原承诺的投资回报的项目，可以根据项目自身情况，采取'购'、'改'、撤'、'转'等方式处理"。

水务行业早期的 BOT 项目，由于承诺回报率高，几乎无一幸免，成为清理固定回报的对象。这一举措带来了国内外商投资者在水务领域的一次系统性撤退。2003 年，法国苏伊士昂帝欧水务集团中国代表处从北京黯然撤离；香港国泰国际也退出中国大陆水务市场；英国安格安水务公司和日本三菱联合投资的北京第十水厂项目也陷于停滞。同年西安市政府通过与柏林水务协商，回购了西安南郊水厂项目。2004 年 4 月，英国泰晤士水务与上海市北自来水公司签订了合同，将大场水厂转让给上海市北自来水公司。除了威立雅等少数几家外资公司还在等待市场转机外，大部分外资水务公司都选择了收缩业务甚至完全撤出中国市场。

我国所定义的固定回报项目不仅是国际通行的 BOT 模式操作惯例（通常被称作"或取或付"或"照付不议"条款），也是国内水务行业进行 BOT、TOT 等市场化操作的基石，不仅早期的外商投资水务行业 BOT 项目，即使现在国内企业投资的水务行业 BOT 和 TOT 项目也存在文件禁止的固定回报现象，两者的不同仅在于投资回报率的水平高低不同。因为，对城市水务市场化项目来说，市场化投资者不是非盈利政府机构，它们通过市场竞争选择参与城市水务项目的投资，是以政府承诺为基础，要通过投资水务项目来获得投资收益的。在整个水务项目的投资决策过程中，从市场预测、建设规划、建设决定到水价制订都是政府决策行为而不是市场选择，而且向所有消费者提供普遍服务又是一项基本人权，投资者只能在政府设定的条件范围内进行有限度的市场化投资、建设和运营。在这种情况下，如果没有对投资者的基本承诺保证，而要求投资者承担政府决策失误或政府基于政治考虑损害投资者利益的决策风险，是明显不公平的。只是在与外国投资者协商项目投资时，双方应该确定一个相对公允、合理的固定回报水平。并且，由于项目周期长，精确预测难，对于收益预测出现或正或负的方向偏差时，政府与投资者应该建立协商、补偿等合理的利益调整机制。

可以说，对固定回报项目的清理虽然在情理上存在正当性，但由于只是将原有机制打上了"非法的标签"，为清理而清理，并未设计出合法有效的替代保障机制，实际动摇了城市水务项目市场化的基础。城市水务行业市场化中的参与各方对 BOT 和 TOT 项目的投资风险有了更深刻的认识，项目合规性风险和政府违约风险成为国内水务行业进行 BOT、TOT 等市场化操作不能回避又难以解决的问题，这为以后的水务市场化出现新问题埋下了伏笔。同时，汇津事件还暴露了我国城市水务市场化改革中迫切需要解决的几个核心问题：在城市水务行业的市场化改革后，政府与投资者的角色和责任应当怎样界定？投资者应该获得怎样的投资收益回报？如何保障？

2.3.3.2 溢价收购蕴含长期风险

溢价收购是国资委为防止国企改制过程中国有资产流失，对国有资产转让做出的强制性规定，其最初起源于证券市场国有股权转让，转让价格不得低于净资产评估值的规定。在国内水务行业 TOT 转让中收购价高于净资产本是非常普遍的情况。早期的水务行业资产或股权转让项目中，转让价一般只是在净资产评估值基础上略有溢价，社会关注的重点在于是否折价贱卖国有资产，而不是溢价是否过高。

2002 年 5 月，法国威望迪环境集团斥资 2.66 亿欧元（约 20 亿人民币），溢价 266% 收购了评估值约 7 亿的上海市浦东自来水公司 50% 股权，开创城市水务行业高溢价收购的先河。此后，2003 年，威立雅和首创联合体溢价 5.5% 收购深圳水务集团 45% 的股权。2004 年，威立雅溢价 24.59% 整体收购了遵义市南北郊两座水厂；德国柏林水务公司以 TOT 方式溢价 79.1%，获得合肥王小郢污水处理厂的经营权；中环保水务投资有限公司溢价 5%—26% 收购厦门水务集团 5 个自来水厂 45% 产权和 7 个污水处理厂 55% 产权。2005 年 10 月，威立雅水务和中信泰富有限公司联合体溢价 20%，以 4.5 亿元人民币，收购常州自来水公司 49% 的国有产权；11 月，威立雅和中信泰富联合体又溢价 30%，以 10.05 亿元人民币收购昆明自来水公司 49% 的股权。

这些溢价收购的案例，打破了国人对水务行业是亏损、低效的福利性公用事业的传统认识，一度受到媒体的追捧和赞誉，使地方政府和国内投资者对城市水务行业的投资价值有了新的认识，并在一定程度上成为推动政府加快公用事业改革的直接动力，为此后的高溢价收购埋下了伏笔。

2007 年，以威立雅和中法水务为代表的外资水务公司，以超出常规几倍的高溢价水平在国内水务市场一路攻城掠地，接连中标多个水务 TOT 项目，掀起一场你追我赶的"高溢价水务项目争夺战"，引起了业内外巨大的反响和争论。

2007 年 1 月 18 日，兰州供水集团 45% 股权转让项目开标，威立雅报价 17.1 亿元，而同时参加竞标的中法水务和首创水务的报价分别仅为 4.5 亿元和 2.8 亿元。威立雅以高出竞争对手 1.5 倍的报价中标。1 月 29 日，威立雅水务集团与兰州供水集团签约。

3 月 20 日，威立雅又一次以溢价 3 倍的 9.5 亿元的报价，击败首创水务和中法水务，取得评估标底价 3.1 亿元的海口水务集团 50% 股权。同时参加竞标的另外三家企业报价分别是：中法水务 4.4 亿元，首创水务 4.1 亿元，中华煤气 5.6 亿元。

8 月 18 日，江苏扬州自来水公司转让 49% 股份项目开标，资产评估价 1.8 亿元，中法水务以 8.95 亿元的报价中标，参加投标的其他三家企业的报价分别是：威立雅报价 3.98 亿元，亚洲环保报价 2.5 亿元和金洲控股报价 1.92 亿元。

8 月 22 日，天津市北水业有限公司转让 49% 股权项目开标，资产评估价 7.12 亿元，威立雅水务以 21.8 亿元的高溢价再次中标，参与竞标另外两家企业报价分别为：香港中华煤气（Chinagas）报价 9.2 亿元，中法水务报价 11.9 亿元。

外资水务的"疯狂"表现，一时间引起了行业内外的极大震动和社会的普遍关注，质疑之声不绝于耳。人们不禁要问：同是国内水务行业最具实力和经验的投资机构，对同一个水务项目为什么报价会出现如此悬殊的差距呢？市场化投资追求的是市场化的投资回报，水务投资的回报完全依靠投资者对水务项目的长期运营收益来获得，在水价由政府制定的情况下，这种高溢价投资的水务项目，需要多高的水价才能支撑其收回投资呢？谁来承担水价上涨的结果？水务行业市场化改革的目的是什么？在水务行业的市场化改革中，政府、企业和消费者到底处于怎样的地位和角色，分别应当承担怎样的责任？未来的公众利益能得到保障吗？

鉴于水务项目资产在使用上具有天然的专属性、高沉淀性，不仅投资大，而且只能用于水务项目的运营。投资于水务项目的资产，其价值实际取决于在未来一定运营期内，在某一设定水价水平下，通过向社会出售一定数量的自来水产品和服务而获得的预期现金流的折现。

水务资产高溢价的本质，是政府将公用事业服务的基本职责抛给市场，并且以水价不断提升为隐含承诺，以水务项目未来一定时期内的运营现金流进行短期资产融资。它以一种貌似市场化的手段，将高溢价转让的成本分摊给全社会消费者在未来的项目运营期中承担。实际上，据兰州市建委官员曾向媒体透露，兰州自来水项目引入威立雅投资，政府向投资者口头承诺每年每吨水价上涨两角钱。

在水务项目的 TOT 转让中，一直存在两种不同的投标竞争模式，其一是"定水价、竞资产价"，即：政府限定标的项目的初始水价，投资者通过投标资产转让价格来进行竞争，政府关注的是能够获得多少资金；其二是"定资产价、竞水价"，即：政府通过评估确定拟转让资产的转让价格，投资者通过投标运营期服务水价来进行竞争，政府关注的是改善企业经营效率，不增加消费者的负担，并让消费者能够共享改革的成果。两种模式体现了两种截然不同的思路、目的和价值取向。从投标竞争模式的选择之初，水务项目高溢价转让就说明了地方政府的价值导向。高溢价的实质是政府在市场认可水务行业市场价值的情况下，通过高价转让水务资产，甩掉运营和补贴水务行业的包袱，并获得大量资金的一种短期融资行为，是政府引导的必然结果。而其对消费者和整个社会的影响必然会在今后的运营期中体现出来，高溢价的投资最终很可能通过不合理的高水价向消费者转嫁。

从世界各国的普遍情况看，为全社会提供符合一定质量标准的水务产品和服务，都被视为政府的基本职责之一。而水务产品的不可替代和不可或缺性，以及水务行业的自然垄断特性决定了政府对水务行业实行严格监管的必要性。而且在对水务行业建立严格监管的同时，水务行业不以赢利为目的也是各国一个普遍的共识，许多国家都在水务相关立法中明确了这一点。而我国的水务行业市场化改革，仅仅是从解决建设融资问题出发，至今尚未有明确的战略目标。在这一改革过程中，政府定位不清、角色错乱，至今尚未建立起一套能与市场仕机制相匹配的监管体制。如何划分公益性与盈利性的界限，如何在政府与投资者之间分担责任和风险，如何保护公共利益，诸多问题亟需明确并解决。

2.3.4 行政立法与行政过程不透明

从《中华人民共和国立法法》和《行政法规制定程序条例》有关规定看，我国对行政立法程序从立法的合理性、合法性、公开性以及公众参与立法和反映各方利益等方面都有一定的制度设计。但在实际操作中，我国的行政立法还是沿袭传统的行政管理体制。首先是主管行政部门负责起草相关行政法规，然后在相关行政系统内部向平行行政机构征求意见，最终由国务院审批通过并正式发布。在整个立法过程中，缺乏社会公众的有效参与，有些时候即使设立了听证等参与渠道，也多是形式重于实质。由于国家关于行政立法和公众参与的规定过于笼统，缺少可操作的细节规定，加之对行政诉讼、行政违法审查以及行政法与刑法、民法补救措施接轨等方面都有待进一步完善，短期内行政立法公开性不够的情况还难以改变。

同时，由于现有的行政立法多是主管行政机构起草并主导，隐含了较多的行政部门内部利益，相关规律法规一般会规定得比较原则、抽象，在实际执行中行政部门往往享有较大的自由裁量权。而现有的城市水务行业规制机构，多数是由过去的行政主管部门演变而来，一方面，思想上具有较强的传统管理理念，实际执法时政策弹性大，在执行与不执行、执行力度多大等执法决策时自由裁量空间很大，行政执法过程透明不高；另一方面，它们往往与传统行业监管下的企业存在千丝万缕的联系，容易在监管者和企业之间达成某种形式的默契甚至结成"利益同盟"，对其行政执法时的公正性和独立性存在较大的影响，严重时甚至会破坏公平竞争的市场秩序，导致监管失效。加强行政监管机构的规范运作和透明行政，促使监管机构客观、独立、高效、公正地行使监督管理权力，将是进一步完善城市水务行业监管体制的一个基本要求[1]。部门利益分割超越公共责任承担，政府责任缺失损害公众利益由于城市水务行业的公用事业特性和自然垄断属性，其生产和服务，尤其是成本控制和产品定价，不可能完全通过市场竞争来实现，需要政府进行严格的规制和监管。建设部在 2005 年颁发了《关于加强市政公用事业监管的意见》，强调了政府监管的职责和完善法律法规与加强监管能力建设的必要性。但是，直到目前，对于市场化下政府应当行使怎样的监管职能，承担怎样的监管责任，监管的目标、内容和重点是什么，从中央政府相关部门到地方政府机构，仍然是一个较为模糊的概念。与水务行业投资、运营的市场化程度相比，政府对市场化下的监管职能和责任的认识还停留在改革开放之初的水平，连应该是行业监管还是市场监管，是对企业负责还是对社会公众负责这样的基本问题都存在混淆和困惑。加之，我国城市水务行业的监管长期实行的是多级监管、条块分割的管理体系，规制部门过多、职能交叉和职责

---

[1]　郭洁，向前，沈体雁．我国城市排水行业运营管理体制改革目标模式研究 [J]. 城市发展研究，2013, 20(8):122-126.

不清晰等问题长期不能得到有效解决。对于有利益的事情各部门争相管理，对于麻烦或者无利益的事情没有部门愿意管理，最后形成了管制冲突政、出多头等现象。

从"条条管理"看，监管部门有发改委、建设局、水利局、财政局、卫生局和环保局等，各部门分别负责城市水务行业从投资、建设到运营不同方面和内容的监管。建设部门和水利部门要就城市水资源管理问题进行协调，环保部门和水利部门要就水资源管理和水质问题进行协调，建设部门和卫生部门要就城市饮用水水质问题进行协调。不同行业管理部门及其相关利益群体对行业监管有不同的理念和认识，部门间权利争夺超越了保障公共服务的政府公共职责，使得在城市水务管理中的部门间协调成为较为困难的工作。2005 年，水利部与建设部就水务管理体制改革的职能争夺，水利部与国家环保总局关于流域治理的职能争夺，曾经在媒体一度公开，让人深为慨叹。

从"块块管理"上看，城市水务行业实行的是中央政府和地方政府的分级管理，中央政府负责制定宏观政策，地方政府负责具体操作和执行，并且地方政府也是在所辖地区履行政府提供公共服务职责的具体执行承担者。但是，在实践中，地方政府部门普遍存在"重形象建设目标，轻监管监督指标"的情况。对城市水务行业的市场化改革，是否带来了投资的有效增长和生产经营效率的提高，没有可靠的统计信息，更缺少定量化的分析、比较和评估。对于市场化改革的具体决策和实施者——地方政府来说，改革的目标更容易停留在"招商引资、形象建设"的层面，短期行为极其明显，表现出"重招商引资、轻质量服务"，"重项目建设、轻运营监督"的显著特点。对于引入市场竞争机构、改善服务质量、提高运营效率等长期化目标，缺乏深刻的理解和认识，更不用说如何保障和维护社会公众的利益。而且，部分地方政府甚至"借水生财、以水谋利"，无视政府职责和公众长期利益，通过高溢价转让城市水务企业，获取高额转让收益用于形象工程建设，将提供城市水务公共服务的政府职责通过所谓市场化直接转嫁给公众自身承担。

如此种种，地方政府的经济建设目标与环境保护要求发生矛盾，不同部门间权利与利益分配和城市水务行业的改善监管交织在一起，最终导致在一些关键环节政府责任缺失，不仅严重影响了政府监管的执行力度和执行效果，也损害了社会和公众利益。重新界定政府和相关部门的职责，降低相关行业管理部门的数量，调整城市水务行业的监管体系，已经成为改善政府当前监管能力的重要议题。

2.3.5 规制过度与规制不足并存

由于政府机构仍然沿袭传统计划体制下的结构，现有监管人员的素质和结构还不能适应市场机制的监管要求，主要表现为：行政人员和专业技术人员多，熟悉经济、法律、金融、管理等方面知识的综合性人才少。同时，现行的政府管制机制仍然沿用传统的直接管制方式，而过往的实践经验已经证明，由于政府与企业间存在着信息不完全、不对称等情况，政府在直接管制的实施过程往往容易出现偏差和滞后。而同时又通过增加更多的管制校正不当管制，最终导致政府的过度管制[1]。实践中，政府管制过度与管制不足的情况都不同程度存在。加之，在管制的政策制定过程中，社会公众没有能力参与决策，缺乏有效的公众监督机制和健全、完善的责任追究制度，结果在政府管制过程中还出现各种寻租、腐败现象，使公共利益受损。

2.3.6 社会性监管严重缺位

社会性监管是指政府有关部门，为实现消费者和劳动者的安全、卫生、健康、保护环境、防止公害和增进社会福利等目的，而对城市水务企业进行的规制和监管，内容包括：质量与服务监管、公共安全与环境保护监管。社会性监管是指针对公用事业的负外部性特点，防止政府与企业信息不对称的负面影响而进行的监管。相较于经济性监管而言，社会性监管有更宽的涉及面，监管要求也更高。我国现行的监管体制在社会性监管方面存在诸多的不足，亟需加强。

2.3.6.1 质量与服务监管

保证公用事业服务部门为社会提供安全可靠的服务，是政府的基本职责。因而，对城市水务产品质量与服务的监管是城市水务行业政府监管的重要内容之一。

在传统城市水务的投资运营体制下，国有水务企业不仅担负着水务产品与服务的供给职能，往往还承担着水质检测等监管职能。政府对国有水务企业的直接管理覆盖了水务产品生产与服务的各个方面，作为国有背景的水务企业，不受企业盈亏的影响，就政治方面的考虑远远大于经济层面的考虑，在主观上一般不存在为追求经济利益而降低产品质量的动机。随着城市水务行业的市场化改革，多元化投资主体受经济利益驱动而介入水务行业，在市场化运营的背景下，企业存在降低成本提

---

[1] 张永刚. 市政公用行业的管制研究 [D]. 同济大学 , 2007.

高收益的强烈动机。在这种情况下，如果政府对水务行业的相应监管不能适应这种机制变化而及时改变，有效提高监管的内容和监管质量，企业为降低成本而提供低质量、不安全的服务以获得较高的收益，损害消费者的利益将成为可能。

政府对城市水务行业的监管一般包括以下内容：对水务设施的建设质量、运行质量的监管；对供水能力和污水处理能力、供水水质与污水处理的出水水质监管；对管网漏失率的控制和修复的监管；对消费者服务的服务内容、服务水平和投诉响应速度等方面的监管等。

一方面要有严格的法律规制体系和完善的质量与服务监管标准，要求企业保证供水和污水处理的安全性和可靠性；另一方面还需要制定合理的管制激励机制以有效地促进运营和服务质量的改善。还可以加强行政程序和监管的透明化管理，将企业的运行成本和质量信息通过合法方式公开，让消费者参与到监督中来，并将企业的服务质量、成本控制水平与价格高速有机地结合在一起。当前，水务行业的质量标准制定和监管机制方面，相应的法规、标准内容很丰富，但在实际执行中监管不到位的情况较多，"运动式"监管和流于形式的监管都大量存在。

2.3.6.2 公共安全与环境保护监管

城市水务行业作为最重要的基础公用事业之一，关系到国计民生，是城市乃至国家公共安全的重要组成部分。对城市水务行业的公共安全监管与环境保护监管是政府监管的重要组成部分。从环境保护角度而言，政府的监管是要保证未来水资源的可持续性和确保能提供充足的水源满足人们未来的用水需求，监管内容主要包括：取水与污水排放许可、水资源治理及排污费征收等。由于经济建设优先的考虑，当前政府在环境监管方面存在的主要问题是监管不到位。具体表现为：在实际监管中，一方面对企业为降低成本大量开掘自备井，取用地下水资源的行为监督、处罚严重不到位；另一方面对企业违规排放超标污水的情况有意忽视。

从公共安全角度看，城市供水和污水处理，不仅关系到广大人民群众的切身利益，更关系到国家政治经济的安全。从国际惯例看，很少有国家将城市公共供水、污水处理和管网等项公共服务对外资开放。发达国家的水务市场化是只针对国内资本的市场化，对于外资介入是严格限制的。

我国的城市水务市场化改革因为是以解决基础设施建设资金短缺为动因，从引进外资开始的，所以，从改革的最初到现在，对于水务服务的重要性并未提升到国家安全的角度考虑。从招商引资层面考虑，城市水务行业只是一项政府可以通过市场化手段来完成的公共服务任务而已。所以，政府监管的更多注意点在保证建设质量，保证持续运营和保证供水水质达标与污水处理排放达标，而对于其战略性的认识被有意无意地淡化处理了。

2.3.7 社会公众参与不足

在城市水务行业的市场化改革过程中，政府、企业和社会公众均涉及其中，与人民生活密切相关，在政府、企业和消费者三方利益存在冲突、掌握信息不对称的情况下，加强社会公众在水务行业市场化改革中的参与程度，发挥市场博弈的作用，是制衡企业在水务市场中的垄断权力、改善市场透明度不足、完善水务行业市场化机制的重要内容。在西方发达国家的改革实践中，保证社会公众的参与居于重要地位。纵观我国的城市水务行业市场化改革，政府主导下推动水务行业的市场化改革，投资者在利益驱动下积极参与投资，整个改革过程中，受到影响最大的社会公众群体缺乏适当的信息渠道和表达意见的机会。

目前，社会公众参与水务市场化改革的最重要机会，是在水价调整决策的价格听证阶段。价格听证是兴起于西方国家的一种价格制定制度。目的是为了充分体现民意，限制政府行政权力过度膨胀。在 1997 年颁布的《中华人民共和国价格法》第23 条规定："在政府制定关系到人民群众切身利益的公益性服务价格、公用事业价格、自然垄断经营的商品价格时，应当采用听证会制度，组织征求经营者、消费者和有关方面的意见，由政府价格主管部门主持，论证其可行性和必要性。"2001 年7 月实施的《政府价格决策听证暂行办法》又使我国的听证制度向前迈出了一大步。价格听证是直接让消费者参与定价，使得价格决策更加科学化和民主化的重要形式。

水价作为关系国计民生的重要产品，其价格调整必须经听证会讨论程序。但是，由于我国价格听证的内在机制和代表遴选机制所限，听证程序和过程不够透明，企业生产成本信息不公开，一般消费者难以具备专业知识，同时也难以深入了解对企业生产经营情况、成本费用支出等，社会公众在价格调整听证中往往处于被动服从的地位。结果在水价听证中，形成了"一听就涨，越听越涨"的局面，听证会成为政府部门和申请涨价单位的"一家之言"，难以体现出公民的知情权和参与权，严重影响了价格听证的公信力和公众参与决策的积极性。

本章参考文献

[1]郭洁,向前,沈体雁.我国城市排水行业运营管理体制改革目标模式研究[J].城市发展研究,2013,20(8):122-126.

[2]王传成.城乡水务管理理论与实证研究[D].山东农业大学,2006.

[3]唐春忠.城市污水处理公私合作(PPP)模式研究[D].同济大学,2005.

[4]陈显利.面向可持续发展的现代城市水务管理体系研究[D].东北大学,2011.

[5]周令.我国城市水务基础设施投融资问题研究[D].天津大学,2004.

[6]刘雅莉.我国城市水务产业市场化研究[D].江西财经大学,2013.

[7]张永刚.市政公用行业的管制研究[D].同济大学,2007.

[8]水利部水资源司.城市水务市场化改革调研[J].中国水利,2004(15):6-12.

[9]沈坚.浙江省水务市场的问题分析及政策建议[D].浙江大学,2007.

[10]谢京.城市水务大系统分析与管理创新研究[D].天津大学,2007.

[11]《城镇污水处理工作考核暂行办法》(建城函〔2010〕166号)。

[12]佚名.住房城乡建设部出台暂行办法城镇污水处理工作将一年一考核[J].城市规划通讯,2010(18):14.

[13]李玲,谭海鸥,杨丹,等.现代水务市场政府监管体系研究[J].水利发展研究,2013,13(1):61-64.

[14]李佳.我国城市供排水行业市场化改革的研究[D].复旦大学,2012.

[15]闵宏东.PPP项目融资模式在我国城市水业的应用研究[D].北京交通大学,2006.

3　中国城市排水行业管理体制目标模式

要深入分析城市排水行业政府绩效管理的框架与流程，关键要明确我国政府排水行业管理体制改革的目标模式。本章分析了我国现行城市政府排水管理体制的几种典型模式，提出了以 PPP 为特征的城市排水行业管理菱形体制和以市场化为基本资源配置方式的运行机制，并提出了城市排水行业体制改革的若干建议。

3.1　城市排水行业管理体制现行模式

城市排水系统是城市排水服务的物质基础。城市排水系统是由城市雨污水的收集、输送、处理和排放等设施以一定方式组合而成的系统，包括排水管道系统和雨污水处理系统两大子系统。前者即排水管网，后者主要由污水处理厂组成。根据各城市在排水管网与污水处理厂管理上所采取的组织策略的不同，可以将城市排水设施运营管理模式大体上分为专业集团模式、厂网统一模式、厂网分离模式和企业化运营模式四种管理模式。

专业集团模式的典型代表是北京市排水系统。北京市排水集团负责城市排水设施的建设和运行，是由市政总公司对原排水公司、高碑店污水处理厂、北小河污水处理厂、方庄污水处理厂、高碑店污水处理厂筹建处、市政总公司世行项目部等单位进行重组成立。专业集团的产权主体为国有独资企业，其弊端在于虽然名义上是一个产权清晰的现代大型企业，但由于集团每年的收入来源于市政管委核拨的污水处理费，没有财务自主权，不是真正意义上自主经营、独立运作的市场主体。

厂网统一模式，即排水管网与污水处理厂由同一家水务集团运营，承担雨污水收集、处理、再生利用及污泥处置设施的投资、建设及运营管理职责。各地水务集团产权主体不同：深圳水务集团是中外合资公司，而重庆水务股份集团是上市公司。尽管集团性质不同，但是均按照地方政府授予的特许经营权负责实施，并在政府支持下基本实现了郊区县排污水处理业务的统一管理。这种模式特点是资产规模大、技术力量强，但是易形成区域性垄断，不利于竞争的形成。

厂网分离模式是指排水管网与污水处理厂分别由不同单位运营管理。如天津市和成都市的排水管网均由市政主管部门的排水处负责，而污水处理厂的运营主体则根据各地的情况各不相同。天津城区排水管网实行市区两级管理，其中排水主干网（约3 398千米）由天津市水务局下属排水处负责养护管理。成都排水管网由成都水务局下属的排水处负责养护管理，排水管网资产属兴蓉投资股份公司控股股东兴蓉投资集团拥有（持股41.78%）。天津污水处理厂主要由A股及H股上市公司天津创业环保公司，受天津市水务局下属天津排水公司委托，承担运营管理任务。成都污水处理厂的运行管理则由供排水一体化经营的A股上市公司成都兴蓉投资股份公司，依据成都市政府授予的特许经营权负责实施。这种模式特点是排水管网和污水处理职能分离，为专业化及高效管理创造条件，但排水处作为监管主体的同时又是排水管网运营主体，不利于政企分开，难以实现对排水管网的有效监督。

公司化运营模式，即采取公司化的运营管理模式。如上海市城区排水管网实行市区两级管理，主干网由上海城市建设投资开发总公司下属的上海排水公司负责养护管理。上海城区污水处理厂运营主体则分为三类：一是上海城投下属的上海城投污水处理公司，运行的污水处理厂总能力为268.9万立方米，占城区处理总能力的53%；二是以BOT方式运作设立的项目公司，运行的污水处理厂总能力为220万立方米，占43%；三是上市公司上海阳晨投资股份有限公司下属的上海阳晨排水运营公司，运行的污水处理厂总能力为17.7万立方米，占4%。公司化运营模式优势明显，经营管理与养护管理职能分离，且多个运营公司的建立，打破行业垄断经营，有利于提高管理效率。

下面以北京、天津、上海、深圳、重庆和成都六个城市为例，分别列举排水设施运营管理模式、污水处理厂运营主体和排水管网运营主体（表3.1.1）。

表 3.1.1　城市排水行业管理的典型模式

代表城市	典型模式	污水处理厂运营主体	排水管网运营主体
北京	专业集团	北京排水集团	北京排水集团
天津	厂网分离	天津创业环保公司	天津水务局排水处
上海	公司化运营	上海城投污水处理公司、以 BOT 方式运作设立的项目公司、上海阳晨排水运营公司	上海排水公司
深圳	厂网统一	深圳水务集团	深圳水务集团
重庆	厂网统一	重庆水务股份集团	重庆水务股份集团
成都	厂网分离	成都兴蓉投资股份公司	成都水务局排水处

3.1.1　北京模式

3.1.1.1　基本管理架构

北京市城市排水行业管理体制是典型的专业集团模式，即主要是北京排水集团负责中心城区排水系统的投资和运营，但是，市政府各个主管部门对北京排水集团的管理职能上却是相对分割的，呈现出北京市国资委负责排水集团的投资和资产管理、市发展和改革委员会负责重大基础设施项目和技改项目的立项、市水务局负责技术质量监管和保障的"三头主管"的格局。

具体而言，北京市国资委负责排水集团国有资产管理，建立国有资产的保值增值考核体系，采用统计、稽核等方式，监管国有资产的保值增值情况；敦促集团加强建设现代企业制度，完善公司治理结构，合理调整国有经济布局和结构；组织制定和督促实施排水集团五年发展战略规划。

北京市发改委负责项目立项，承担制定排水集团重大建设项目规划以及拟订排水集团固定资产投资和重大项目中长期规划和实施计划等职责。2011 年 6 月，北京排水集团向北京市发改委申报了"十二五"期间北京市排水管网的大规模更新改造计划，获得了批准。通过实施"十二五"改造计划，北京市排水管网和基础设施建设水平和服务能力得到了极大提升。

北京市水务局负责统一管理北京市排水行业的监督、排水许可制度的实施、排水行业的技术标准及管理规范的拟订等方面的工作。同时，水务局还负责水资源论证制度和取水许可制度的组织和实施、水资源公报的发布、农民安全饮水和饮用水水源保护的指导工作以及水文管理工作。2012 年 11 月，北京市水务局综合检查了排水集团所完成的"党的十八大"排水保障工作，特别是排水安保措施、宾馆对接、排水设施安全运行、集团安全生产以及后勤保障等工作。

北京市排水集团负责北京市的污水处理工作。2013 年，按照《北京市加快污水处理和再生水利用设施建设三年行动方案（2013—2015 年）》，北京市水务局与北排集团签订了特许经营服务协议，北排集团被确定为北京中心城区排水和再生水设施投融资、建设、运营主体，发展成为集融资投资、科技研发、装备制造、工程建设、服务运营五大业务板块在内的大型专业集团。

这种以城市政府向专业企业集团购买公共服务的"专业集团"运营模式，是城市排水行业甚至是城市基础设施领域特许经营机制的重要创新，体现了政府管理城市排水行业的系统思维与企业经营城市排水系统资源的市场导向的有机结合，使得北京排水行业管理体制和运行模式发生了深刻变化。一是由过去政府直接投资转变为政府购买公共服务，大大激发了企业活力；二是建立市场化的回报机制与盈利模式，使企业得以充分释放融资能力，吸引各类资本的进入，形成具有创新示范意义的新的投融资机制，打通资本与实业的通道；三是将排水、污水处理、污泥处理处置和再生水利用系统作为一个整体由企业特许经营，符合排水系统运行的内在特性和规律，充分发挥"厂网一体"整体效益。

3.1.1.2 历史沿革

北京排水行业管理体制改革发展主要是伴随着北京排水集团的成立和发展，通过不断调整和细化政府主管部门与北排集团之间的责、权、利和业务管理关系而逐渐完善起来的，大体上可以划分为三个阶段。

第一个阶段，创建阶段（1973—2001 年）。北排集团最初发源于 1973 年成立的隶属于北京市市政工程局市政工程管理处的"污水场站管理所"。1993 年，根据世界银行贷款相关条款要求，北京市正式成立了排水公司。不过，在成立之后的四年内，排水公司的主要工作是应付世界银行的检查，还没有成为真正的实体企业，也未执行城区排水设施的运营和管理工作。1997 年，世界银行二期贷款项目签约，有关项目分析报告提出了把北京市排水公司实体化、推动排水事业良好发展的建议，给北京排水事业发展带来了重要契机。1999 年，北京市市政管理委员会下发《关于同意组建北京市城市排水公司实施方案的批复》，将高碑店污水处理厂与世行项目办、排水公司、筹建处以及北小河污水处理厂、方庄污水处理厂等多家单位合并重组，成立北京市城市排水公司。于是，初步形成了由市排水公司负责北京城区范围内的排水管网建设和各污水厂的建设及运行、市政总公司下属的市政处负责排水管网及泵站的管理和运营的排水行业格局。为了进一步推动城市排水投融资体制改革、提高北京城市排水服务能力和水平，2001 年 7 月，北京市成立了城市排水集团，集团注册资本金 18 亿元，实际管理资产达到 50 亿元。2001 年 12 月经北京市人民政府批准，北京城市排水集团有限责任公司改制为国有独资公司，承担北京市中心城区雨污水收集、处理、再生利用及污泥处置设施的投资、建设及运营管理职责。2002 年 2 月 6 日，北京城市排水集团有限责任公司正式挂牌成立。

第二个阶段，城市排水业务集团化发展阶段（2002—2012 年）。自从 2002 年北排集团有限责任公司挂牌成立，北京市排水行业逐步实现了企业经营市场化、排水业务全过程化、中心城区排水设施管理一体化，相继经历了北京奥运会、国庆 60 周年等重大事件的考验，基本形成了以城市排水业务为主线的全过程、全地域、全产品线的大型城市排水集团。2002 年 9 月，北京市政府提出由市排水集团负责整体排水管网的维护和运行，市相关部门负责污水处理费使用方式的改革工作。在相关资产划归市排水集团后，排水集团拥有了对污水处理费使用的自主支配权，成为了真正意义上的市场化企业。排水集团充分发挥企业融资能力，筹措资金建设北京市排水基础设施，在 2008 年即实现了污水处理率 90%、中水回用率 50% 的发展目标，并凭借技术优势积极参与国内外水务市场的竞争。2006 年，北排集团提前完成中心城区污水处理率 90%、再生水回用率 50% 的奥运水环境目标，北排集团主营业务从以污水处理为主拓展为管网运营、污水处理、再生水生产利用、污泥处置四大业务板块，服务贯穿了雨污水收集、处理、回用全过程。2008 年，北排集团构建了严密的奥运保障指挥体系、运行体系和应急体系，有效应对了北京市区五次较大降雨，实现了排水管网安全运行和防汛工作顺利完成；奥运会期间，北排集团为鸟巢和奥运公园每天供应再生水 6 000 立方米，是奥运史上首次实现奥运城市大规模利用再生水，成为了北京绿色奥运的一大亮点，确保了奥运排水和再生水供应工作。2009 年，北排集团进一步完成了国庆 60 周年排水和再生水保障任务，并首次提出加快实现首都雨污水"全收集、全处理、全回用"目标。2010 年按照市政府部署，完成了涉水业务重组，实现了对中心城区排水设施实施集中统一管理。

第三个阶段，城市排水业务资本化运营阶段（2013 年至今）。2013 年，为进一步解决城市排水存在的突出问题，北京市政府制定了《北京市加快污水处理和再生水利用设施建设三年行动方案（2013—2015 年）》，市水务局与北排集团签署了《北京市中心城区污水处理和再生水利用特许经营服务协议》，授权北排集团作为中心城区排水和再生水设施的投融资、建设、运营主体，北京市政府以政府购买服务的形式向北排集团购买城市排水和再生水等公共服务。由此，揭开了北排集团从城市排水设施建设和排水服务业务进入城市排水投融资业务、从城市排水资产经营转向城市排水资本运作、从北京市属国有经济向多元化资本运作和混合经济的方向转变的序幕，北京排水行业发展进入了一个以"资本化运营"为标志的新阶段。2014 年9 月，北排集团与国家开发投资公司所属国投创新公司签署了《北京北排水环境发展有限公司合资协议》，与国家开发投资公司、中国工商银行、上海浦东发展银行、国投创新公司共同签署了《战略合作备忘录》，进一步加强与央资央企合作，发展混合经济，共同设立股权投资基金，并通过央企吸引社会资本等方式。通过改革创新和资本运作，极大地推动了国有企业改革进程，发挥了社会资本在城市排水服务领域的作用，释放了企业创新动能和发展活力，促进了《北京市加快污水处理和再生水设施建设三年行动方案（2013—2015 年）》建设项目实施，大大加快了北京市排水设施建设进程，提升了服务首都生态环境建设的能力。

3.1.1.3 主体企业基本情况

北京城市排水集团有限责任公司是首都公共服务类骨干企业，北京中心城区排水和再生水设施特许经营企业，经过近半个世纪的发展，已经成为以雨污水的收集、处理、回用和城市防汛保障为主营业务的集融资投资、设计研发、装备制造、工程建设、服务运营五大业务板块于一体的全产业链大型专业集团。截至 2015 年底，北排集团运营管理着北京市中心城区 5 000 余千米排水管线和 89 座雨污水泵站；8 座污水处理厂，污水处理能力达到 267 万立方米 / 日；6 座再生水厂和 600 多千米再生水输配管线，再生水的供应能力为 112 万立方米 / 日；3 座大型污泥处置场，无害化处置能力 1 100 吨 / 日；集团总资产 495 亿元，员工 4 100 人。从全国范围来看，相比于其他排水服务企业而言，北排集团已经形成了城市排水投融资、研发设计、装备制造、项目建设和厂网一体化运行等方面的核心竞争力。

在投融资方面，北排集团依托北京城市中心区排水服务的特殊经营权这一垄断性资源，以建立排水行业专业竞争优势为核心，吸引各类社会资本进入，形成产融一体化发展格局。围绕水污染治理和水环境建设，北排集团与国家开发投资公司、全国社保基金、中国工商银行、上海浦东发展银行等机构开展了深度合作，合资设立"北京北排水环境发展有限公司"，以绿色基金模式，共同发起设立100亿元的水环境投资基金。通过基金运作，采取多种融资方式开展融资，用于北京市或其他城市排水设施建设项目和污水处理项目。

在研发设计方面，北排集团建立了国内排水行业一流的研发基地和技术中心、国内排水企业首个博士后工作站，聚集和培养了一批优秀的科技人才。截至2015年底，北排集团被认定为"住建部再生水安全技术研究中心"、"北京市污水资源化工程技术研究中心"，主持和参与国家重大科技水专项、"863"项目等国家级和省部级科研课题23项，获得省部级以上科技奖13项、专利90余项，在生物菌技术、城市污水高效同步脱氮除磷、高品质再生水水质保障、污水处理厂节能控制技术等重要技术领域掌握了一批具有自主知识产权的核心技术。

在装备制造领域，北排集团自主研制了内流式金属（非金属）孔板格栅、全自动自清洗过滤器、滚筒格栅、转盘过滤器、悬浮生物填料、非金属链条刮泥机、铝合金叠梁闸等系列环保装备产品20余种，达到北排集团新建水厂装备价值的23%。

在排水项目建设方面，北排集团通过建设高碑店污水处理厂、小红门污水处理厂、清河再生水厂等一批排水和再生水设施，形成了策划、筹建、运作和管理大型排水项目以及并行启动多个大型建设项目的能力。按照《北京市加快污水处理和再生水利用设施建设三年行动方案（2013—2015年）》，2013—2015年仅仅三年时间内，北排集团新建了总规模150万立方米/日的再生水设施以及相应的配套污泥无害化处置设施，改造升级了城区现状污水处理厂和75座雨水泵站，完成了355千米排水管网和110千米再生水管线建设与改造任务。

在厂网运营方面，北排集团在雨污水收集、处理、再生利用及污泥处置等主要业务领域，构建了厂网一体化管理模式，实现了管网与泵站、管网与污水处理厂、污水处理厂与再生水厂以及各流域之间的系统调度，形成了安全可靠的排水和再生水系统保障，包括完备成熟的工艺调控、运行操作、质量标准、成本控制、客户服务体系,精通多种处理工艺的技术骨干、一线班组构成的运行队伍以及熟悉设备管理、成本控制的管理队伍,为北排集团提供稳定可靠的水污染治理服务奠定了坚实的基础。2012 年,北排"污水处理厂资源综合再生利用成果"获国际水协全球运营管理创新奖。

3.1.2 天津模式

3.1.2.1 基本管理架构

天津城区实行排水设施厂网分离管理模式,污水处理厂主要由 A 股及 H 股上市公司天津创业环保公司("创业环保"),受天津市水务局下属天津排水公司委托,承担运营管理任务。除"创业环保"运营管理的四座大型污水处理厂外(纪庄子、东郊、咸阳路及北仓污水处理厂,处理能力合计 140 万立方米 / 日),城区还建有张贵庄污水处理厂,一期工程(20 万吨 / 日)于 2011 年底建成投产,拟采用 TOT 方式对外转让,张贵庄污水处理厂一期投产后天津城区污水处理率将达到 95%。

天津城区排水管网实行两级管理制度,其中排水主干网(约 3 398 千米)由天津市水务局下属的排水处负责养护管理。排水处同时具有排水许可审批、排水水质监测及污水处理费收费职责。新建排水管网由天津市国资委下属二级企业天津市政投资有限公司(其母公司为天津城市基础设施建设投资集团,天津市国资委下属一级企业,国有独资公司)负责投资。截至 2013 年,天津市排水管网 15 140 千米,建成污水处理厂 30 座,污水处理总能力 204.8 万立方米 / 日(其中:城区 160 万立方米 / 日),污水处理率 85.3%。

3.1.2.2 历史沿革

主体企业"创业环保"由天津市政投资公司借壳上市公司天津渤海化工(集团)股份有限公司而设立。渤海化工集团于 1993 年 6 月募集资金设立,一年后公开发行 A 股和 H 股。由于 1998 年和 1999 年相继出现了严重亏损,2000 年有关主管部门对渤海化工集团进行了股权重组,将原来属于渤海化工的国家股无偿划归天津市政投资有限公司所有,而原属于天津市政投资有限公司所有的污水处理厂、外埠进津车辆通行费收费站、中环线东南半环城市道路等划归渤海化工集团,同时,将渤海化工改名成为天津创业环保股份有限公司。

3.1.2.3　主体企业基本情况

天津城市排水行业主体企业"创业环保"已经发展成为一个以污水处理和污水处理厂建设为主营业务的跨地区、跨行业的大型企业集团,主要从事污水处理设施的建设、设计、管理、经营、技术咨询及配套服务,以及环保科技及环保产品的开发经营。截至 2015 年末,"创业环保"控股股东是天津市政投资有限公司,持有股份 50.14%;集团实现年营业收入 193 421 万元,其中污水处理业务收入 139 829 万元,占营业收入的比重为 73.68%;年处理污水 128 005 万立方米,其中特许经营污水处理规模为 308 万立方米 / 日,委托运营规模约 79 万立方米 / 日,污水处理服务能力和研发能力不断增强。

集团实现了跨地区经营,形成了全国性业务布局。在天津地区以创业环保公司为基地,特许经营津沽、咸阳路、东郊、北辰等天津中心城区四座污水处理厂,日处理能力 150 万立方米。先后成立了天津静海创业水务有限公司、天津津宁创环水务有限公司特许经营静海、宁河污水处理项目,日处理规模 3.5 万立方米。天津地区托管运行张贵庄、大寺、天保以及汉沽营城 DBO 项目,日处理规模 37.55 万立方米。在天津周边地区,以文登创业水务有限公司和安国创业水务有限公司为基地,特许经营文登、葛家镇及安国污水处理厂,日处理规模为 11.5 万立方米。

在华东区域以浙江、江苏为中心,以杭州天创有限公司和宝应创业水务有限责任公司为基地,特许经营杭州七格污水处理厂、宝应仙荷污水处理厂,日处理规模为 65 万立方米;托管运行一座污水处理厂,日处理规模约 0.2 万立方米。

在西北区域以陕西为中心,以西安创业水务有限公司为基地,特许经营西安邓家村污水处理厂、北石桥污水处理厂,日处理规模为 27 万立方米。服务范围延伸至陕南、陕北以及关中地区,业务领域涵盖污水处理、工业废水处理和垃圾处理行业,初步形成了综合环境服务的格局。

在华中区域以湖北、安徽为中心,以武汉天创有限公司、阜阳创业水务有限公司为基地,特许经营湖北洪湖、赤壁、咸宁,安徽颍东、颍南及含山污水处理厂,日处理规模 32 万立方米;托管运行 4 座污水处理厂,日处理规模约 18 万立方米。

在西南区域以云南、贵州为中心,以曲靖创业水务有限公司、贵州创业水务有限公司为基地,特许经营云南两江口、西城,贵州小河污水处理厂,日处理规模为 19 万立方米;托管运行 13 座污水处理厂,日处理规模约 19.2 万立方米。

创业环保盈利模式主要为：通过与天津排水公司签署污水处理委托协议，根据污水处理量与约定的污水处理服务价格，获取污水处理收入。其中：委托服务期限30年，污水处理服务价格按照"补偿完全成本＋法定税费＋合理利润"的原则进行测算，合理利润根据固定资产净值的15%确定，首期污水处理服务价格为1.93元/立方米。"创业环保"致力于打造以"国内领先、国际知名的综合环境服务商"为目标，以污水处理为基础，以技术研发为引领，向污泥固废、新能源利用、大气治理、土壤修复等领域发展，以多样化的服务模式，为社会提供专业高效的综合环境服务。

3.1.3　上海模式

3.1.3.1　基本管理架构

上海市采取了市水务局统一管理下的、以上海城投水务集团为核心企业的、多元化、公司化、市场化的城市排水行业体制。根据2006年颁布实施的《上海市排水管理条例》，上海市水务局是上海排水行政主管部门，市水务局所属的上海市水务行政执法总队具体负责本市排水的监督检查工作。上海市排水管理处作为上海市水务局所属的具体负责全市排水行业管理的事业单位，负责编制和监督实施全市排水行业中长期发展规划和专业规划，拟订和监督实施全市排水行业设施运行技术质量标准、规程和规范，拟订和实施全市防汛排水系统应急调度方案，协调处置全市防汛排水和排水突发事件，执行全市排水行业特许经营管理工作等。在城市排水管理处的监督管理下，由上海城市建设投资开发总公司下属的上海城投水务集团作为核心企业负责上海市雨水防汛和干线输送、污水处理和污泥处置、排水投资融资以及水务基础建设管理等工作；上海阳晨投资股份有限公司、南汇排水公司、浦东新区城市排水管理所、临港供排水发展有限公司、复旦水务工程技术有限公司等30余家企事业单位作为行业成员以市场化服务方式参与上海城市排水市场，形成了以排水许可和排水设施使用收费制度为基础、以公司化运行为特征的城市排水行业管理构架。

上海城区排水管网实行市、区两级管理体制。上海城投及其下属的上海排水有限公司负责经营市属公共排水系统，养护管理全市排水主干网，并负责上海城区新建污水处理厂及排水管网的投融资和工程建设任务。区县级排水经营单位负责经营区县属公共排水系统。公共排水系统内排水设施的运行单位，通过招投标方式确定。

上海城区污水处理厂运营主体分为三类：一是上海城投下属上海城投污水处理公司，运行的污水处理厂总能力为 268.9 万立方米，占城区处理总能力的 53%；二是以 BOT 方式运作设立的项目公司，运行的污水处理厂总能力为 220 万立方米，占 43%；三是上市公司阳晨 B 股下属上海阳晨排水运营公司，运行的污水处理厂总能力为 17.7 万立方米，占 4%。

2014 年，上海市政府提出，将推进环境污染第三方治理作为提升环境治理水平和推动环保产业发展的结合点，以污染治理"市场化、专业化、产业化"为导向，加快探索建立排污者负责、第三方治理、政府监管、社会监督，排污者和第三方治理企业通过经济合同相互制约的排水治污新机制。按照这个精神，上海城投成立了上海城投水务（集团）有限公司。水务集团实行董事会领导下的总经理负责制，下设 6 个职能部门和 4 个专业管理中心，下属原水、制水、供水、浦东威立雅、排水、污水、项目公司、南方水中心 8 家核心企业和 5 家投资或受托管理企业，实行水务一体化经营。

截至 2012 年底，上海全市已拥有排水管道总长近 18 000 千米，污水处理厂 53 座，各类泵站 886 座，污水处理率 90%，覆盖全市各个区县。其中，中心城区的防汛排水和污水输送由上海市城市排水有限公司负责管理，包括泵站 319 座，设计能力位 2 500 立方米 / 秒；大型污水输送干线 4 条，设计输送能力 460 万立方米 / 日；负责养护管理的管道 180 千米，主要为干管；委托管理或委托服务的污水处理厂 13 座，设计处理能力约 503 万立方米 / 日。

3.1.3.2 历史沿革

上海排水行业管理模式演变主要经历了五个阶段：第一阶段，"事转企"阶段（1995—1999 年）。1995 年，在原有的河流建设处和排水管理处的基础上，合并成立上海市城市排水有限公司，对排水业务实施企业化经营管理，同时将排水收费从事业性收费变成经营性收费。到目前为止，上海仍然是全国唯一一个将排水收费确定为企业经营性收费的城市。

第二阶段，上海排水公司分立阶段（2000—2003 年）。2000 年 12 月，对排水公司进行投资、建设、运营、管理四分离改革。即成立专门的水环境建设公司，负责设施建设管理；成立市中、市北、市南三个运营公司，负责建成污水处理厂的运行；而排水公司作为资产所有者，主要负责对污水处理厂进行运行监管和拨付运行经费，同时运营维护市属排水管网及泵站。在污水处理厂投资方面，启动了包括竹园等多个污水处理厂的 BOT 方式招商引资。

第三阶段，排水业务政企分开阶段（2004—2008 年）。2004 年，排水企业的资产、行政、人事管理关系从上海市水务局移交上海城投集团，进一步加快了排水业务的政企分开和市场化发展。

第四阶段，城投集团排水业务整合发展阶段（2009—2013 年）。2009 年，城投集团成立城投污水处理公司，统一负责上海市属污水处理厂及原城投集团管理的郊区县污水处理厂的运行；而上海排水公司负责中心城区排水管网及泵站的运行维护管理。

第五阶段，水务集团化发展阶段（2014 年至今）。2014 年，上海城投水务（集团）有限公司挂牌成立，由上海城投（集团）有限公司出资设立，注册资本 317.5 亿元，从业人员约 10 000 人。作为重大项目建设主体和城市安全运营主体，城投水务集团植根于上海这座国际化大都市，为上海的稳定运行和快速发展提供了重要的水务基础服务，服务内容涵盖原水供应，自来水制水、输配和销售服务，雨水防汛和干线输送，污水处理和污泥处置，以及供排水投资，水务基础建设管理，水环境研发和职业教育培训等领域。

3.1.3.3 主体企业基本情况

上海城市排水行业主体企业 —— 上海城投水务集团隶属于上海城投集团有限公司。上海城投集团的前身是成立于 1992 年的上海市城市建设投资开发总公司，是专业从事城市基础设施投资、建设、运营管理的国有特大型企业集团，注册资本 500 亿元，从业人员 17 000 多人。上海城投集团以"城市基础设施和公共服务整体解决方案提供商"为战略定位，聚焦路桥、水务、环境和置业四大业务板块，旗下持有 3 家专业集团公司、2 家上市公司、若干核心企业。

上海城投水务集团致力于打造城市水务基础设施和公共服务整体解决方案提供商，成为国内最具影响力的一体化大型水务集团。目前拥有日均处理 1 524 万立方米原水、777 万立方米自来水、600 万立方米污水的处理能力；拥有排水泵站 315 座，总排水能力为 2 543.9 立方米 / 秒，其中防汛泵站 178 座，防汛排水能力为 2 048 立方米 / 秒，所有泵站运行实施监测全覆盖，以信息化手段进行一网调度；管理大型污水输送干线 4 条，污水输送管道 215 千米，设计旱流输送能力 610 万立方米 / 日；具备包括污泥干化、焚烧、厌氧消化以及深度脱水等技术在内的污泥处理工艺路线，污泥处理处置量约528吨干基/日；服务常住人口约1 522.5万。

"十三五"期间，城投水务集团将实施上海中心城区排水系统改造工程、污水处理厂提标改造工程、污水输送干线工程、深层雨水调蓄隧道工程、污泥处理处置工程等重大排水工程，通过集中配置资源、运行授权污泥处理处置经营、强化专业管理，提升公共服务能力、提高运营效率和效益。其中，上海市中心城区排水系统改造工程旨在完善中心城区排水系统，解决现有系统排水能力不足的矛盾，保障徐汇、杨浦、宝山等地区防汛排水安全，改善城市水环境质量，支持地区经济社会环境持续协调发展。深层雨水调蓄隧道工程针对上海市中心城区水面率低、建筑密度高、地下管线错综复杂、人口密集和防汛安全压力大等特点，采取以大型深层调蓄隧道辅以源头径流控制，是上海"海绵城市"建设的重要一环。污水处理厂提标改造工程旨在提高石洞口污水厂、竹园一厂、竹园二厂和白龙港污水厂四座大型污水厂的污水排放标准，改善污水厂周边的大气环境质量，提升城市环境质量。污泥处理处置工程的目标是建设完成竹园污泥处理工程（已建成）、石洞口污泥完善工程、竹园污泥扩建工程、白龙港污泥二期工程、石洞口污泥二期工程五大污泥处理处置项目，至2018年底污泥焚烧处理能力将达到约1 026吨干基/日，2020年底污泥无害化处理处置率达90%以上，基本解决上海中心城区污泥处理处置问题。

3.1.4　深圳模式

3.1.4.1　基本管理架构

相比其他城市而言，深圳市的排水行业管理具有明显的特区特色和创新精神。这主要体现在三个方面：一是，在市水务局及其排水管理处的指导监管下，由深圳水务集团按照厂网一体化、供排一体化、原特区内外一体化的模式负责排水业务实施；二是，作为深圳排水行业的核心企业，深圳水务集团是深圳市国资委参股的中外合资企业；三是，深圳水务集团按照市场化原则处理与深圳市政府、深圳市其他排水企业及其在其他城市所投资经营的排水项目企业之间的关系，实行企业化运作和跨地区经营。通过构建上述三个方面的关键体制机制，将政府与供水企业从过去权责难分的行政管理关系转变成为权责分明的契约管理关系，从而形成了颇具国际标准的中国城市排水行业管理的深圳模式。

深圳市水务局作为市政府主管全市水行政工作的组成部门，主要职能是负责全市水资源的开发利用和保护、防洪排涝、供水、节水、排水、水土保持、水污染防治、污水回用、中水利用、海水利用等，指导区街水务工作，负责全市水务企业的行业管理。通过推行特许经营制度，市水务局作为政府代表对市水务集团进行授权，使政府与供水企业从过去权责难分的行政管理关系变成权责分明的法律管理关系。作为市水务局直属机构，深圳市排水管理处具体负责制定全市排水监督管理方面的政策、标准及有关规范；组织编制排水专业规划；负责全市污水处理费的征收管理工作，制定运营服务费的支付标准；负责全市污水处理的特许经营授权，监督管理全市排水设施运营企业，并对其日常运营维护服务质量进行考核；负责特区内排水设施验收、建设项目施工方案审批、拆迁或移动排水设施审批工作；指导、协调、监督各区排水管理工作。

在深圳市水务局的特许经营下，深圳水务集团采取资本运作形式对原特区外的排水处理业务实行既分营又统一的运营管理。深圳水务集团本部负责原特区范围内排水管网与污水处理厂的供排水一体化经营，拥有市政府授予的福田、罗湖、南山、盐田四区排水特许经营权，特许经营期为 30 年。深圳水务集团采取股权投资、BOT、TOT 等多种方式参与深圳市深水光明污水处理有限公司、深水龙岗污水处理有限公司、深水水头污水处理有限公司的污水处理业务，实现对原特区外排水业务的运行管理，经营期限从 8 年至 22 年不等。中心城区新建排水管网由深圳市政府直接投资并委托深圳水务集团养护管理。

深圳市采取成本加成定价法进行污水处理收费与补偿。原特区内污水处理费实行分类管理，实施阶梯水价。每年年初深圳水务集团将上一年的污水处理量和处理成本上报给深圳市财政局、水务局、发改委等部门，经上述部门审定后，按照公司排水净资产的 3% 的合理利润，确定应当核拨给公司的污水处理费。

深圳水务集团外方股东法国通用又名法国威立雅水务，是全球水务行业的领导者、水务技术解决方案的提供者和水务设施的建设者，提供包括供水、污水和污泥处理项目的技术研发、运营维护以及融资等全方位水务服务，目前在中国运营了 20 多个水务项目，是中国水务行业的主要国外合作者。法国通用的入股和参与，对深圳水务集团以及水务行业管理的规范化、开放度和抗风险能力的提升具有重要价值。由国有资本与外资或其他社会资本共同投资经营城市排水业务是我国城市排水行业以及城市公共服务领域的一次重要探索，合作中所出现的各种问题与经验以及相应体制机制和法制建设，需要在实践过程中进一步总结和研究。

排水行业体制机制创新推动了深圳市排水设施和业务的快速发展。截至2015年底，深圳市原特区内、外的城镇污水处理总能力分别为158.60万立方米/日和54.00万立方米/日，污水处理率达到96.5%。全市排水管网总长度6 358.24千米；其中原特区内3 159.44千米，管网覆盖率85%，排水管网密度为7.67；宝安区1 614.6千米，排水管网密度为2.20；龙岗区1 584.2千米，排水管网密度为1.68。全市排水系统按照雨污分流和集中处理的原则建设和管理，形成了沿河截流、管网建设、排水户接驳三个层次的污水收集系统。城市排水设施日臻完善，污水处理能力和污水处理厂排放标准不断提升，原特区内外污水处理能力不平衡问题逐渐缓解，全市排水业务运营管理一体化程度进一步提高。

3.1.4.2 历史沿革

深圳市水务业务发展主要经历了三个阶段：第一阶段，供排水一体化企业集团创建阶段（1990—2001年）。1990年深圳市成立排水管理处，隶属于市政公用事业管理公司。1992年市排水管理处成为市政府城市管理办公室的下属单位，下辖滨河水质净化厂、南山水质净化厂以及上步、罗湖两个排水工区等单位。开始实行供水和排水的一体化经营模式，原来的自来水服务商转变为综合水务服务商。1996年深圳市自来水（集团）有限公司成立。2001年，深圳市委、市政府启动了新一轮国企改革，成立了深圳水务集团，将自来水集团与原属于排水管理处的污水处理业务进行合并重组，实行了供排水一体化经营。深圳成为全国最早实现供排水一体化的城市之一。

第二阶段，合资经营与跨地区拓展阶段（2002—2006年）。2003年底，深圳水务集团采用国际招标的方式成功引入社会资本，从传统的国有独资水务企业转变成为国有控股的中外合资企业，成为全国水务行业最大的合资企业。其中，55%的股权归国家所有，40%的股权由通用首创投资有限公司持有，5%的股权由法国威立雅水务持有投资者。2005年，深圳水务集团与天健集团合作，共同成立了深圳市水务投资公司，建立了水务投资方面的综合业务平台，从地方性水务服务商逐渐向全国性水务服务商转变。目前，深圳水务投资公司在广东、浙江、江苏、山东、安徽、河南、江西在内的7个省投资的供水和污水处理项目达到17个，成为具有跨区经营管理能力的重要全国性水务服务商。

第三阶段，整合提升发展阶段（2007 年至今）。自 2007 年以来，在深圳市委、市政府的主导和大力支持下，深圳水务集团积极推进对全市供排水资源的整合，通过控股经营原特区外宝安、龙岗、光明等区供排水企业和特区内莲塘等水司，在深圳全市范围内实现供排水水质、水价、服务、规划和建设的"五个统一"。依托管理、服务和技术等方面的优势和经验，完成了本地供排水资源整合和跨地区供排水业务运营，供水规模位居全国首位。2007 年，深圳排水集团顺被评为"世界未来 500 强企业"，进入良性循环和快速发展阶段，成为中国供排水行业的龙头企业。

3.1.4.3 主体企业基本情况

深圳排水行业主体企业是深圳水务集团。其前身是深圳市投资管理公司于 1981 年设立的国有独资公司 —— 深圳市自来水公司。2001 年，与原深圳排水处的污水处理业务合并，成为供排水一体化经营的企业，更名为"深圳水务（集团）有限公司"。2004 年，公司引进战略投资者，成为中外合资企业。截至 2016 年，公司注册资本 21 亿元人民币，其中，深圳市国资委持股 55%，法国通用（即法国威立雅水务）水务公司持股 5%，通用首创水务投资有限公司持股 40%。

深圳水务集团是集自来水生产及输配业务、污水收集处理及排放业务、水务投资及运营、水务设施设计及建设等业务为一体的大型综合水务服务商，不仅提供深圳本市 97% 的供水服务，还承担了原特区内 100% 的污水处理业务，并且在广东、浙江等 7 个省投资运营了 17 个水务项目，在全国范围内的水务服务人口达到 1 800 多万。截至 2016 年 3 月，深圳水务集团公司合并范围内的供水能力为 770.25 万吨 / 日，位居全国第一；污水处理能力为 304.60 万吨 / 日，在深圳本市的污水处理率超过 96%，在全国大中城市中同样也位居前列。截至 2015 年底，深圳水务集团总资产 164.05 亿元，净资产 91.15 亿元；2015 年，实现营业总收入 64.74 亿，净利润 4.99 亿。其中，污水处理收入占 20.09%。

深圳水务集团盈利模式主要为：深圳市政府授予城区供排水业务排他性特许经营权，供水业务向用户直接收取水费，排水业务采取政府购买服务机制，由深圳市政府按照污水处理服务量与核定的污水处理服务价格，支付深圳水务集团污水处理服务收入。其中：特许经营权 50 年（首期 30 年，可展期 20 年），污水处理服务费按照"覆盖污水处理业务的合理成本＋税金和（或）法定规费＋合理利润"的原则测算，合理利润目前按照净资产的 3% 核定。

经过三十多年的发展，深圳水务集团已经成为国内一流的水务项目运营商、水务项目投资商、水务项目方案提供商和水务项目建设商"四商合一"的水务与环境综合服务商：一是水务项目运营商。通过吸纳股东方法国威立雅水务的国际先进管理、技术及服务体系，深圳水务集团是国内首家实现供排水一体化运营的水务企业，拥有丰富的供排水运营管理经验，供排水运营管理各主要指标均居全国前列，是行业领先的水务项目运营商。二是水务项目投资商。作为国内最早实施"外溢型"发展的水务企业之一，深圳水务集团迄今已在山东省、浙江省、江苏省、河南省、安徽省、江西省、广东省七个省投资水务项目 25 个。其中，池州市主城区污水处理及市政排水购买服务（PPP）项目是国内排水行业 PPP 首例，产生了良好示范意义，被央视誉为"池州模式"。集团成立了深汕水务公司，服务与促进深汕合作区建设与发展，是首家进驻深汕合作区的国有公用事业企业。三是水务项目方案提供商。深圳水务集团及其旗下企业拥有国家给排水甲级设计资质、国家级高新技术企业（水务信息自动化）、污染治理设施运行服务资质等资质，可在水务设施设计、水环境生态修复、垃圾渗滤液处理、污泥处理处置、工业废水处理等领域提供一揽子解决方案和综合咨询服务。四是水务项目建设商。深圳水务集团拥有国家市政工程一级总承包资质、市政工程监理甲级运营资质，累计实施大型水务工程项目千余项，负责建设的深圳市梅林水厂深度处理工程（60 万吨／日）是深圳市规模最大、处理标准最高的水厂深度处理项目，在国内水务市场享有良好的品牌美誉度。

3.1.5　重庆模式

3.1.5.1　基本管理架构

重庆市排水行业管理采取特许经营下的厂网一体化运营模式。城区范围内由供排水一体化经营的 A 股上市公司重庆水务集团股份有限公司（简称"重庆水务"）负责排水管网及污水处理厂的运行管理，具体由重庆水务下属的重庆市排水有限公司负责执行。重庆水务按照重庆市政府授予的特许经营权负责实施，并在政府支持下基本实现了郊区县污水处理业务的统一管理。与深圳等厂网一体化经营模式不同的是，重庆市城区新建污水处理厂及排水管网也均由重庆水务负责投资建设和运营管理。

重庆市市政管理委员会及其下属的水务处，作为重庆市政府排水行业主管部门，负责全市排水行业管理工作，包括拟订并监督执行排水行业管理方面的发展战略、中长期规划和年度计划，监督管理污水处理设施的运行和城镇污水管理费的征收。

2007 年，重庆市政府授予重庆水务集团城区供排水业务 30 年排他性特许经营权。供水业务由集团向用户直接收取水费，排水业务则采取政府购买服务机制，由重庆市政府按照污水处理服务量与核定的污水处理服务价格，支付重庆水务污水处理服务收入。污水处理服务费按照覆盖污水处理业务的合理成本＋税金和（或）法定规费＋合理利润的原则测算，每三年核定一次，合理利润按照净资产的 10% 确定，首期污水处理服务结算价格为 3.43 元／立方米。从而确立了重庆排水集团作为污水处理服务提供商与重庆市政府作为采购者的市场经济主体关系，也保证了主体经营企业可以获得长期而且稳定的污水处理服务的合理利润，有利于重庆排水行业的持续健康发展。

到目前为止，重庆市城区排水管网 7 073 千米，建成城市污水处理厂 59 座、乡镇污水处理厂 550 座，处理总能力 365 万立方米／日（城区 124.3 万立方米／日），城市污水处理率为 91.65%，乡镇污水处理率达到 75%。

3.1.5.2　历史沿革

1998 年，重庆市成立排水有限公司。2001 年，重庆市政府在以其全资持有的国有企业重庆市排水有限公司、重庆市自来水公司（属于重庆市政府全资持有的国有企业）、重庆市公用事业基建工程处、重庆公用事业投资开发公司、重庆公用事业工程建设承包公司等企业出资成立重庆市水务控股（集团）有限公司，成为一家国有独资的有限责任公司，主要从事城镇给排水项目的投资、经营及建设管理，城镇给排水供应及系统设施的管理，给排水工程设计及技术咨询等业务。

2007 年，重庆市水务公司将审计后的净资产账面值 595 178.12 万元，折合为 43 亿股，控股有限公司变更为重庆水务集团股份有限公司。重庆市国资委通过国有股权划转，将重庆市水务控股（集团）有限公司由国有独资有限责任公司变更为两名股东的国有控股有限责任公司，即重庆市水务资产经营有限公司和重庆苏渝实业发展有限公司，持股比例分别为 85% 和 15%。

根据《重庆市人民政府关于授予重庆水务集团股份有限公司供排水特许经营权的批复》（渝府〔2007〕122 号）文件，重庆水务集团及其控制的供、排水企业在特许经营区域范围内独家从事供排水服务和负责供排水设施的建设，特许经营期限为自股份公司成立之日起30年。特许经营期满后，可报请重庆市政府延长特许经营期限，如公司总体服务质量和服务价格水平明显优于其他同类企业，市政府将给予优先考虑延续特许经营权。截至2009年，重庆水务集团拥有已正式投入运营的自来水厂28个，设计供水能力143.9万立方米/日；污水处理厂36个，设计污水处理能力168.3万立方米/日。

2010年，重庆水务在A股整体上市，开始公开发行股票，股本共计48亿股。其中：控股股东水务资产经营公司占股76%。公开发行5亿股，每股价格6.98元（发行市盈率34.9倍），扣除发行费用，实际募集资金34亿元。同年，重庆水务集团下属的中法水务有限公司获得重庆化工园区水务特许经营权，负责重庆(长寿)化工园区供排水处理项目的投资、建设和运营管理，合作经营期限为50年。

到目前为止，重庆水务集团已经发展成为重庆市最大的供排水一体化经营企业，在重庆市范围内处于行业垄断地位。除了重庆市远郊区县的部分供排水业务由重庆市第二大水务公司重庆市水利投资（集团）有限公司经营建设之外，其他地区的供排水业务基本上由重庆水务所垄断。

3.1.5.3 主体企业

作为重庆市最大的供排水一体化经营企业，重庆水务集团具有厂网一体、产业链完整的业务优势，其污水处理业务包括本公司下属主要污水处理企业通过城市污水管网所收集的生活污水、工商业污水、雨水及其他污水进行除渣、除害处理以及污泥的后续加工，并将经过无害处理且符合国家环保标准的污水排放入长江或嘉陵江的全过程。

截至2016年，集团排水企业投入运行的污水处理厂有51个，污水处理业务日处理能力为228.39万立方米/日，为城镇人口约952.7万提供污水处理服务，污水处理服务面积为达800.5平方千米；集团及其合营联营企业共同占有重庆主城九区的市场占有率达95%，在整个重庆的市场占有率约为96%；集团总资产达到2 023 712.35万元，净资产1 341 322.05万元，实现营业收入达到445 366.06万元，实现净利润106 809.78万元（不含少数股东损益）。截至2016年，集团直属的重庆排水有限公司日污水处理能力84.1万吨，污水管网184.3千米，其中，主城污水主干管81千米，主城污水二级管71.8千米；拥有资产39.7亿元，实际控制资产超过

40 亿元，净资产 18.2 亿元，资产负债率 54%；下辖唐家桥污水处理厂、鸡冠石污水处理厂、渝中污水处理厂、西永污水处理厂、白含污水处理厂、管网管理公司、排水监测站等二级单位。

集团享有重庆市政府授予的供排水特许经营权，具有在特许经营期限和特许经营区域内提供了充分、连续和合格污水处理服务的条件下向重庆市政府收取合理服务费用的权利，并自动享有在重庆实施并购与新建供排水项目的特许经营权。集团污水处理服务费采取政府采购的形式，污水处理服务结算价格以集团污水处理业务获得合理利润为基础（合理利润以 10% 的净资产收益率核定），由重庆市政府部门每三年核定一次。

集团致力于为社会提供安全、优质的供排水服务，坚持实施精益化管理、专业化运营，形成了集约化、标准化、专业化的运营管理体系。坚持实施创新驱动发展战略，通过自主研发以及产学研合作，攻关研发前瞻技术，推广示范适用技术。建立了设备全寿命管控模式，实现设备选、用、管、修、废闭环管理，主要设备完好率达 100%，设备可靠性和利用率均有效提高。各厂负荷率一直保持在 90% 以上，出水水质全面达到或优于国家一级 B 标准，出水综合达标率保持在 100% 的良好水平，单位完全成本、设备完好率、设施完好率等主要经济技术指标也在国内同行业领先。取得了国家环境保护总局颁发的环境污染治理设施运营资质证书（生活污水甲级）以及质量管理体系（GB/T19001-2008）、环境管理体系（GB/T24001-2004）、职业健康安全管理体系（GB/T28001-2001）"三标"认证，先后荣获"国家工程建设优质奖"、"全国污水处理厂十佳运营单位"以及日本国际协力投资机构 A 级最高等级评价等数十项荣誉。

3.1.6 成都模式

3.1.6.1 基本管理架构

成都城区排水设施的运营管理采取厂网分离模式。成都市水务局及其内设排水管理处负责排水行业管理，成都市全资国有企业兴蓉投资集团担任排水管网资产拥有者和投资者，市水务局下属的公益型事业单位——成都市排水设施管理处负责城市排水管网、中水回用管网及其附属设施的日常维护和管理，A 股上市公司成都兴蓉投资股份公司依据成都市政府授予的特许经营权经营管理污水处理厂，形成政府主管部门、国有资产公司、公益性事业单位、行业主体企业以及相关单位和用户多方共治的成都排水行业运行管理模式。

成都市水务局及其内设城市排水管理处是成都市排水行业主管部门，负责编制全市排水规划并监督实施，实行全市排水、污水处理、再生水利用的行业管理，指导排水行业特许经营的实施工作，按照排水行业的质量技术运营服务等管理标准监督管理全市排水、污水处理、再生水利用等基础设施运行，组织实施城市排水许可和排水接管工作，会同物价部门对城市污水处理费价格进行核算，指挥调度城市排涝，监督管理污水处理厂（站）运营和排水户排水行为，监督管理中心城区下穿隧道等工作。

成都市排水设施管理处是隶属于成都市水务局的公益型事业单位，成立于2006年，主要职能是在国家、省、市有关排水行业的法律、法规、规章和方针政策的指导规范下，负责城市排水管网、中水回用管网及其附属设施的日常维护和管理，城市下穿隧道的综合管理和维护，排水设施常年维护计划和重点整治计划的编制与实施，城市排水设施的防灾救灾，收集整理城区排水管网及其附属设施的相关资料收集整理等工作事项。目前该单位承担了成都市中心城区1 752余千米雨污水管道、5万余座雨污水检查井、4万余座进水井的管理维护工作、41座下穿隧道及49座下穿隧道排涝泵站及4座地下人行通道的综合管理任务，以及中心城区防洪应急抢险、雨污分流与水环境治理工作。

成都市兴蓉集团有限公司及其主体企业成都市兴蓉投资有限公司是国有大型水务环保综合服务商和价值集成商，主要从事水务、环保、水利等基础设施的投资、建设与运营。2002年，成都市人民政府办公厅以成办函〔2002〕228号文《成都市人民政府办公厅成立成都市兴蓉投资有限公司的通知》组建成都市兴蓉投资有限公司，作为成都市水环境综合整治的投融资主体。2004年，成都市政府又以成办发〔2004〕103号文《成都市人民政府办公厅关于成立成都城建投资管理集团有限责任公司的通知》组建成都城建投资管理集团有限责任公司，作为市城建系统国有资产的投资主体，并将市国资委在兴蓉投资有限公司的国有股权划入市国资委在市兴蓉投资有限公司的国有股权。也就是说，成都市排水管网资产属于成都市国资委全资的、城建系统国有资产的投资主体——成都城建投资管理集团有限责任公司所拥有并投资兴建。

A 股上市公司成都兴蓉投资股份公司根据成都市政府所授予的城区供排水业务排他性特许经营权实行污水处理厂的经营管理，采取政府购买服务机制，由成都市政府按照污水处理服务量与核定的污水处理服务价格支付兴蓉投资股份公司污水处理服务收入。其中，特许经营权 30 年，污水处理服务费按照"覆盖污水处理业务的合理成本＋税金和（或）法定规费＋合理利润"的原则测算，每三年核定一次，合理利润按照项目投资额的 10% 确定，首期污水处理服务结算价格为 1.62 元／立方米。

3.1.6.2　历史沿革

1998 年，成都市成立了排水有限责任公司，作为成都市兴蓉投资股份有限公司的全资子公司。2002 年，成都市政府组建成都市水环境综合整治的投融资主体——成都市兴蓉投资有限公司。2003 年，成都市政府将市排水公司国有股权划转至兴蓉投资有限公司，兴蓉投资有限公司成为成都市最大的排水运营单位，日处理污水能力达到 40 万立方米。

2009 年，深圳上市公司蓝星清洗与兴蓉投资集团签署重大资产置换协议，置入兴蓉投资公司持有的成都市排水有限责任公司 100% 股权，置出蓝星清洗全部资产和负债，资产置换价值差异由蓝星清洗发行股份购买。2010 年，上述资产置换方案获证监会核准（证监许可〔2010〕33 号），重组工作全部完成，蓝星清洗名称变更为成都兴蓉投资股份，成都市兴蓉投资有限公司更名为"成都市兴蓉集团有限公司"并成为上市公司控股股东，成都市排水公司成为上市公司全资子公司。2011 年，兴蓉集团通过定向增发方式，将下属自来水公司全部资产注入上市公司成都兴蓉投资股份，不仅一次性募集到近 20 亿元的建设资金，而且实现了成都水务整体上市和水务资本证券化，促进了成都市城区供排水业务一体化经营管理。

自上市后，成都兴蓉投资股份发挥资本优势，先后通过 TOT、BOT 等方式获得兰州七里河安宁污水处理厂、银川市第六污水处理厂、西安市第二污水处理厂等项目的 30 年特许经营权，实现了企业的跨地区经营发展。

3.1.6.3　主体企业

成都市兴蓉环境股份有限公司（股票代码 000598）前身为成都市兴蓉投资股份有限公司，是中国大型水务环保综合服务商，也是成都市市属国企中第一家实现主营业务资产 A 股上市的国有控股公司，主要从事城镇自来水供应、污水处理、再生能源等水务环保项目的投资、建设与运营。公司建立了涵盖原水供应、自来水生产与供应、污水处理、中水利用、污泥处置、垃圾渗滤液处理等领域的整合产业链，形成了多元化经营的业务格局。目前公司在中国四川省、甘肃省、宁夏自治区、陕西省、海南省、深圳经济特区等省市，拥有 10 座自来水厂、17 座污水处理厂、2 座垃圾焚烧发电厂、2 座垃圾渗滤液处理厂、2 座污水污泥处理厂的特许经营权。水务业务运营及在建规模近 600 万吨／日，服务人口超 1 000 万，业务规模及综合效益居全国前列，居西部地区首位。作为中国最具影响力的水务环保企业之一，成都市兴蓉环境股份公司具有 25 年污水处理运营管理经验，拥有近 3 500 人的专业化运营团队，建立了行业领先的生产技术系统，所有污水处理厂都取得 ISO9001、ISO14001、OHSAS18001 资格认证。

公司下辖的全资子公司成都市排水有限责任公司拥有四川省环保产业协会颁发的环境污染治理设施运营资质证书，取得了中国国家认证认可监督管理委员会对实验室资质的认定计量认证，目前承担成都、巴中、兰州、银川、西安、深圳等地 14 个污水处理项目的运营管理，运营及在建的污水处理规模为 316.99 万吨／日，污泥处理规模 400 吨／日。其中，承担了成都市中心城区污水处理厂 8 座和污泥处置厂 1 座，是成都市排水行业的主体企业。

兴蓉环境股份按照"兼容发展，一主多元"的发展理念，正在形成"以水务产业为基石，新兴环保产业共同发展"的产业格局和"立足国内、面向世界"的区域布局，实现从西部领先的水务运营商向全球同行业知名企业的转变，致力于发展成为行业领先的水务和环境综合服务商。

3.2 以 PPP 为特征的城市排水行业管理菱形体制

从以上所述的城市排水管理体制改革中可以发现，对于城市排水行业管理体制改革而言，并没有一种所有城市通用的模式。衡量一种模式好坏的标准在于是否能成功实现其最初改革的目标，因此在总结上述不同城市排水体制改革模式的基础上，本研究提出排水行业管理体制的改革应该考虑如下的因素：①对政府部门而言，是否能够实现对服务主体有效的监管，排水行业能否实现环境保护的目标；②对用户而言，是否能够得到优质高效的排水服务，用户的利益是否得到最大保护；③无论是政府监管还是提供排水服务，所耗费的成本是否较低。[1]

在考虑上述三大因素的基础上，梳理我国现行法律法规和行业标准，根据排水行业自然垄断性特征，同时借鉴国际其他城市的排水行业管理经验，以及公私合营的经验，本研究提出了我国城市排水行业管理的"菱形体制"——将有限市场、有限竞争的 PPP 模式，即包括国有企业重组专营的模式、BOT、TOT、BT 以及委托运营等模式——作为中国排水行业管理的目标体制。

3.2.1 菱形体制基本框架

第一，菱形体制由四大主体构成，即：①主管排水行业的各级政府部门，包括中央、省级和地方三级政府；②监管排水行业的行业单位，包括经济监管、环境监管和水质监管三类；③排水企业，包括城市污水处理、管网设施建设运营的水务企业；④消费者，包括各企事业单位[2]。最为重要的是，明确菱形构架中政府主体、监管单位、排水企业和消费主体四者之间的权力、责任、利益关系（图 3.2.1）[3]

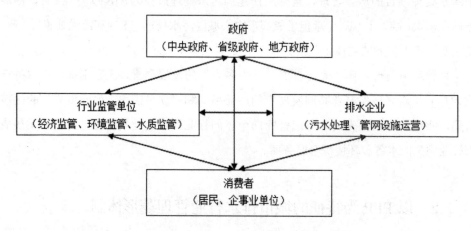

图 3.2.1　城市排水行业管理菱形体制示意图

第二，各主体的责任与权力如下：

---

[1]　郭洁, 向前, 沈体雁. 我国城市排水行业运营管理体制改革目标模式研究 [J]. 城市发展研究, 2013, 20(8):122-126.

[2]　郭洁, 向前, 沈体雁. 我国城市排水行业运营管理体制改革目标模式研究 [J]. 城市发展研究, 2013, 20(8):122-126.

[3]　郭洁, 向前, 沈体雁. 我国城市排水行业运营管理体制改革目标模式研究 [J]. 城市发展研究, 2013, 20(8):122-126.

（1）作为主管排水行业的各级政府，从中央政府的水务部门到各级地方政府的水务部门承担着城市排水的全部责任，需要对生活在城市中的人民负责。其权力是通过其被人民赋予的权力对于城市排水进行统一的规划与设计，对相关的城市排水设施进行建设，对城市排水企业进行监督管理，为城市人民提供良好的排水服务。根据《城镇污水处理工作考核暂行办法》的规定，中央政府和地方政府在城市排水行业的管理中各自承担着不同的责任。其中，住房和城乡建设部负责对各省、自治区、直辖市城镇污水处理工作考核。各省、自治区、直辖市人民政府住房和城乡建设厅[水务厅（局）、市政管委会]负责本行政区内城镇污水处理工作考核。

（2）为了减少政府直接提供排水这一公共服务的成本，提升排水这一公共服务的效率，借鉴国际 PPP 的经验，可以通过国有企业重组专营模式、BOT、TOT、BT以及委托运营等模式，将城市排水这一服务外包给企业。而作为城市排水企业，其责任是通过与政府签订承包合同，履行好污水处理和管网设施运营的职责，接受政府相关部门以及专业监管机构、消费者的监督，通过收取污水处理费等获得相关的收益。

（3）排水行业的行业监管单位除了由政府内部相应部门进行监管之外，比如环保局承担环境监管、水质监管的职能，也可以由专业的机构进行监管，比如高校的科研机构对排水企业进行经济监管。实际操作中，城市政府在确定怎样进行行业监管的决策时，应该本着既考虑成本又考虑监管效果的原则。而排水行业的监管单位则应该履行好其经济监管、环境监管和水质监管的职能，对各级政府负责，也对消费者负责。

（4）作为排水行业的消费者，包括城市居民和企事业单位，通过提交污水处理费等费用享受优质的排水服务。其责任是对排水服务进行反馈，进行社会监督。

第三，为提高管理效率，应在政府内部不同部门之间建立协调管理机构。

由于排水行业的管理涉及城建部、环保局、水利局等部门，在对排水行业进行监管时免不了需要进行相互协调。借鉴国外跨部门协同机制的经验以及国内的相关经验，本报告认为管理排水行业的相关部门可以通过部际联席会议来进行协调，也可以由各级政府中主要领导之一（比如某市的主管副市长）统管排水行业的协调工作，避免在协调过程中效率不高的现象。

第四，关于排水服务的监管，应该由水利部、环保部和城建部门共同负责，并接受民众监督。

环保部负责对直接或间接向水体排放污染物的新建、扩建、改建项目和其他设施进行监管，促进其遵守国家有关建设项目环保管理规定；应对建设项目可能产生的水污染和对生态环境的影响做出评价，规定防治的措施，协同建设主管部门审查批准后确定项目是否可以设计和施工。对排水企业防治水污染的设施进行监管，监管企业是否达标排放。

水利部则要按照国家资源与环境保护的有关法律法规和标准，组织水功能区的划分和向饮用水源区等水域排污的控制，监测江河湖库的水质，审定水域纳污能力，提出限制排污总量的意见。

3.2.2　城市排水行政管理体制

我国城市排水属于城市建设部门管理。新中国成立后，1949 年归属于中央人民政府政务院财政经济委员会；1952 年成立建筑工程部；1953 年建工部设城市建设局；1955 年国务院设立城市建设总局；1956 年成立城市建设部；1958 年设立国家基本建设委员会；1979 年又成立国家城市建设总局；1982 年撤消国家城市建设总局，成立城乡建设环境保护部；1988 年国家环保局划出，改称建设部。历次机构变更中，城市排水分别隶属于城市建设局、市政工程局、城市建设司。

随着形势和任务的发展，我国城市水环境污染控制体制是依据国务院领导下部门分工和《中华人民共和国城市规划法》、《中华人民共和国水法》、《中华人民共和国环境保护法》、《中华人民共和国水污染防治法》的规定，采取分级和分部门管理体制。即中央、省、自治区、直辖市和县镇三级政府分设行政主管部门；城市的独立工矿企业单位的水污染处理设施由各自行政部门管理，但业务、技术上受同级城市环保、建设部门的指导。

相关部门责任如下：

（1）环境保护部门负责审查：直接或者间接向水体排放污染物的新建、扩建、改建项目和其他设施，应遵守国家有关建设项目环保管理规定；建设项目环境影响报告书，应对建设项目可能产生的水污染和对生态环境的影响做出评价，规定防治的措施，经环保和建设主管部门审查批准方可进行设计和施工。其防治水污染的设施，必须与主体工程"三同时"。企事业单位应按规定申报有关防治水污染方面的有关技术资料，并保持正常使用，达标排放。

（2）建设部是负责建设行政管理的国务院组成部门。下设城市建设司，其主要职责是："指导全国城市建设；研究拟定城市市政公用、环境卫生和园林风景事业的发展战略，中长期规划、改革措施、规章；指导城市供水节水和排水工作；……指导城市规划区内地下水的开发利用与保护；……"会同国家发展计划管理部门审批重大城市市政工程和公用工程等建设项目；有关供水的水资源调配、水污染防护和治理、饮水卫生与健康，则分别由水利部、国家环保总局和卫生部协同管理。

省、自治区和直辖市的城市建设行政主管部门为建设厅或建设委员会；城市和县镇为城市建设局或公用局、市政工程局、水务局，负责城镇供水、排水建设及管理工作；下设水资源管理办公室、节约用水办公室等机构负责分管的业务工作；设自来水公司、排水管理处/排水公司，分别负责城市供水、排水行业的经营管理。

城市建设部门责任：①编制保护城市水源和防护城市水污染的建设规划，建设和完善城市排水管网，有计划地建设城市污水集中处理设施，加强城市水环境的综合整治。②审批城市污水集中处理设施经营管理部门（排水公司）按照国家规定编制的向排污者提供污水处理的收费标准。③监督征收的污水处理收费必须用于城市污水集中处理设施的建设和运行，不得挪作他用。④协助环保部门依法划定生活饮用水水源保护区，并对排污单位和个人进行排污监督，以防止污染地表水源和地下水源。

（3）水利部门负责：按照国家资源与环境保护的有关法律法规和标准，组织水功能区的划分和向饮用水源区等水域排污的控制，监测江河湖库的水质，审定水域纳污能力，提出限制排污总量的意见。

3.2.3 城市排水企业与市场体制

为使城市排水产业能够与社会主义市场经济相适应，以市场的观念、方法、模式相运作，将大力推动城市排水产业的发展，更好地体现社会、环境及经济效益。排水体制改革，目的在于引入竞争机制，建立"排水市场"，具体是将原来集投资、建设、运营、管理等功能为一体的排水公司，重组为三种类型的排水企业：受国有资产公司委托，拥有排水资产管理权，具有排水收费等职能的排水公司；受排水公司委托，负责实施排水运营的运营公司；负责工程建设的专业建设公司。

市场机制的建立明确了"业主"与"物业"两种不同类型的企业，使"市场行为"

有了明确的承担者。新组建的排水公司作为业主企业，主要关注排水价格、运营成本合理性和资产价值等，其立足点和出发点是运作资产。作为物业性质的运营公司，主要关注如何运营这些资产以满足业主要求，如何降低成本获得更高利润，如何提高服务水平争取更高的市场份额。明确业主与物业使得该由产权者和该由物业管理者履行的市场行为各有其主，在体制上使得这些行为成为企业的意愿。

市场行为的运作，使竞争机制得以凸显。竞争是市场经济的内在属性和固有规律，是推动经济进步的主要因素，是市场功能实现机制中的主体之一。以运营公司为例，它们之间为了实现利润最大化和自身的生存发展，必然存在着竞争。由于排水行业提供的是一种"公共服务"，因此，这种服务竞争首先表现在服务水准上，即：在厂商决策规律（MR=MC）的作用下，追求以低成本求得较高的服务质量，并获得收益，同时，也向各业主方表现自己的能力与水平，以争取更多的市场份额。市场体制下，竞争不仅成为必然，而且将显现于市场上，并将使市场整体获益。

3.2.4 公众参与及申诉体制

我国各地供排水监管职责分散在地方水利管理部门、城建公用事业部门等，监管主体过多，导致管理不善的局面。水是国家资源，关系到国计民生。排水行业不能偏离公共服务本质，而公众作为公共政策相对方参与到水务行业监管政策中，是赋予他们在政策运作过程中监督、参与的权利。社会公众与政府共同参与，这个政策才能既符合社会公众的利益，也符合政府的利益。

供排水公司有责任给客户提供优质、高效、价格公平的服务，如果公司不能满足客户需求，客户有权申诉以及获得补偿。客户申诉时，先向当地供排水公司投诉，使该公司有纠正错误的机会。如果客户对供排水公司处理结果不满意，则向当地消费者协会投诉。消费者协会代表客户利益，着重调查客户账单水平、供排水公司提供服务是否物有所值以及客户投诉是否合理等。同时消费者协会对客户投诉意见和申诉进行处理：审查供水公司和客户间服务协议、合同条款等，判定供排水公司是否滥用垄断地位对客户过高收费，是否拒绝给予潜在竞争者一进入供水行业机会，是否没有遵守法定职责而公司间勾结串通定价等。

3.3 以市场化为基本资源配置方式的运行机制

面对我国经济快速发展的现状和对建设发展资金的巨大需求，应以市场为资源配置和激励的基本方式，实行有规制的市场化运行机制。首先，拓宽融资渠道，引入更多投资，以满足中国大量建设市政基础设施、城市快速发展的需求；其次，引入竞争机制，在市场经济的客观规律下借助公司间的自由竞争提高行业整体的生产效率，降低供排水成本，改善水务行业的经营管理现状。

3.3.1 引入多元化投资主体，拓宽融资渠道

改革开放以来，工业化和城市化的快速发展，对城市水务等基础设施的需求也在不断增加，不仅体现在对城市公用事业所提供的产品数量需求方面，而且对服务质量也提出了更高的要求。在城市排水行业由政府独家直接投资运营的传统体制下，增加城市水务基础设施的投资，提高水务产品的数量和质量，对中央和地方政府的财政支出都带来了巨大的压力。

加之，长期以来政府在城市水务基础设施方面投资不足。据统计，在建国后的前三十年间，我国在基础设施方面的投资，尤其是自来水供排设施方面的投资一直较低，多数年份不超过当年全社会固定资产投资总额的 2%。城市污水处理设施自1999 年以来才逐步开始建设，投资严重滞后。随着经济发展和居民生活水平的改善，城市水务行业基础设施建设和更新的投资需求巨大。统计数据显示，2001 年我国城市污水集中处理率只有 36.5%，其中生活污水的二级处理率仅为 15%。因此，政府在"十五"规划中明确提出，2005 年我国城市生活的目标是 45%，其中 50 万人口以上的城市污水处理率要达到 60%。按此目标，全国仍需再建 1 000 多座污水处理厂，投资近千亿元到污水处理设施的建设中 [1]。

与此同时，随着改革开放，政府的工作重心迅速转向了经济建设，政府职能、领导业绩和财政支出无不围绕着 GDP 这个核心。在这种形势下，地方政府有限的财力必然是更多投向与经济增长相关性更高的生产性领域。一方面，是满足消费者对公共产品和服务日益增长的需求而对城市公用基础设施进行巨额的投资；另一方面，

[1] 王喻 . 我国城市水务事业改革思路探析 [D]. 西南财经大学 , 2004.

加快经济建设需要政府更多的直接投资。政府提供公用产品和服务的职责与经济增长靠政府投资拉动的现实，在有限的财政资金如何调配使用上产生了难以调和的矛盾。完全依靠中央和地方政府财政直接投资进行城市基础设施建设已经难以为继。

引入多元化投资主体，拓宽融资渠道，解决现阶段城市基础设施建设的资金需求，成为一个重要的选择。而西方经济学新公共管理理论的发展和英国等发达国家的实践成功，为中国政府在基础设施建设领域的改革提供了有力的支持。打破城市基础设施领域政府投资、政府建设、政府运营的传统模式，引入市场机制，改革投融资体制，放开基础设施投资市场，吸引社会投资进行城市基础设施投资，培育多元化投资主体，拓宽城市基础设施融资渠道，成为一个必然的选择。

3.3.2 引入市场机制，改善水务行业的经营管理现状

在传统计划体制下，水务行业由于政企合一和垄断经营，长期实行福利性低水价和财政高额补贴的政策。政府承担三重任务，包括政策的制定、行业的监督和实际业务的运营。水务企业不仅承担公共服务的经济职能，还要承担支持地方经济发展、增加地方就业等政治性责任。没有自主经营权的水务企业，主要任务是执行国家政策、保证运营和服务的连续，当然也就没有动力去关注经营效率、服务质量和企业盈亏。而且，由于长期依靠财政补贴扶持，水务行业的员工普遍享受着高工资和高福利，与金融、电力等企业一样成为地方政府领导安排亲属子女的理想单位。因而，传统国有水务行业改革前普遍存在冗员众多、效率低下、亏损严重等现象。从后来实行市场化改革的项目中所披露的情况看，国有水务企业的冗员情况是惊人的，按照国际上通常的 8 名员工 / 1 万吨水的配置标准，国有水务企业的员工可以减少一半甚至三分之二。

随着经济体制改革的深化，大范围的国企改革最终使国有水务企业进入了不得不改的境况，许多国企用水大户改革后或停产、或倒闭、或缩减了生产规模，企业用户的用水量大幅下降。同时，水价改革也逐步启动，随着水价提升，居民和工业用户节水意识提高，以及工业用户采掘地下水以降低用水成本等因素，用水量逐年下降。这些因素与国有水务企业根据传统体制规划进行的水务项目过度投资交织在一起，使得国有水务企业的亏损到了政府财政难以维持的程度。国有水务企业到了不得不改革的地步。

改革的最初目标，是想通过在国有水务企业内部进行政企分开、放开搞活，改

善和提高企业经营效益。20 世纪 90 年代末至本世纪初，国有水务企业以政企分离为特点的供排水一体化、纵向业务分离等模式的改革曾一度轰轰烈烈（如上海市水务运营体制改革和深圳市供排水一体化），但这改革尝试由于先天不足，既不能解决城市化发展中对水务基础设施投资的资金筹集问题，又不能建立严格的成本核算体系和有效的监督激励机制，未能取得理想的成果。而同时期城市水务行业吸引外资投资的尝试又取得了较好的成绩，如：广东中按照国家相关政策，如果严格执行，其实企业使用地下水的成本远高于使用自来水的成本，但在实际执行中，地方政府为保护工业企业，地下水源采掘（自备井）和收费问题一直无法解决，导致供水企业生产能力远大于实际售水量，而城市污水处理量又远高于自来水售水量，结果不仅自来水企业亏损，污水处理企业也因为政府收取的污水处理费不足而面临不能足额支付或者不能按时支付的风险。中国污水处理起步较晚，20 世纪 90 年代以后才在世界银行、亚洲开发银行的贷款支持下发展起来，主要面临的是资金短缺、投资不足的问题。如山坦洲自来水项目、成都自来水六厂 B 厂 BOT 项目和合肥王小郢污水处理厂 TOT 项目等。在此形势下，随着国有水务企业亏损情况日益严重，而政府面临对水务基础设施的投资需求不断增加，在城市水务行业，引入竞争、打破垄断，建立竞争有序、统一开放的供排水行业市场体系；通过市场化的方式鼓励多元化投资者参与城市水务公用基础设施的投资、建设、经营与管理，实现投资、建设、经营与管理的主体多元化，改善并提高水务行业的投资和经营效益，盘活存量资产，逐步甩掉对城市水务公用事业补贴的财政包袱，成为一个必然的选择。

3.4 中国城市排水行业政府责任与改革建议

在前述研究的基础上，明确城市排水行业的政府责任，包括行业基础设施建设、产权明确与保障、管网设施投资、行业监管与促进、国家安全保障等方面责任，提出进一步深化城市水务行业市场化改革的如下建议。

3.4.1 继续坚持市场化改革的方向，完善政策法规体系

坚定不移地坚持城市水务行业的市场化改革方向，建立并完善以市场化为基础的现代城市水务行业投资运营体制，将是我国在城市化高速发展和人民生活水平不

断提高的发展现状下，充分提供满足人们日益增长的城市水务产品和服务需求的重要保证。

水务行业的市场化改革涉及政策法律体系、政府管理体制、行业投融资体制、行业运营和监督管理体制等诸多层面。在深化城市水务行业市场化改革的过程中，明确城市水务行业改革的战略目标，并基于宏观视角，从整个经济运行体制和政府公共服务职能角度出发，对整个城市水务行业的市场化改革进行系统的梳理和规划，确定改革的中期和短期目标，并针对不同时期城市水务行业的发展需求和重点，从政策、法律和实践等多个方面进行综合的考虑和平衡，进而形成统一的系统性战略规划和实践指导，对于确保改革目标的实现和市场化实践的成功，显得尤为重要。

完善城市水务行业相关的政策法规体系，解决现行城市水务行业各类政策法规中出现的矛盾和冲突，构建一个管理规范、职责清晰、政策稳定的城市水务业投资环境[1]，是城市水务行业市场化改革成功的保证。一方面，要通过政策法律的不断完善，明确政府职责，加强政府各部门间协调，规范政府监管行为，构建良好的城市水务行业市场化改革环境；另一方面，要完善制度，明确规则，加强依法行政，改善投资环境，为城市水务行业的市场化改革提供可靠的法律保障。

3.4.2 重新定位政府企业公众的角色，发挥政府投资的主导作用

面对城市水务行业市场化改革的深入，重新定位政府、公众、企业三者在城市水务行业中的角色和地位，明晰界定三方的职责、权利和利益关系，探索建立适应我国水资源短缺现状和城市化快速发展的城市水务行业市场化机制，是当前最为紧迫的任务。首先，政府作为公共管理机构，为社会公众提供水务基础设施服务的基本职责不可改变；其次，政府提供城市水务基础设施的具体职能，可以通过市场化机制，由具有独立法人地位的水务企业来具体承担（提供）；再次，社会公众作为城市供排水设施的直接服务对象，可以对城市供排水设施服务的数量和质量、政府监管职能的履行及效果，进行公开的社会监督。最后，政府监管职能将从过去的直接监管、行业监管转变为间接监管、市场监管。厘清政府、企业和公众三方角色和定位的根本意义在于，在城市水务行业的产业链条中，科学划分政府主导和企业主导的环节，在需要政府引导的环节，政府要履行职责、承担义务，坚持政府投资的

---

[1] 温锋华，郭洁，沈体雁. 基于云计算的我国城市排水行业政府绩效管理网络研究 [J]. 城市发展研究, 2013, 20(8):127-131.

主导地位；在可以市场化的企业主导环节，要尊重市场规则，充分发挥市场机制的资源配置作用。

政府仍然是城市水务行业最重要的投资主体。水务行业的公用事业属性，以及投资规模大、资本沉淀性强、回收期长、回报率较低等特点，决定了城市水务行业的市场化改革只能是对水务行业产业链合理分割基础上的有限市场化，政府投资在城市水务行业的投融资结构中始终占有重要地位。在需要与城市发展规划相匹配的前瞻性投资领域（如超前性管网建设和水处理设施建设等），政府投资仍将承担重要的主导或引导作用。同时，在传统计划体制下，政府投资资金短缺的一个重要原因是：国内资本市场不发达，金融工具单一，融资手段缺乏。随着投融资体制改革的深化和国内资本市场的不断成熟，就融资而言，政府已经成为城市水务行业最有效的融资主体。一方面，政府在作为融资主体时，具有更丰富的融资渠道；另一方面，由于政府相对企业信用度更高，融资的成本和效率一般会大大优于社会投资者。实际上，在所有国家中政府投资在城市水业建设中都起着主导作用。

3.4.3 规范市场化改革的操作，强化运营管理阶段的市场竞争

随着城市水务行业市场化改革进程的推进，大量不同形式的社会资本开始进入到城市供排水行业的投资运营中。因此多种市场化模式，如 BOT 模式、TOT 模式、BT 模式以及委托运营等都开始在我国城市水务行业的市场化改革中推行实践。水务行业的市场化改革，不仅将大量资金引入到水务行业中，而且帮助缓解政府在大规模建设水务行业基础设施的压力。但是，由于没有清晰的战略指导目标，改革实践的过程中也出现了一系列问题，尤其是"高溢价收购"和固定回报等，这些问题一度引起了社会上的广泛关注，质疑声也越来越多。为了进一步推动水务行业市场化改革进程，须从规范市场化改革操作程序和完善现有规则入手。第一，对城市水务行业的进入和退出规则提出更加明确的细则；第二，市场化操作的程序和模式要进一步规范；第三，对不同的操作模式制定相应的示范文本、指导原则和具体操作的实施细则 [1]。

引入竞争机制是水务行业市场化改革的一大目标，为实现此目标，企业要改善经营管理方式，提高生产效率。地方政府在结合当地产业发展现状和实际经济条件

---

[1] 郭洁，向前，沈体雁. 我国城市排水行业运营管理体制改革目标模式研究 [J]. 城市发展研究，2013, 20(8):122-126.

的基础上，将市场竞争机制引入企业的运营管理过程中，并以鼓励公众参与、促进成本公开为突破口，帮助改善水务企业的经营管理方式，以此提高生产效率，获得长期稳定的投资收益[1]。

3.4.4 理顺政府监管体制，加强政府监管的力度和深度

面对城市水务行业市场化改革需持续深化的目标，如何重新界定各部门对城市水务行业承担的责任，降低相关管理部门的职能交叉程度，完善城市水务行业的监管体系是改善当前政府监管能力的重要议题。一方面，要通过制定更加明晰的政策法规，重新界定政府相关部门的监管职责，明确各部门监管范围和责任，完善各部门间的协调机制；另一方面，要通过规范各部门的行政行为，落实依法行政，加大政府监管机构运行的规范度和透明行政度，促使政府监管部门在行使监督管理权力的过程中更加高效、独立、公正。[2]

政府相关部门自身也要尽快转变管理观念，从直接管制转变为宏观管制，从传统的行业管理转变为市场监管，从维护行业利益转变为维护社会公众的利益。首先要明确市场化机制下，政府部门监管职能的内涵和外延、职责范围、监管程序等。其次要从社会责任和经济效益两个方面进行监管，以实现完善政府监管手段，深化政府监管体制改革的目标。第一方面是加强对城市水务行业的产品质量和服务标准的监管，同时加强对城市水资源保护的环境监管；第二方面是加强市场准入、设施安全、项目运营、价格管制等方面的监督管理，通过公开运营成本和接受公众监督的方式，强化水务企业的投资运营成本的约束条件，实现价格管制，切实维护和保障社会公众的利益[3]。

3.4.5 推进成本公开和公众参与，完善价格形成机制

价格监管是政府在城市水务行业市场化改革进程中所需承担的核心监管责任。良好的价格形成机制有助于政府、企业和消费者三者在城市水务行业的市场化发展

---

[1] 郭洁, 向前, 沈体雁. 我国城市排水行业运营管理体制改革目标模式研究 [J]. 城市发展研究, 2013, 20(8):122-126.

[2] 郭洁, 向前, 沈体雁. 我国城市排水行业运营管理体制改革目标模式研究 [J]. 城市发展研究, 2013, 20(8):122-126.

[3] 郭洁, 向前, 沈体雁. 我国城市排水行业运营管理体制改革目标模式研究 [J]. 城市发展研究, 2013, 20(8):122-126.

过程中形成责任、权利和利益的良性互动机制 [1]。

政府完善价格管制制度的一个重要方面是加强成本公开和监审力度，细化成本的构成内容，明确成本的核算方法。在水价形成的形成过程中，最重要的环节就是成本界定。因为在各类定价模型中，如成本加成定价模型、价格上限管制定价模型、投资回报率管制定价模型等，核心要素都是成本。因此，政府要加强企业成本公开和监审制度的建设。在对企业的公开数据进行审查和比较后，政府监管部门可建立成本效益数据库，一方面有助于对全国各地区水务企业间的价格、成本和收益等指标的横向比较，另一方面也可累积历年数据有助于纵向比较。这样，可逐步建立完善全国水务企业的供水价格、成本与收益的竞争机制，也可提高政府价格管制制度的有效性和科学性，还能促使企业自身改善管理方式，提高生产效率。另一个重要内容是完善公众参与机制。因为政府、企业和消费者三方均涉及了城市水务行业的市场化改革过程中，价格决策的本质是这三方在公平博弈的基础上达到的综合平衡。政府对企业成本公开和监审制度的设立，为消费者参与价格决策提供了基础，价格听证制度和专家评审的设立则提供了充分的制度保障。在执行价格听证时，要提高遴选公众代表的公正性和科学性，使各阶层代表都有充分表达意见的权利。舆论监督和社会监督的强化，不仅是价格决策过程透明公开的体现，还使消费者更加理解和支持水价调整决策，同时也能有效避免政府在价格管制中可能发生的决策失误 [2]。

落实企业投资应获得合理收益的原则，为城市水务市场化改革传递开放、稳定的信号。市场化机制的一个基本原则和基础是投资可以获得合理回报。市场利用资本的逐利性，通过"看不见的手"调节了生产要素的资源配置，从而实现了社会福利的最大化。只有尊重企业投资的受益权，才能实现引入多元化投资者，形成有效市场竞争，从而改善和提高全行业的投资经营管理效率。在价格决策过程中，尊重和落实企业投资的受益权，是完善和深化城市水务行业市场化改革必由之路。

3.4.6 完善国家安全战略，依法限制外资在国内水务运营市场的行为

从公共安全角度看，城市供水和污水处理，不仅关系到广大人民群众的切身利益，

[1] 郭洁, 向前, 沈体雁. 我国城市排水行业运营管理体制改革目标模式研究 [J]. 城市发展研究, 2013, 20(8):122-126.

[2] 郭洁, 向前, 沈体雁. 我国城市排水行业运营管理体制改革目标模式研究 [J]. 城市发展研究, 2013, 20(8):122-126.

更关系到国家政治经济的安全。对于水务服务的重要性要提升到国家安全的角度考虑。随着城市水务行业市场化改革的进一步深化，建议政府从完善国家安全战略出发，尽快采取措施，依法安排外国投资者逐步退出中国城市水务行业的运营管理。

本章参考文献

[1]郭洁，向前，沈体雁．我国城市排水行业运营管理体制改革目标模式研究[J].城市发展研究，2013, 20(8):122-126.

[2]黄昀．城市排水行业管理体制不同模式的比较和分析[J].北京水利，2003(4):23-25.

[3]张晓波．城市管渠排水标准衔接及方法研究[D].河海大学，2005.

[4]陈涣壮．污水处理厂投资及运营研究[D].湖南大学，2004.

[5]张永刚．市政公用行业的管制研究[D].同济大学，2007.

[6]郭蕾．均衡话语权：公众利益表达的应然逻辑——基于城市公用事业的视角[J].求实，2012(8):48-51.

[7]宋春，徐丰果．城市自来水的参与式定价机制探析[J].法制与经济旬刊，2011(3):104-105.

[8]马淑娇，赵红莉，蒋云钟，等．基于BSP方法的水资源管理业务系统划分研究[J].南水北调与水利科技，2014(2):11-14.

[9]佚名．中国城市污水处理现状及规划[J].中国环保产业，2003(1):32-35.

[10]刘征兵．中国城市污水处理设施建设与运营市场化研究[M].中南大学，2006.

[11]周骅．排水改革与产业组织政策初探[J].上海水务，2002(2):27-30.

[12]罗春．论国内城市污水处理现状及发展趋势[J].水处理信息报导，2007(6):1-4.

[13]叶晓甦，牛元钊，潘升树．我国城市水务供给行业公私合作体制探索——基于重庆水务集团公私合作案例分析[J].工业技术经济，2012, 31(3):56-62.

[14]单翀．浅谈上海城市排水的经营模式[J].给水排水动态，2008(6):19-23.

[15]孟飞琴，原晓明．浅谈上海市排水管理存在的问题及其发展趋势[J].上海水务，2016, 32(1): 52-57.

4 国外城市排水行业政府绩效管理经验

本部分通过对国外排水行业政府绩效管理模式的调查和研究，分析评价国外典型评价系统的指标体系、考核标准及方法、应用情况与发展趋势，总结概括其主要特点，在吸取国外先进经验的基础上对中国排水行业政府绩效评价体系的建立和指标体系的设计提出了要求。

4.1 国外排水行业政府绩效管理典型模式概述

4.1.1 英国排水管理现状与启示

英国的英格兰与威尔士地区是水务私有化改革的先驱，经过多次改革，形成了一套比较全面、系统、有效的管理体制。其核心特点表现为：通过立法确立水务管理与监管的基本体制；水务服务实行特许经营管理，由私有化企业提供供水与排水服务；实行经营与监管相分离，建立独立的监管部门执行具体的监督管理职能。虽然其管理模式与我国实践有比较大的差异，但对其进行探讨，可以为我国水务管理部门的绩效管理探索提供一些启示。

4.1.1.1 英国排水管理体制沿革

在当前的水务管理体制形成之前，英国经历了一段比较长时期的演变与发展历程。在 1989 年私有化之前的 100 年左右时间，其供给主体先后经历了由私人到政府的演变，并在 1989 年后再次实现私有化。20 世纪 80 年代，以撒切尔夫人的私有化改革为契机，英格兰和威尔士地区的水务管理体制经历了重大变革，并形成了两地区现今管理体制的重要基础[1]。

1973 年，英国政府在英格兰和威尔士设立了 10 个区域性的水务局，负责各自辖区内的供水、污水处理、水源、防洪、污染控制等工作。1989 年，英国实行私有化，原水务局分为两部分：一部分是负责供水、污水处理、供排水设施建设的私人水公司，另一部分负责河流等水域管理的国家河流管理局。1996 年，英国国家环境署在英国河流管理局的基础上成立，其主要责任是环境标准的制定、取水和排污许可证的发放、水权分配制度的制定、污水排放和河流水质的监测、相关法律的解释咨询等。水务办公室的主要责任是通过控制水务公司的上限收入，来实现对供水企业的宏观经济调控目标，并对供水公司进行监督，同时制定合理的水价确保水务公司和消费者的合法权益。饮用水监督委员会属于环境、运输与区域部门，其主要职责是代表政府确定饮用水的水质参数，制定饮用水的水质检测标准，提供相关技术的咨询和服务等[2]。

4.1.1.2 英国水务监管体系现状与特点

目前，英国实行的管理体制是中央按流域统一管理水资源，水务公有部门和私有部门相结合的方式。在英格兰与威尔士，由 34 家私营的水务公司为当地 5 000 万居民与企业用户提供给排水服务，政府不再承担水务相关服务的具体职能，而是通过建立相应的监管机构实行监督与调控，为水务公司提供公平的竞争环境，对公司的服务与管理进行监管，以确保所有用户获得高性价比的水务服务。

英国的水务管理体系由政府、独立的公共部门、私营企业共同组成，形成了宏观调控、监督管理、服务运营有效分工合作与相互制约的模式。如图 4.1.1 所示，主要的监管机构由中央机构、地区政府机构与专门性监管管理机构及消费者代表机构组成。其主要职能如下：

（1）中央监督管理机构：环境、食品与农村事务部。其主要职能包括：负责制定英国水务相关法律和宏观政策；代表英国的立场和利益诉求，与欧盟在制定和实施水务政策方面谈判，同时在欧盟政策法律的基础上制定英国的政策法规，然后将议案提交给议会，议案通过后开始实施；监督和管理地方水务监管机构，制定监管机构的改革方案，并及时评估改革效果，根据效果适时调整改革方案[3]。

---

[1] 中华禹水务产业投资基金筹备工作组 . 英国水务改革与发展研究报告 [M]. 中国环境科学出版社 , 2007.

[2] 胡燮 . 国外水资源管理体制对我国的启示 [J]. 法制与社会 , 2008(2).

[3] 邓涌涌 , 江莹 . 英国水管理状况与启示 [J]. 人民长江 , 2006, 37(8):123-126.

（2）监督管理的专门性机构：水务办公室、饮用水监察局、环境署、水务消费者委员会分别从经济、饮用水质、环境、消费者等方面实施监督管理，形成权力分立、相互制约协调的结构。

水务办公室负责经济监管。该部门于 1989 年成立，是一个非部委政府机构（non-ministerial government department），直接向英国议会和威尔士议会政府负责，其工作独立于政府。目前的正式名称是水务监管机构 [the Water Services Regulation Authority（WSRA）]。总部位于伯明翰，共有员工 200 人。该机构的运营经费来自水务公司缴纳的执照费。水务公司向政府缴纳特许经营执照费，政府再以财政拨款的方式拨付给水务公司。英格兰和威尔士的水务行业实行私有化后，该机构是代表政府对水价实行宏观调控的主要机构。其主要职责和任务是保证当地水公司履行 1991 年水工业法规定的法律职责，其中重要工作包括确定最高的供水价格，监督威尔士和英格兰的水务公司为用水消费者提供合理水价、高效优质的供排水服务；确保水务公司的正常融资；保障用水户的利益；提升经济运行效率；促进公平有效的竞争。具体工作包括：提出水价的定价原则，公布水价标准，审批各公司上报的水价；履行对水务公司财务和投资监督的职责；每五年评估及调整水价的最高价格和波动幅度，提出下一个五年的服务责任；根据量化指标监管水务公司的服务水平，定期公布各个公司的服务水平等 [1]。

环境署是环境监管机构，依据 1995 年环境法于 1996 年 4 月 1 日正式成立的，是一个非政府部委的公共机构（Non Departmental Public Bodies, NDPBs），目前受环境、食品和乡村事务部领导，同时也对威尔士议会负责。该机构的领导团队由环境机构委员会组成。其主席和成员由环境、食品和乡村事务部大臣任命，只有一个成员例外，是由威尔士议会任命。环境、食品和乡村事务部大臣还负责该机构的在环境和可持续发展方面的政策的审批；在英格兰地区的经费预算和政府拨款审批；以及管理和收费制度的审批。该机构主要负责：预防和控制污染，管制放射性物质，管理垃圾及废弃物，管理水质、水资源、土质、航行情况、洪涝风险、自然保护、渔业、水上娱乐等方面。在水质和水资源管理方面的责任有：水量和水质变化的监测方面，威尔士和英格兰河流上 15 000 个水文站的建设，6 000 个地下水监测站的建设；防洪方面，长达 3.6 万千米防洪区的建设，防洪政策的制定；排污方面，排污情况的监管

---

[1] 邓涌涌，江莹．英国水管理状况与启示 [J]．人民长江，2006, 37(8):123-126.

和污染源的控制；取水管理方面，取水许可证的发放，45 000 个取水口的监管；水环境保护方面，水域开发的控制，野生动物栖息地的保护；水资源发展方面战略规划的制定；水务公司发展方案的审查，并上报环境署审批；对水务公司节水措施的监管；对流域管理机构业务上的管理，等等 [1]。

饮用水监管局负责地区饮用水质监管。1990 年英国供的水行业实行私有化，饮用水监管局在此契机下成立，该机构属于环境署，经费来源是政府拨款。该机构的责任是确保威尔士和英格兰的饮水标准，其主要工作是监督水务公司的供水量和水质。饮用水监管局会授权给独立实验室检测水质并接受检测结果的汇报，因此每年水务公司会接受超过三百万次的供水质量检测。除此之外，该机构还接受处理用水户的投诉，并且调查与水质相关的事故。在调查结果出来后，该机构有权对相关公司实行处罚。在新水法的规定中，饮用水监管局不再属于环境署，局长拥有较大的监管权。

水消费者委员会是消费者权利代表机构，其前身是隶属于环境、食品与农村事务部的消费者机构 —— 水务之声（Water Voice）。

（3）地区政府机构：英国环境、食品与农村事务部负责制定英格兰地区的给排水政策纲领，威尔士议会政府负责制定威尔士地区的给排水政策纲领，二者在水务问题上密切配合与合作，对两地区的水务进行宏观调控与指导。

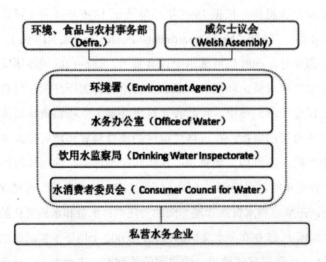

图 4.1.1 英格兰与威尔士地区的水务监管机构

[1] 邓涌涌，江莹 . 英国水管理状况与启示 [J]. 人民长江 , 2006, 37(8):123-126.

4.1.1.3　英国政府典型水务管理部门绩效管理实践

水务办公室实行自上而下的绩效管理模式，并以年度为绩效管理的时间截点。其绩效管理体系职能目标分为愿景（可以理解为战略目标）、使命、目标三个层次，通过这三个层次为每年的优先任务计划提供指导。每年，水务办公室的高层管理者制定办公室的整体目标，并由此逐级确定、分配任务与绩效目标，直至每位职员。通过这种方式，办公室的长期与整体目标分配到每个职员，得到具体的执行。对于目标执行情况的检查，水务办公室每年会发布年报并公布财务状况，以说明其实现目标和执行战略的完成情况，以及组织的效率和效果。在对上一财年工作情况进行总结的同时，年报会根据目前的情况提出和制定下一财年的主要任务或具体目标，从而实现任务与目标的有效衔接。

水务办公室 2010—2011 年的工作愿景是"形成一个可持续的水循环体系，不仅满足当前民众的给排水服务需求，同时也保证后代的相应需求能得到满足"。在这一愿景之下，水务办公室提出了六大使命与目标，即：确保顾客实惠；推动企业履责；治理有限垄断；利用市场机制；提升监管水平。围绕六大目标，水务办公室根据具体情况开展相应工作。通过从意愿到目标，从目标到具体任务的分解，办公室的战略目标分解为年度的各项具体工作，通过对各项小目标的完成，实现对工作效果的管理控制。例如，2010—2011 年，水务办公室在确保顾客实惠方面的主要工作有：继续执行 2009 年的水价格监管办法，将水价维持在平稳状态，并根据通货膨胀程度有微小、有限的上升，从而确保消费者的权益；与水消费者委员会及消费者代表一起，开展关于消费者需求与期望的调查，以使企业为其提供更符合需求的服务；建立专门针对残疾人和老年人的工作小组，与这些弱势消费者群体进行沟通交流，并指导水务公司对其服务政策与程序进行优化，更好地满足弱势群体的需求；处理消费者在水消费过程中的投诉及消费者与水务公司的争议，并通过更多措施，提升满意度，减少消费者投诉的次数与比例。而这些工作是由上一年度的工作计划和当前所产生的重要问题所确定的，保证了办公室有计划且及时地解决现实问题，实现工作目标要求。

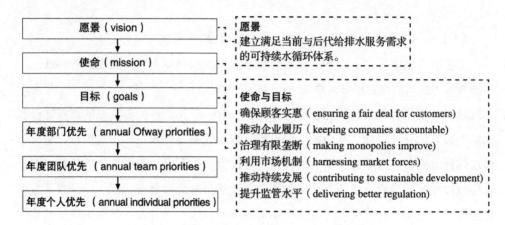

图 4.1.2 英国水务办公室绩效目标及其分解图

（根据英国水务办公室 2010—2011 年度年报整理而成。）

4.1.1.4 英国排水绩效管理的启示

综上所述，英国排水行业绩效管理主要有四点经验或启示：①实行服务提供主体与服务监管主体的分离。②实现监管机构权力的分立与制衡。③切实保证监管机构的独立地位。从机构属性看，环境署、饮用水监察局与水务消费者委员会均为环境、食品与农村事务部下的非部属公共机构 [1]，水务办公室为独立的非部属公共机构，并向国会和威尔士政府负责 [2]，均为独立性的监督管理机构，从而保证了监管机构的独立、公正地位。④明确绩效目标，进行逐步分解。

4.1.2 德国排水管理的现状与启示

4.1.2.1 德国的水务管理体制

与英国设立统一的中央监管部门不同，德国实行的是以地方为主的监管模式。

A. 联邦政府层面

在联邦政府层面，德国联邦环境部负责德国水资源管理总体事务，具体工作包括《联邦水法》、《清洁剂和洗衣店法》、《负责废水收费法》、《联邦自然保护法》等法律的起草实施，跨流域水资源的保护和海洋资源的保护，协调联邦环境部下其他相关部门的水资源管理工作。其中涉及水资源的部门有联邦农业部、联邦健康部、联邦研究部、联邦经济技术部、联邦经济合作部，这些部门分别负责对农村地区的

---

[1] Defra: http://www.defra.gov.uk/corporate/about/with/delivery/a-z/.

[2] Ofwat: http://www.ofwat.gov.uk/aboutofwat/structure/.

雨水洪水调控、水土保持等水资源的管理，对饮用水安全和水质的监测，对水资源开发利用和水资源保护的技术研发和推广，对供水行业发展情况的监督，双边和多边国际水利合作项目的管理[1]。

B. 地方政府层面

由于德国是联邦制国家，因此根据联邦政府颁布的法律，州政府在管理水资源方面拥有较大的独立自主权。虽然各州对水资源管理的政策体系不尽相同，但是其管理方法和水资源管理机构的设置基本一致。按照《联邦水法》[2]，每个联邦州都有制定地方水资源管理法的权利，并对各自辖区的供排水及相关监管工作负责。地方法律中规定，市政局负责组建供排水管理机构、实施供水及污水处理工程，并监督管理水务相关的投资和运营费用。各州政府也必须对国家水体（德国管辖的水域）的相邻水域负责，确保国家水体的总体水域水质达标[3]。

德国的水务公司原则上并不属于盈利的单位。因为德国水务行业的基本模式是政府负责污水处理厂的投资和建设，水务公司负责污水处理厂运营，所以尽管德国水资源的管理是通过水务公司执行，但是政府承担了水资源方面的科研、改造、扩建等投资项目。水务公司的运营费主要来源于用水户缴纳的供水费和污水处理费[4]。水务公司均遵循合理的收费机制，并不以盈利为目的，因此可较好地保障国家和消费者的利益。政府建设了完善的城市污水管网的收集系统，也制定了污水收费政策，为水务公司建立合理的价格体制，也为污水处理厂的日常运转和维护提供了费用保障。

4.1.2.2　德国水务部门绩效指标

德国水务部门绩效报告是每三年由德国水库饮用水协会（ATT）、联邦能源和水资源协会（BDEW）、德国联邦水管理协会（DBVW）、德国气和水工程师协会（DVGW）、德国地方公用事业协会（VKU）和德国水质协会（DWA）六家行业协会共同发布一次。该公报将水务部门的绩效划分为安全、质量、持续性和经济性四个方面，每个方面设定了具体的评价指标，其内容主要包括以下方面：

（1）安全。供水中断的时间小于12小时，这是由于采用了技术安全管理（TSM），近年来排水机构采用TSM的数量也逐渐增加。

[1] 李中锋，李丹颖，王志强.德国的水资源管理与技术创新[J].中国水利，2009(23):62-64.
[2] 李中锋，李丹颖，王志强.德国的水资源管理与技术创新[J].中国水利，2009(23):62-64.
[3] 李宝娟，燕中凯.德国的城市水务[J].中国环保产业，2003(12):42.
[4] 李中锋等.德国的水资源管理与技术创新[J].中国水利，2009(23).

（2）质量。废水净化标准（对废水净化标准的执行及其废水处理水平）、废水净化工厂的数量、与分配网络和废水处理工厂的联系程度（即连接到废水处理厂的水用户比例）、排水管网的长度、管网维修与更新的平均成本（欧元／米）。

（3）可持续性。水源保护的区域面积数量、对水体有益农地使用的补贴额度、管网更新率、成本覆盖程度（即收费覆盖成本的比例）、污水污泥（热处理、焚化等）。

（4）经济性。基础设施投资额（总额、用于各部分的比例）、水费（每立方米的水价、稳定程度）、特别费用（如污水税）。

（5）顾客满意度。对服务的满意度、对水价的了解程度、顾客关于排水服务对环境贡献重要程度的评价[1]。

表 4.1.1　德国水务部门绩效指标维度

安全性	供给与排水安全	如果至少 0.1% 的人口服务中断 12 小时则认定为负。
	组织安全	
	高级培训	员工与高级员工接受培训的人员比例，接受培训的时长。
质量	连接度与管网长度	连接到供排水和废水处理管网的比例；处理废水的人均量；排水管网总长度；雨水排放管网长度。
	供水与废水管网质量	供水／排水管网覆盖率；主管道、服务连接与管道接头失败率（事件数）。
	饮用水质量（略）	
	废水排放标准	使用欧盟最高标准排放的废水比例；氮、磷降解率。
顾客满意与顾客服务	饮用水供应（略）	
	废水排放	服务：总体顾客满意率；顾客认为废水排放对环境保护重要的比例。
		了解废水排放设施与废水收费水平：知晓其废水排放机构的顾客比例；了解废水收费的顾客比例。

---

[1] *Profile of the German water sector 2005*, pp. 22-53.

可持续性	资源的可用性及其使用	更新的水资源总量；使用的水资源比例（下降）；未使用水资源比例（增长）。
	管网更新	每年平均更新的管见占总管网的比例（结合管网使用时长评价）；维修、更新总开支；管见每千米开支。
	排水污泥	污泥总量；污染水平；不同处理方式的比例。
	培训	接受培训的人员比例；提供培训公司比例／不提供培训公司比例。
	能源消耗与效率	每处理 1 000M³ 耗电量；自身发电量占总发电量的比例。
经济效率	水费与废水收费	人均收费；价格稳定性（上涨比）；废水收费及通胀率。
	资本开支	投资总额；投资占总投资比重；每 M³ 的资本投资。

4.1.2.3 德国水务部门绩效管理的启示

总体而言，德国排水行业绩效管理主要有三点经验或启示：①中央与地方相协调，实行多部门协同管理的管理体制。②在水务部门管理绩效方面，综合考虑经济、质量与安全、顾客满意度、可持续性等因素，保证水资源的可持续发展，同时在提高服务效率的同时确保对顾客的服务质量。③在建设与管理上，实行政府投资建设，由公司运作管理，即建设与管理相分离的模式，有效保证资源的利用效率。

4.1.3 美国排水管理的现状与启示

4.1.3.1 美国政府的绩效管理

在美国政府的绩效管理中，一个重要的关注点是对项目实行结果的评价，根据评价结果考虑预算，进而改进预算。美国甚至对这种绩效管理进行了立法，即《政府绩效与结果法案》，这是美国与其他发达国家比较最为突出的经验之一。按照《政府绩效与结果法案》的规定，联邦政府各机构须撰写战略计划，提交给总统预算和管理办公室（Office of Management and Budget，简称总统预算办公室，OMB）；各机构须在每个财政年撰写年度绩效方案，方案中须设立明确的绩效目标；总统预算办公室在收到各部门年度绩效方案后，编撰总体绩效方案，各部门提交的绩效目标均会在此方案中体现；该绩效方案属于总统预算的一部分，须由议会审议；各部门的实际绩效结果需在下一个财政年的前半年内提交给总统和议会，与当年的绩效目标比对。同时，项目管理者被赋予了合适的管理权限，对项目的实际运行和绩效结果承担着更加具体和明确的责任 [1]。

4.1.3.2 美国水务部门管理体制及绩效管理

A. 美国的水务管理体制

美国国家环境保护局（U.S. Environmental Protection Agency， EPA）下设水办公室。水办公室根据五年一次的国家水计划（National Water Program），每年发布国家水计划指南，描述环保局如何与州、部落政府合作以保护和提升全国的水质，确保饮用水安全。在环保局内部，水办公室监督国家水计划的实施，地区办公室则与州、部落和其他部门合作以完成计划及相应的工作。

水办公室下设废水管理办公室（office of wastewater management），其主要职能是：促进有效、负责的水使用、处理、排放与管理，并促进水域的保护。其下有市政支持（Municipal Support Division）、水务许可（Water Permits Division）、计划、信息与资源管理（Planning， Information and Resources）等机构。其中，市政支持机构负责管理 clean water state revolving fund program，协助小社区与印度部落、美或墨西哥社区以及阿拉斯加土著，执行特别计划等。

B. 美国水务部门的绩效体系建设

以 2011—2015 财年为例，美国国家环保局在 2010 年 9 月发布了《2011—2015年战略规划》，确定了这一时期内国家环保局的五大核心目标：①在应对气候变化和改善空气质量方面采取行动；②保护美国水体；③净化社区并推动持续发发展；④确保化学安全并防治污染；⑤推动环境法律建设。其中，对"保护美国水体"的战略目标陈述为：保护和恢复水体，以确保饮用水安全，确保水生态满足鱼类、植物和野生动物，以及经济、娱乐和生活的需要。

"保护美国水体"的战略目标确定了其下属的水办公室（office of water）在未来五年内的核心工作，水办公室根据国家环保局的总体战略规划制定年度计划，将战略目标分解为多个年度总目标，并再细分为具体目标，并对目标的衡量、完成等进行计划，其结果体现为水办公室每年发布的《年度水计划指南》。

---

[1] http://www.shhuishi.com/view_news.asp?ClassID=2&ID=40.

以水办公室发布的《2012财年水计划指南》为例。该指南根据总体战略确定了15项次级目标，分别为安全的饮用水、可安全信用的渔贝类、可安全游泳的水体、改进集水区水质、改进中海洋沿岸水体、增加湿地、改进五大湖的健康、改进切萨皮克湾生态系统的健康、恢复和保护墨西哥湾、恢复和保护长岛海湾、恢复和改善普吉特海湾盆地、恢复和保护佛罗里达生态系统、维持和恢复太平洋岛屿、恢复和保护哥伦比亚河盆地[1]。对于这些次级目标，分别指定其下属的机构负责执行，并针对每个次级目标设定了相应的评价指标。

子目标	国家/区域EPA办公室或项目
1）引用水安全	地下水和饮用水办公室（OGWDW）
2）食用鱼类和贝类	科学和技术办公室（OST）
3）游泳用水安全	科学和技术办公室（OST）
4）改善流域水质	湿地、海洋和流域办公室（OWOW）
5）改善近岸和海洋水质	湿地、海洋和流域办公室（OWOW）
6）增加湿地	湿地、海洋和流域办公室（OWOW）
7）提高五大湖的健康	五大湖国家项目办公室（GLNPO）
8）提高切萨皮克湾生态系统的健康	切萨皮克湾项目办公室（CBPO）
9）恢复和保护墨西哥湾	墨西哥湾项目办公室（GMPO）
10）恢复和保护长岛海峡	长岛海峡项目办公室（LISPO）
11）恢复和保护皮吉特湾盆地	Region 10/皮吉特湾项目
12）恢复和保护美墨边界环境健康	废水管理办公室（OWM）
13）恢复和保护太平洋岛屿地区	Region 9/太平洋岛屿办公室
14）恢复和保护弗罗里达南部生态系统	Region 4/南佛罗里达办公室
15）恢复和保护哥伦比亚流域	Region 10/哥伦比亚河项目

图4.1.3　美国2012财年水计划指南示意图

图片来源：美国水办公室《2012年度水计划指南》。

4.1.3.3　美国水务部门绩效管理的启示

可见，美国排水行业绩效管理主要有三方面的经验或启示：①通过法律制度，从中央层面的制度规范，确保政府部门绩效管理的实现。②将绩效管理与财政拨款相结合，从而形成对政府部门有效的约束与激励，提高财政资源的利用效率。③在

---

[1] 黄宁，魏海涛，沈体雁.国外城市水务行业绩效管理模式比较研究[J].城市发展研究，2013, 20(8):138-142.

绩效目标的确定上，实行绩效战略目标设定与项目制相结合的方式，确保绩效目标的切实执行。

4.2 国外排水行业政府绩效管理典型模式总结

4.2.1 指标体系设计

以安全、质量和服务为抓手，将维护消费者利益作为绩效考核的重中之重，是国外排水行业政府绩效指标设计的突出特点。英国水务监管部门通过监管与治理有限垄断的措施以促进水务企业完成自身绩效目标。目前，西方各国均已意识到水务工作正在面临全球气候变化等诸多因素的挑战，因此在指标设计上引入了可持续发展指标，评价政府促进行业建设和企业健康发展所做的工作。

4.2.2 考核标准和方法

从考核标准和方法来看，西方国家主要分为自我评价式和外部评价式两种绩效考核形式，即水务监管部门自上而下进行自我评价，以及由第三方或第三方联合体进行外部绩效考核[1]。进行自我评价式绩效考核的国家和地区，其绩效评价体系一般包括长期战略计划、年度计划和年度绩效报告三部分，部分国家还包括年度财务报告或项目绩效报告。自我评价式绩效考核的评价标准一般与目标进行对比，即将全年工作结果与年度工作计划进行比较，区分出"已完成"和"未完成"的项目，并以此作为改进当前工作及制定下一年度工作计划的基础[2]。从这个角度看，年度工作计划是对政府水务部门绩效考核的核心和主要依据。进行第三方或第三方联合体绩效考核的国家和地区，其绩效评价体系主要是年度绩效报告。原因在于第三方或第三方联合体不具备发布年度计划和长期战略计划的权限，因此目标管理法在绩效考核时被普遍舍弃，而是将本年度代表水务行业发展水平的绝对值作为政府工作绩效考核的依据[3]。自我评价式绩效考核国家的监督机构主要是国会等代议机关，法律规

[1] 黄宁, 魏海涛, 沈体雁. 国外城市水务行业绩效管理模式比较研究 [J]. 城市发展研究, 2013, 20(8):138-142.

[2] 黄宁, 魏海涛, 沈体雁. 国外城市水务行业绩效管理模式比较研究 [J]. 城市发展研究, 2013, 20(8):138-142.

[3] 黄宁, 魏海涛, 沈体雁. 国外城市水务行业绩效管理模式比较研究 [J]. 城市发展研究, 2013, 20(8):138-142.

定其年度绩效报告均须上交国会。第三方或第三方联合体绩效评估的国家，由于不是政府水务管理部门自身发布绩效报告，因此第三方和第三方联合体自动成为对政府部门的监督机构。

4.2.3 应用情况

从应用情况来看，西方国家相关法律法规均明确要求政府水务管理部门每年度发布绩效报告，美国等国家近年来也开始发布半年度绩效报告和重点项目绩效报告。

4.2.4 主要特点和经验

从主要特点和经验来看，英国绩效指标体系设计体现动态性的特征。水务管理部门根据社会经济状况和长期战略目标的变化，不断调整绩效评价的角度和指标间的相对重要性。德国绩效指标体系设计则表现出相对稳定性的特征。自 2005 年至今，德国绩效指标体系评价的角度保持固定，仅"顾客满意与顾客服务"一项指标的排序相对上升。美国绩效指标体系设计体现区域性特征。水务管理部门根据不同地区水务工作的具体状况制定差异化绩效考核指标，以增强绩效考核工作的公平性、针对性、有效性和指导性。同时，美国绩效考核工作中的半年度绩效报告和重点项目绩效报告对于推进水务行业工作进展、提升工作水平具有重要意义。

表 4.2.1　国外排水行业政府绩效管理模式总结表 [1]

		英国	德国	美国	
指标体系		确保顾客实惠	安全性	安全的饮用水	改进五大湖的健康
		推动企业履责	质量	可安全信用的渔贝类	改进切萨皮克湾生态系统的健康
		治理有限垄断	顾客满意与顾客服务	可安全游泳的水体	恢复和保护墨西哥湾
		利用市场机制	可持续性	改进集水区水质	恢复和保护长岛海湾
		推动持续发展	经济效率	改进中海洋沿岸水体	恢复和改善普吉特海湾盆地
		提升监管水平		增加湿地	维持和恢复太平洋岛屿
				恢复和保护佛罗里达生态系统	恢复和保护哥伦比亚河盆地

[1] 黄宁, 魏海涛, 沈体雁. 国外城市水务行业绩效管理模式比较研究 [J]. 城市发展研究, 2013, 20(8):138-142.

续表

模式	自我评价式	外部评价式	自我评价式	
考核标准及方法 时间截点	年度	年度	半年度	
评价体系	长期战略计划 年度计划 年度绩效报告 及财务指标	年度绩效报告	年度战略计划 年度项目计划和预算 中期绩效报告 年度绩效报告 分项目绩效报告	
评价标准	目标管理 "已完成或未完成"	具体数值标准	目标管理 "已完成或未完成"	
监督机构	议会	第三方或第三方联合体	国会	
应用情况	根据1991年水行业法案，每年发布年度绩效报告，报告上交议会	六大行业协会每三年发布绩效报告，目前已发布三期	每年发布年度、半年度、分项目绩效报告，与部门预算管理挂钩	
发展趋势	1.消费者中心地位日益显著 2.关注行业可持续发展 3.明确监管者地位	消费者地位提升	加强中期绩效报告和项目报告	
主要特点及经验借鉴	1.指标体系动态性：根据法律和长期战略计划的变化而变化 2.消费者为中心的价值取向 3.市场监管注重价格和秩序	1.指标体系相对稳定性：指标体系基本不变，排序稍作调整 2.关注行业投资效益	1.指标体系区域性：针对区域特点，分区域制定绩效指标并考核 2.绩效考核与预算管理紧密相关 3.年度绩效报告，加强过程监管 4.项目绩效报告，确保重点项目的切实执行	

4.3 国外排水行业政府绩效管理典型模式对中国的启示

总结对比英、德、美三国的排水政府绩效指标体系与管理现状，可以发现，西方发达国家已经建立起了一套相对完善的排水行业政府绩效的评价指标体系，并且在每年的实践中不断进行动态调整与完善。西方国家排水行业政府绩效评价工作的成功为我国建立相应的评价体系树立了典范，具有重要的借鉴意义。

4.3.1 建立健全排水行业政府绩效评价体系法律法规，提供坚实制度保障

英、美等西方国家均出台了排水行业的法律法规或政策性文件，为排水行业政府绩效管理的意义、必要性、体系、监督管理、方法等提供了明确的制度支撑，因此绩效评价工作有章可循、有法可依，才得以顺利实施。然而，我国尚未出台专门针对排水行业政府绩效评价的规则制度或政策性文件，目前的绩效评估仍然停留在口头上，在实际的执行过程中标准不一，具有较大的实施难度。因此，我国应尽快从国家层面上确定排水行业绩效评价的重要地位和作用，出台针对专门排水行业政府绩效评价体系的法律法规或政策性文件，明确提出绩效考核的操作规范和具体方法，从根本上促进我国排水行业政府绩效评价体系的建立与发展。

4.3.2 切实制定和落实行业中长期发展规划和年度工作计划，提供明确发展目标

西方国家排水行业政府绩效考核体系的核心是年度工作计划。一般情况下，西方发达国家会由排水行业政府主管部门定期编制行业发展中长期规划，并且会将长远目标逐步细化，具体分解为规划期各年度的目标。在每年的年初，政府相关部门会按照规划期各年度目标编撰年度计划，作为该年度排水行业政府绩效考核对比的主要依据。我国目前的排水行业绩效考核体系，仅强调年末工作指标的绝对数值，对行业发展中长期规划的制定及年度工作计划的编撰落实相对薄弱。从今以后，我国应将排水行业发展规划以及年度计划的工作重视起来，正确理解其前瞻性、约束性和实操性，为排水行业政府部门的工作提供相对明确的目标指引。

4.3.3　充分重视用户满意度和行业发展类指标，促进行业可持续发展

从西方主要国家排水行业政府绩效指标体系设计的变化趋势来看，各国在开展排水工作时都极其重视用户满意度，将其作为出发点和落脚点，政府的工作绩效也从服务、价格、质量、安全等多个角度衡量。同时，随着全球气候变化等新挑战的出现，各国愈来愈重视行业的可持续发展，从提高投资效率、提高企业积极性、促进科学技术发展等多个角度入手谋求行业的可持续发展。在中国政府是为人民服务，对人民负责的，因此在政府绩效的评价中，用户满意度更应着重考虑，并赋予其合理的权重。同时，随着我国社会经济的快速发展，环境、资源、人口的矛盾愈加尖锐，排水行业主管部门也需将该行业的可持续发展工作纳入到长期的战略规划中。

4.3.4　建立恰当的排水行业政府绩效评价组织体制，发挥制约与监督作用

合理的绩效评价组织体制，可保障排水行业政府绩效评价工作发挥出真正的制约和监督作用。目前西方发达国家的政府绩效评价体制分为自我评价式和外部评价式两种。自我评价式为排水行业政府主管部门对自身年度工作进行绩效评价，但是根据法律规定，绩效评价的结果须向全社会民众公开，因此排水行业政府部门的工作不仅受到国家权力机关的制约，也受到社会公众的监督。外部评价式是由外部的第三方或第三方联合体直接对排水行业政府部门工作进行绩效评价。这种模式是对政府工作的直接制约与监督，第三方发布的绩效报告客观性更强，但是外部第三方或者第三方联合体须具有较高的公信力和影响力。我国排水行业的政府部门应结合具体国情，在摸清自我评价式和外部评价式的优劣势基础上，选择合理的政府绩效评价体制，从而确保绩效考核工作真正发挥制约与监督作用。

本章参考文献

[1]黄宁，魏海涛，沈体雁. 国外城市水务行业绩效管理模式比较研究 [J]. 城市发展研究，2013, 20(8):138-142.

[2]郭洁，向前，沈体雁. 我国城市排水行业运营管理体制改革目标模式研究 [J]. 城市发展研究，2013, 20(8):122-126.

[3] 胡燮 . 国外水资源管理体制对我国的启示 [J]. 法制与社会，2008(5):174-175.

[4] 万锋，张庆华，许文娟 . 英国供排水服务监管承诺标准要则对我国的启示 [J]. 水利经济，2009, 27(4):63-65.

[5] 赵霞 . 发达国家水环境技术管理体系简介 [J]. 工程建设标准化，2015(9):67-72.

[6] 邓涌涌，江莹 . 英国水管理状况与启示 [J]. 人民长江，2006, 37(8):123-126.

[7] 王喻 . 我国城市水务事业改革思路探析 [D]. 西南财经大学，2004.

[8] 伍永年 . 中欧流域管理立法比较研究——以太湖流域为例 [D]. 复旦大学，2012.

[9] 可持续流域管理政策框架研究课题组 . 英国的流域涉水管理体制政策及其对我国的启示 [J]. 水利发展研究，2011, 11(5):77-81.

[10] 李中锋，李丹颖，王志强 . 德国的水资源管理与技术创新 [J]. 中国水利，2009(23):62-64.

[11] 张蓉 . 美国财政项目支出绩效评价指标体系借鉴 [J]. 金融经济：理论版，2008(8):66-67.

[12] 佚名 . 国外绩效考评制度研究（一）——美国《政府绩效与结果法案》的主要内容 [J]. 预算管理与会计，2003(12).

[13] 马向荣 . 公共财政体制下的财政监督研究 [D]. 西南财经大学，2008.

[14] 蔡钰 . 美国《绩效法案》对我国的启示 [J]. 地方财政研究，2006(9):55-56.

[15] 刘丽，陈丽萍，吴初国 . 英国自然资源综合统一管理中的水资源管理 [J]. 国土资源情报，2016(3):19-29.

[16] 李宝娟，燕中凯 . 德国的城市水务 [J]. 中国环保产业，2003(12):40-42.

[17] 金海，孙笑春 . 英国水行业私有化案例研究 [J]. 中国水利，2003(14):62-65.

5 中国城市排水行业政府绩效管理目标体系

作为绩效管理的核心部分，政府绩效管理目标在绩效管理体系中起着标杆、激励和契约的作用。本章通过分析我国城市排水行业政府绩效管理存在的若干问题，确立排水行业政府绩效管理体系的网络，认为监管单位应包括政府部门、专业监管机构、公民等多个主体；主管部门从中央到地方层次分明各司其职，管理平台分为采集层、网络层、应用层三个层次；排水相关数据的获取来自实测、遥测、舆情监测等多个信息源；绩效管理范围应实现污水全收集、全处理，管网全覆盖；绩效考核时间涵盖排水及污水处理的前中后期，尤其加强对后期污水处理的持续关注。基于多主体、多层次、多信息源、全覆盖、全过程的目标网络，我国城市排水行业政府绩效管理需要围绕政府绩效管理的五大流程、三大测评内容进行展开。从政府排水目标管理体制和政府排水绩效管理流程两个方面构建政府排水绩效管理目标体系。

5.1 中国城市排水行业政府绩效管理问题

政府缺位所导致的行业管理超经济化与泛市场化并存是当前主要矛盾。因此，明确政府与排水企业的角色、边界、责任和行为规范是理顺城市排水行业管理体制的关键问题。我国目前城市排水绩效管理中存在的问题如下。

5.1.1 绩效考核指标设计方面单一

目前，《城镇污水处理工作考核暂行办法》（建城函〔2010〕166号）是衡量排水行业政府绩效的主要文件，但是该办法所设计的绩效指标体系仍然处于摸索与试验阶段，尚不完善与成熟。其主要存在以下问题：

（1）评价角度单一。该指标体系包括污水处理率、城镇污水处理设施覆盖率、污染物削减率、处理设施利用率以及监督管理指标，立足于污水处理产出角度，主要考核地区排水行业的整体发展水平，而忽视了经济效益、用户满意、政府内部建设等诸多因素。

（2）指标数量偏少。该指标体系仅有六项评价指标，着重于代表性而忽视了全面性，难以对政府在排水行业的工作绩效做出全面、具体、准确的评价。

（3）企业绩效评价色彩较浓。在现有的绩效评价指标体系中，政府在排水行业发展中所处的地位与扮演的角色尚不清晰，指标的设计主要集中于企业类生产指标，而忽视了政府绩效评价的公共性因素。

在一些地方出台的评估办法中，指标设计往往重产出和总量，忽略了效率和内涵指标。以深圳市为例，2010年深圳市排水情况总结报告中，对于排水行业当年的总结主要根据以下9个指标得出：①投入运行的污水处理厂数量；②污水处理量；③污水集中处理率；④污水处理能力；⑤排水管网的密度；⑥排水管网的长度；⑦渠道的总长度；⑧污水管道的长度；⑨雨水管道的长度。从上述指标中可以看出，其考核的指标只考虑了产出部分，而忽视了绩效管理的效益内涵和效率。

5.1.2　绩效管理与绩效评估概念混杂

绩效管理包括"战略目标的确定；具体衡量标准和方向的确定（年度绩效计划）；绩效评估报告及相关信息的利用"三大环节。绩效评估只是绩效管理中的最后一个环节。在我国目前城市排水绩效管理实施过程中，不少地方政府将绩效管理等同于绩效评估，通常只在每年度对于城市排水状况进行简单的统计，并没有确定排水管理的战略目标，制定具体的年度排水管理绩效计划。这样一来，并没有践行绩效管理的实质内容，忽略了排水管理的实质目标，只是单纯地进行投入，忽视了排水管理服务人民的真正目标。

5.1.3　排水绩效管理公民参与度不足

在我国，政府绩效评价往往采用较为传统的"自上而下"式，主要是下级部门向上级部门进行口头报告，以及上报的相关文字资料等，缺乏社会民众和第三方评议机构的参与。排水行业的政府绩效管理也有同样的问题，缺乏必要的结果监测与控制，最终导致行为效率不高，公民认同度低。城市政府排水绩效管理最终目标是使城市市民满意，消费者是政府排水工作实施的最终服务对象、监督者和评价者，因此政府绩效管理必须坚持公民参与的原则。在排水管理过程中政府应该保障公民的参与权，在绩效评估时应当充分听取和接受消费者对排水服务的评价和意见。

5.1.4 对排水行业政府绩效管理重要性的认识不足

20 世纪 60 年代，北美和欧洲出现了政府财政危机和信用危机，西方发达国家开始建设绩效导向的政府，并且在全世界范围内引导着各国的政府公共管理实践。开展水务行业绩效管理是全面落实国家节能减排政策、促进城市水环境规划管理科学化、实现水体污染控制与治理的重要方式。目前排水行业的绩效管理仍然集中在企业层面，但是由于排水行业具有公共服务的特殊性，仅在企业间开展绩效管理难以解决行业发展中的顽疾。随着经济和社会的发展，政府绩效在一个行业的绩效管理中具有越来越重要的作用，因此将政府水务相关部门的绩效管理作为排水行业绩效管理的重要抓手，在科学评估各级政府在城市排水工作的绩效结果基础上，进行有效的提升和改进，是对城市污水处理厂网等绩效管理体系研究的基本前提。

5.1.5 排水绩效管理法制不健全

改革开放以来，伴随着国家经济建设的快速发展、城市建设的不断完善，排水行业也进入了高速发展的时期。但是，目前唯一的法律文件就是 1984 年出台的《中华人民共和国水污染防治法》，虽然几经修改，但是与社会发展现状仍然存在着一定差距，严重影响了城市排水和污水处理的管理和改革发展。在新的形势下，排水行业发展要从以工程设施为主，转向以制度建设为主。在建设绩效管理法律制度时，应强调其可行性、合理性、平衡性、明确性、国际性与国情性。

5.1.6 排水绩效管理中政府责任定位不清

随着我国社会主义市场经济的不断完善，具有自然垄断和行政垄断的城市排水行业，效率低下、竞争力下降、越来越不能满足公众的要求。一方面，政府面临着财政支出不断增长的压力，另一方面，民间资本不断迅速成长，外资的进入，具备了大规模参与公共设施的实力，政府对民间资本市场准入门槛的降低和领域的扩大，民间资本进入一个前所未有的活跃期和扩张器。基于上述背景，我国城市排水行业的市场化程度逐步加深，政府的垄断地位发生改变，随着竞争机制的引入，政府建立了特许经营制度，鼓励外国资本、社会资金和民营企业采取合资、独资、合作等多种形式积极参与排水行业的建设，形成投资主体多元化。2005 年 2 月，国务院颁布实施《关于鼓励支持和引导个体私营等非公有制经济发展的如干意见》，意见中明确提出"允许非公有制经济进入基础领域……支持非公资本积极参与城镇供水、供气、供热……"在排水行业市场化过程中，应该看到民营化代表着由政府责任承担的方式发生转变。公用事业民营化程度的加深，并不意味着在提供产品和服务方面，政府的责任发生转移，而是政府所承担的方式发生变化。民营化概念的核心是"提供者"和"生产者"的差别，这也是界定政府角色的基础。"政府提供"并不表示政府承担了投资、经营和生产等各个环节的任务。政府在传统的模式中，既是"提供者"，又是"生产者"。而民营化则代表着政府继续担任"提供者"，由民间主体承担"生产者"的责任，或者由民间主体包揽"提供者"和"生产者"两个角色。因此，民营化促使政府转变了责任承担的方式，政府在生产者和民众之间，作为提供者，肩负着更加重要的责任。

但是在城市排水行业民营化改革方面，一些城市政府错误地认为实施了民营化就等于把提供公共服务职责也移交给民营企业，产生了公共责任的缺失，管理模式和运营方式与市场经济发展程度并不相符，因此出现了大量事企不分、产权不清、机制不顺、政事不分等问题。

5.2　城市排水行业政府绩效管理的目标体系

在参考国内外目前城市排水行业政府绩效管理的范例和经验的基础上，本报告明确了排水行业政府所承担的责任，提出了我国城市排水行业的政府绩效管理体系，包括理论、方法、目标、层次、流程和发展路线图。

5.2.1　政府绩效管理目标

本研究提出了城市排水行业管理菱形体制框架，这个框架以 PPP 为主要特征的，目标是形成一个多主体、多信息源、全覆盖、多层次、全过程的国家排水绩效网络（CIBNET）体系。

5.2.1.1 多主体

随着近年来我国排水行业市场化改革和大力推进，政府的工作覆盖范围与过去相比已经有所减小，不再包办一切，但是政府承担的责任不能降低，始终担任着"社会公共服务责任人"的责任。本研究提出的城市排水行业管理菱形体制，以 PPP 为特征，政府的责任不仅是为市场化的改革提供条件，还要肩负起监管的责任，采取有效的措施，保障公共民众的利益。

目前，国际上公用事业一般有三种设置监管机构的方式：第一种是设立一个对多个领域行使监管权的综合性监管机构；第二种是分行业设立监管机构；第三种是不设立专门的监管机构。监管机构由行业技术、经济和法律等方面的专业人员构成，普遍具有独立性、专业性和权威性。目前，英国、德国、美国等西方发达国家普遍利用高校、科研机构、行业协会等形式，对排水行业设立了专业的监督管理机构。在我国，排水行业在进行绩效管理时，城市政府应兼顾考虑成本和监管效果两方面，从而制定排水行业监管的决策，而排水行业的监管单位应本着对各级政府和消费者负责的态度，履行好其环境监管、经济监管和水质监管的职责。排水行业开展政府绩效考核工作的根本目的是保障公共民众的利益，因此人民群众的建议和意见要广泛听取。西方国家目前在对排水行业进行绩效考核时，各国均将用户满意度作为开展排水绩效考核工作的出发点和落脚点，将服务、安全、价格、质量等各指标作为衡量标准。而在我国目前的排水行业工作中，形式大于实质，公众参与度较低，仅停留在价格听证等层面上，因此未来建立政府绩效管理的指标网络时，须加入消费者的满意度。

5.2.1.2 多层次

在城市排水行业管理菱形体制框架中，各级政府的水务部门作为排水行业的主管单位，从中央到地方相关部门均承担着城市排水的重要责任。主要通过对城市排水事业的发展进行统一的设计与规划、对城市排水设施的建设、对排水企业的监管等方式，实现对民众负责的目的。具体工作分为中央和地方两级，中央政府负责针对总体性问题制订基本政策原则与导向，地方政府 [包括省、市（地）、县三级] 负责执行具体的工作，并接受中央政府相关部委的监督指导和业务领导。就排水行业的监管而言，中央和省级政府均负责政策制定和业务指导，市（地）级和县级才是直接提供公共服务和执行行业监管的单位。按照 2010 年住房和城市建设部所颁布的《城镇污水处理工作考核暂行办法》，在城市排水行业的管理中，中央政府和地方政府相关部门承担着不同的责任。其中，中央政府的住房和城乡建设部须对各省、自治区、直辖市的城镇污水处理工作进行考核。各省、自治区、直辖市人民政府住房和城乡建设厅 [水务厅（局）、市政管委会] 的工作职责是本行政区内城镇污水处理工作进行考核。

5.2.1.3 多信息源

在排水行业信息收集的工作中，往往存在数据不准确、数据可得性差等问题，因此如何获取有效信息是排水行业研究中的一个关键问题。根据排水行业政府绩效管理的需要，本研究提出需综合收集多种信息源，包括监管部门抽查数据、排水企业上报数据、舆情监测数据、仪器检测数据、卫星遥感数据等。在开展绩效管理工作时，最主要的信息源仍是监管部门的抽查数据和排水企业上报数据，其次是污水处理厂等仪器实时监测的数据，同时要参考来自论坛、新闻、微博、博客等网络平台的舆情监测数据，最后可结合能捕捉到更广范围和更大尺度的卫星遥感所检测的排水数据。多种信息源的结合，既能互相对比，制约传统的上报数据中存在的数据虚假等现象，也能互相补充更真实地反映实际情况，如网络舆情采集的对各种现象、问题所表达的态度和意见等。

5.2.1.4 全覆盖

全覆盖是指全部的供水排水管网和污水处理厂都在政府绩效管理的覆盖范围之内。污水处理厂是排水行业的主要执行者，也是数据抽查、数据上报、数据监测等绩效管理的主要信息来源，容易实现全覆盖。供水排水管网同时作为城市主要的基础设施，既是城市供水系统的重要组成部分，也是城市赖以生存和发展的物质基础。然而由于城市区域面积的不断扩大，民众对饮用水水质的需求不断提高，数据采集程度相对落后。因此全覆盖工作的重点是加强环境基础设施建设的力度，实现雨污水全收集和全处理，供水排水管网的全部覆盖。

5.2.1.5 全过程

目前的排水行业绩效考核的现状是仍然集中在对污水处理厂实际处理的考核上，对于前期和后期的关注较少。污水处理技术尽管近些年出现了显著的提升，但是仍有一部分弊端。关于水污染的报道仍然屡见不鲜，比如经过污水处理厂处理后排出的废水仍然对环境有严重的破坏等。西方国家水务行业愈来愈关注对环境可持续性的监督管理指标，对我们国家而言，建立健全全过程的国家排水绩效网络也是大势所趋。

5.2.2　政府绩效管理流程

目前的实践结果显示，在实施排水行业绩效管理过程中，我国城市政府主要在绩效评估阶段进行绩效管理考核。考核方式是测评排水行业的相关指标，而且只对产出方面的指标进行评估。例如 2010 年我国深圳市对于市内排水行业的绩效评估，仅集中于以下 9 个指标：①污水处理量；②生活污水集中处理率；③投入运行的污水处理厂；④数量污水处理的能力；⑤渠道总长度；⑥排水管网的密度；⑦排水管网的长度；⑧污水管道的长度；⑨雨水管道的长度。可以看到这些指标仅考虑了产出方面，缺乏考虑绩效管理的效益内涵和运行效率。

在我国，城市排水行业政府绩效管理实际上也是一个系统工程，需要围绕三大测评内容和五大流程展开。

（1）城市政府排水行业绩效管理的五大流程。主要包括：①针对排水行业，中央和地方各级政府均应制定长达 3—5 年的战略规划。中央和省市政府可以在编制当年度的国家规划、地方规划或行业规划时，对排水行业明确提出绩效管理的战略目标。②编制年度绩效计划，即每年度编写排水行业的绩效指标计划书。③根据制定的年度绩效计划，对排水行业政府绩效管理建立考核数据上报系统和数据库。④每年度均展开排水行业政府绩效的测评。⑤总结测评结果，撰写年度排水行业政府绩效的报告，并向全社会公开。对各地政府根据绩效成绩制定奖惩制度，促进排水行业工作效率的提升。

（2）城市政府排水行业绩效管理的三大测评内容。主要包括：产出类、成本类、社会效果类三类指标。

中央排水行业主管部门针对排水行业政府绩效管理应围绕上述流程，从制定行业发展长期战略和编制三大测评指标内容入手，设计出更加细化有效的绩效评估指标，最终建立起全方位的指标体系。

本章参考文献

[1] 温锋华，郭洁，沈体雁．基于云计算的我国城市排水行业政府绩效管理网络研究 [J].城市发展研究，2013, 20(8):127-131.

[2] 黄宁，魏海涛，沈体雁．国外城市水务行业绩效管理模式比较研究 [J].城市发展研究，2013, 20(8):138-142.

[3] 汪菁．浅谈中国公用事业民营化改革中的政府责任 [J].中共浙江省委党校学报，2004, 20(6):90-93.

[4] 贾旋．论中国准公共产品市场供给的公共风险规避 [D].上海交通大学，2007.

[5] 陈莉．我国公用事业市场化进程中的政府监管研究 [D].郑州大学，2005.

[6] 温锋华，郭洁，沈体雁．我国城市排水行业省级政府管理绩效研究 [J].城市发展研究，2013, 20(8):132-137.

[7] 郭洁，向前，沈体雁．我国城市排水行业运营管理体制改革目标模式研究 [J].城市发展研究，2013, 20(8):122-126.

[8] 孙延华，李尔彬，吕萍．我国城市公用事业民营化的监管研究 [J].城市管理与科技，2012, 14(1):19-21.

[9] 关云芝．地方政府绩效评估中的公民参与研究 [J].社会科学战线，2011(6):171-175.

[10] 蔡翔华．公用事业民营化改革中的政府责任 [J].理论观察，2006(2):25-27.

[11] 吴建南，庄秋爽．"自下而上"评价政府绩效探索："公民评议政府"的得失分析 [J].理论与改革，2004(5):69-71.

[12] 公共产品：法治之基——特许经营立法破局，新浪财经 http://finance.sina.

[13] 李乐．美国公用事业政府监管绩效评价体系研究 [J].中国行政管理，2014(6).

[14] 陈秋颖．城市排水存在的问题与解决对策 [J].中小企业管理与科技旬刊，2009(7):159-159.

6 中国城市排水行业省级政府绩效评估指标体系设计

目前，我国城市排水行业的政府管理还很不健全，实际工作中难以对企业进行有效的监管与考核，主要存在法律法规不完善、监管体系薄弱、经济政策缺失、责任界限不清等问题。本研究通过提出"以排水行业合理有序发展为战略，以促进政府职能转变为目标，立足于平衡计分卡思想，经济与非经济指标相结合，内外兼顾、质量皆备的排水行业政府绩效考核三级指标体系"，以期推动健全排水行业政府监管，为行业管理和绩效考核创造基本条件与实现路径。

6.1 绩效指标设计原则

针对现有排水行业政府绩效评价体系存在的问题，为使新的指标评价体系能够对省级政府促进排水行业健康、合理、有序发展而做出的工作进行全面、具体、准确的评价，本指标体系设计主要遵循了以下几个原则。

6.1.1 针对性原则

首先，本指标体系将绩效评价对象准确定位为排水行业中的省级政府部门。在明确省级政府部门应当在排水行业中所处地位与扮演角色的前提下，做出区别于具体排水企业、体现鲜明政府特色的绩效评价指标体系。

6.1.2　全面性原则

为克服原有指标评价体系评价角度单一、指标数量偏少等问题，本指标体系将突破原有的评价角度，提出更加全面的绩效评价模型与计算方法，适当增加各方面的指标数量，从而达到准确评估省级政府部门的工作的目的。

6.1.3　科学性原则

本指标体系是在大量借鉴国内外政府部门绩效评价体系、充分汲取优秀成果的基础上，选取排水行业中具有突出代表性的指标，经过反复评估、论证、讨论而形成的，具有鲜明的科学性。

6.1.4　引导性原则

本绩效评价指标体系结合排水行业市场化进程，明确政府在市场化进程中所应当扮演的角色，通过指标设计与考核引导各地区、全行业市场化发展。

6.1.5　结果导向性原则

排水行业政府部门绩效评价的重点不是投入，也不是过程，而是给社会带来的客观效果。

6.1.6　可操作性原则

本指标体系针对目前我国排水行业信息数据的采集与处理现状，基于已有数据信息，新增指标较易操作与计算，具有实际应用价值，并有利于在全国范围内推广普及。

6.1.7　创新性原则

结合目前排水行业整体发展进程，在明确政府在排水行业中所处地位与扮演角色的基础上，对其行政行为进行绩效评价。同时改变原有绩效评价指标技术性过强，公共性、发展性较弱的弊端，制定出具有鲜明政府评价特色的指标体系。

借鉴了国内外各部门使用效果良好的绩效指标框架与体系，摆脱以往评价角度单一、指标数量过少的弊端，结合目前排水行业市场化进程与平衡计分卡在政府绩效评价领域的应用，提出排水行业政府绩效指标体系双层模型与三级指标体系，并且绘制了明确的绩效评价流程图，可操作性强，有利于全面、准确地对省级政府部门在排水行业中的行为做出绩效评价。

6.2 绩效指标体系设计的理论依据 —— 平衡计分卡

政府绩效评估是"新公共管理"中的重要内容，其主要目标是强化政府的责任，提升政府的工作效率，主要作用是实现对政府行为的监督、政府绩效的提高和政府形象的改善等，意义重大，影响深远。但目前我国的政府绩效评估还处在初级阶段，存在着政府绩效评估理论和实践研究缺乏、规范化程度不足等问题。为了加强和改善我国排水行业政府绩效的评估效果，应朝着实现政府职能转变的目的，根据科学的评估理论，采用合理的评估方法提升政府绩效评估的规范度。

目前，我国对政府活动及其结果的评估大致分为合规评估、效果评估、经济性评估、成本—效益评估、配置效率评估以及公平性评估等几类，但是将几个方面相结合，对政府行为进行全面、系统评估的案例还比较少。排水行业政府绩效是一个全面的概念，评价政府绩效的高低，不能只看重其中的某一方面，而应更侧重于对整个排水行业政府职责的管理，从资金效率、行政效率、人员效率、规模效率、政策效率及管理效率等多个方面入手，从整体上提高政府绩效，避免单纯从一个或几个方面进行考核。通过研究国内外组织绩效评估的有关理论，结合排水行业政府绩效评估的特点及要求，本研究认为采用平衡计分卡理论作为绩效指标体系设计的基础，有利于将政府职能与政府目标有机结合，通过全面、系统的评估，达到提高排水行业整体政府绩效的目的。

6.2.1 平衡计分卡的基本理论

诞生于 20 世纪 90 年代初的平衡计分卡理论，以其理论的完备性和应用的广泛性被管理界公认为是本世纪最为全面和科学的管理理论之一。平衡计分卡是由美国哈佛商学院的教授罗伯特·卡普兰和诺兰诺顿研究所的首席执行官戴维·普顿共同提出的 [1]。

平衡计分卡是从企业发展的战略出发，将企业及其内部各部门的任务和决策转

---

[1] 宋炜，陈光银，周海华. 浅析平衡计分卡与政府绩效评估 [J]. 云南科技管理，2007，20(6):50-52.

化为多样的、相互联系的目标，然后再把目标分解成由财务状况、顾客服务、内部经营过程、学习和成长在内的多项指标组成的多元素绩效评估系统。（见图6.2.1）

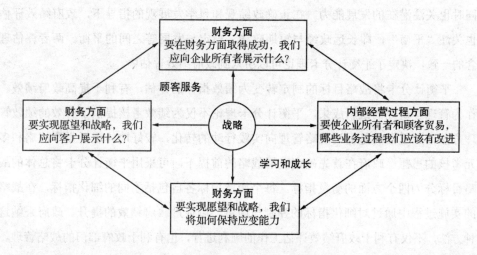

图 6.2.1   平衡计分卡的一般模型

平衡计分卡弥补了传统组织绩效管理模式只重视财务绩效的不足，从以下三个层面来平衡组织的绩效表现：外部衡量和内部衡量的平衡；结果的衡量和未来衡量的平衡及主观面衡量及客观面衡量的平衡。

6.2.2   平衡计分卡在政府绩效评估领域的应用

平衡计分卡理论在西方企业界的绩效评估中应用广泛，是一种比较成功的评估方法。借鉴平衡计分卡法在企业绩效评估中的成功经验，非营利事业机关，尤其是政府机关，在对其进行合理的修正与完善后也同样适用。将平衡计分卡理论应用于政府绩效评估中，不仅有利于科学发展观的贯彻及和谐社会的构建，也有助于促进社会服务的绩效评估水平的提升，政府执政能力的完善[1]。

目前，西方国家政府已经全面引入平衡计分卡理论作为绩效评估的工具与方法，同时在我国，随着政府绩效考核的逐步发展，平衡计分卡思想也正在受到越来越多的重视。平衡计分卡作为绩效评估的一种有效工具，其自身的特点决定了它在政府绩效评估中的优势：

---

[1] 宋炜，陈光银，周海华. 浅析平衡计分卡与政府绩效评估 [J]. 云南科技管理，2007,
20(6):50-52.

　　平衡计分卡的重要关注点在于"平衡"，这与政府的业绩评估理念一致。这种方法基于"平衡"的理念，绩效考核时并不局限于财务指标，还考虑了非财务指标，同时也关注潜在的发展能力。在正确政绩观和科学发展观的指导下，政府绩效评估也关注"平衡"，即长远政绩与短期政绩、稳定与发展等之间的平衡。两者评估理念的一致，决定了平衡计分卡理论可以引入到政府绩效评估中。

　　平衡计分卡将战略目标的制定转变为绩效指标的评估，有利于提高政府绩效。作为管理学研究的最新成果，平衡计分卡理论不仅为绩效考核提供了有效的绩效管理方法，更重要的是促进战略管理向实践行动的转化，较好地体现了贯穿战略和多元考核的思想。政府在首先确定发展战略的前提下，可采用平衡计分卡将总体的战略目标分为四个方面的衡量指标，每个衡量指标各自包括不同的细化指标，在战略的实施过程中通过对细化指标的控制与衡量，以促进政府绩效的提升。政府采纳这种方法，不仅有利于政府绩效评估工作的顺利进行，也有利于政府部门的战略管理。

　　平衡计分卡的特点是定量和定性结合，定量为主、定性为辅，这种特点决定了其在政府的绩效评估中的适用性。在企业层面平衡计分卡可进行财务方面的定量评估，也可在非财务指标方面进行定性与定量相结合的评估，整个评估过程既清晰有效又易于操作。政府部门绩效评估也可采用此定性评估与定量评估相结合的方式，因此将此方法引入到政府部门中，将有效地促进政府绩效评估事业的发展[1]。

　　平衡计分卡制度最初的服务对象是盈利组织，设计初衷是为他们解决绩效问题，但是在平衡计分卡的发展过程中，许多政府部门及非盈利组织也开始广泛采用。针对这一现象，2000年卡普兰和诺顿提出：财务指标并非是公共部门和大多数非盈利组织最主要的目标，这些组织和部门中使用平衡计分卡时需要重新调整，以便于组织本身发展的需要相适应。地方政府部门在使用平衡计分卡理论构建部门的绩效管理模式时，四个构成维度必须重新调整[2]。（见图6.2.2）

---

　　[1]　宋炜，陈光银，周海华. 浅析平衡计分卡与政府绩效评估 [J]. 云南科技管理，2007，20(6):50-52.

　　[2]　赵方慧. 平衡计分卡在我国地方政府绩效管理中的应用研究 [D]. 华东师范大学，2008.

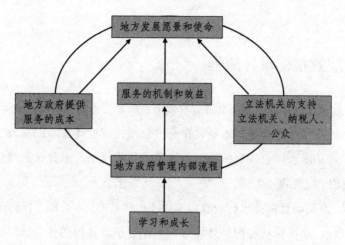

图 6.2.2　平衡计分卡框架在地方政府绩效管理中的应用框架 [1]

根据政府组织本身的特点，绩效维度应该包括"职能行使的维度"、"能力建设的维度"、"内部管理的维度"和"相关客户的维度" [2]。从四个维度来讲，政府组织的基本职责是履行公共管理职能，要评估政府职能履行的绩效如何，应当设计"职能行使指标"和"相关客户指标"来体现；而要提高这两个绩效目标，政府必须加强"内部管理"和"能力建设"。因此，在本指标体系的设计中，如图 6.2.3 所示具体化平衡计分卡在政府部门绩效评估中的应用模式。

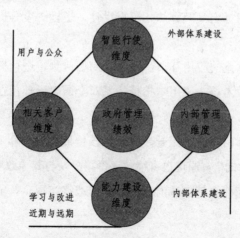

图 6.2.3　平衡计分卡在地方政府绩效管理中的应用框架

---

[1]　Kaplan, Norton, "Thestrate Foeused Organiaztion", Harvard Business Sehool Press, Boston, Massachusetts, Nov 2000, P.136.

[2]　罗双平 . 政府组织的平衡计分卡应用模型设计 [J]. 中国人才，2010(17):72-73.

6.3 绩效指标设计流程

科学、合理地设计绩效指标体系，有效进行排水行业政府绩效考核，需要有完整、明确、清晰的流程进行指导。本研究在充分总结指标设计原则的基础上，创造性提出了"五步走"排水行业政府绩效指标体系设计流程图，以此作为绩效指标体系设计的指导思想。（见图6.3.1）

第一步，是明确目前排水行业政府绩效评价体系的现状，即"我们现在的位置"。通过环境审视、寻找标杆等内外环境分析，结合绩效评价的使命、原则、战略与核心价值，为具体设计工作奠定良好的基础。

第二步，是明确新的排水行业政府绩效评价体系的目标与作用，即"我们想要到哪里"。结合现有排水行业市场化改革的政策方针，明确行业发展远景，确定指标设计的指导方向。

第三步，是指标设计的具体环节，即"我们如何到那里"。通过引入平衡计分卡思想，确定指标设计的战略思想，从职能行使维度、相关客户维度、内部管理维度与能力建设维度入手，结合排水行业的具体特点，确定排水行业政府绩效考核的三级指标体系，并对指标定义及算法、权重设计、指标测度等提出具体方法与实现步骤。

第四步，是指标体系的应用环节，即"我们如何测定进程"。排水行业主管部门通过组织周期性绩效考核，采用本指标体系对全国政府部门在排水行业的工作做出绩效评价。

第五步，是政府部门改进与提升、绩效考核价值体现的环节，即"我们如何和何时能知道是否到达目的"。通过自身绩效评价得分及与其他政府部门得分的比较，不断评估与改进自身工作，转变政府职能，从而最终实现全行业合理、有序、健康的发展。

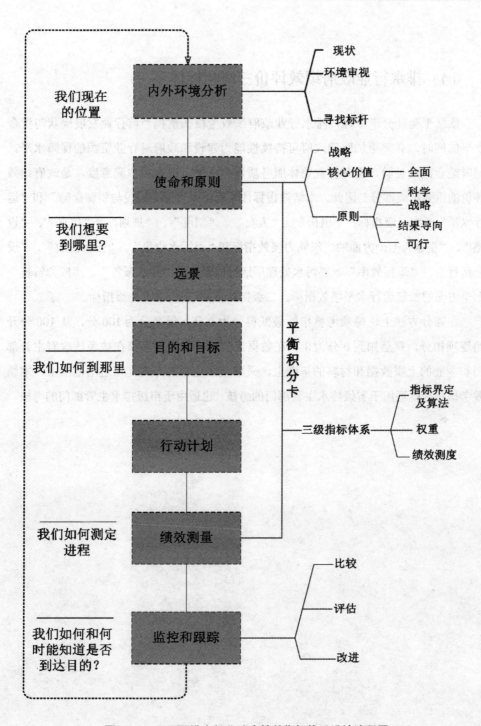

图 6.3.1 三层面排水行业政府绩效指标体系设计流程图

6.4 排水行业政府绩效评价三级指标体系

依据平衡计分卡原理，排水行业政府绩效考核在重视当前行业发展现状与资金水平的同时，必须更加强调政府可持续性能力建设和政府对行业资源的保障水平。同时结合国际经验，提升行业整体服务质量与水平，提高用户满意度，是政府绩效评价的重要组成部分。因此，本绩效指标体系提出了"能力建设与资源保障"和"运行水平"两大一级指标；"机构"、"人员"、"制度"、"规划"、"信息"、"设施"、"资金"七个方面的二级能力绩效指标和"雨污水收集"、"出水排放"、"设施运行"、"运行效率"、"污水处理厂运行监管"、"排水服务"、"应急管理"七个方面的二级运行水平绩效指标。二级指标下共包含 52 个三级指标。

在评分方法上，每项考核指标最低得分为 0 分，最高分为 100 分，从 100 分开始逐项扣分，直至扣到 0 分为止。在数据来源上，本绩效考核在被考核政府主管部门和企业的上报数据和材料的基础上，采取全面检查的方式。在适用范围上，本绩效考核指标既适用于省级排水主管部门的考核，也适用于市级排水主管部门的考核。

表 6.4.1 排水行业政府绩效评价三级指标体系

一级指标 （2个）	二级指标(14个)	三级指标（52个）	是否基本指标
1. 能力建设与资源保障（权重50%)	1.1 机构	1.1.1 主管部门	基本指标
		1.1.2 监测机构	基本指标
	1.2 人员	1.2.1 管理人员	扩展指标
	1.3 制度	1.3.1 接入排水管网许可证制度	基本指标
		1.3.2 城镇污水处理设施维护运营许可证制度和维护运营合同制度	基本指标
		1.3.3 排水监测制度	扩展指标
		1.3.4 排水价格、收费和补贴制度	基本指标
		1.3.5 排水企业管理和考核制度	扩展指标
		1.3.6 服务与投诉监管制度	扩展指标
		1.3.7 行业监管与信息发布制度	扩展指标
		1.3.8 应急管理制度	扩展指标
		1.3.9 部门联动制度	扩展指标
	1.4 规划	1.4.1 城镇排水与污水处理规划	基本指标
		1.4.2 城市排水（雨水）防涝综合规划	基本指标
		1.4.3 城镇排水与污水处理应急预案	基本指标
	1.5 信息/科技	1.5.1 数据上报率	基本指标
		1.5.2 智慧排水系统（城市排水防涝信息化管控平台）	基本指标
		1.5.3 排水行业科技含量	扩展指标
	1.6 设施/资产	1.6.1 设施覆盖率	基本指标
		1.6.2 排水管网覆盖率	基本指标
		1.6.3 排水管网密度	扩展指标
		1.6.4 污水处理能力	扩展指标
	1.7 资金/财务	1.7.1 污水处理费总征收率	基本指标
		1.7.2 污水处理费征收覆盖率	扩展指标
		1.7.3 污水处理费到位率	基本指标
		1.7.4 污水处理资金补贴到位率	扩展指标

续表

一级指标 （2个）	二级指标（14个）	三级指标（52个）	是否基本指标
2. 运行水平（权重50%）	2.1 雨污水收集水平	2.1.1 排水体制	扩展指标
		2.1.2 排水许可	基本指标
		2.1.3 污水收集率	扩展指标
		2.1.4 监测覆盖率	基本指标
	2.2 出水排放水平	2.2.1 水质化验上报率	基本指标
		2.2.2 主要污染物削减率	基本指标
		2.2.3 污泥无害化处理率	扩展指标
		2.2.4 年均水质达标率	基本指标
		2.2.5 污水再生利用率	基本指标
	2.3 设施运行水平	2.3.1 处理设施利用率	基本指标
		2.3.2 污水处理厂负荷率达标率	扩展指标
	2.4 效率水平	2.4.1 城镇污水处理率	基本指标
		2.4.2 污水处理成本率	基本指标
	2.5 污水处理厂运行监管水平	2.5.1 年度实施计划	扩展指标
		2.5.2 建设项目管理	扩展指标
		2.5.3 岗前培训与持证上岗	基本指标
		2.5.4 处理工艺	扩展指标
		2.5.5 运行质量控制	扩展指标
		2.5.6 排水设施设备维护保养	扩展指标
		2.5.7 安全生产	扩展指标
		2.5.8 安防监控	扩展指标
	2.6 排水服务水平	2.6.1 服务普及率/可达性	基本指标
		2.6.2 服务便利性	基本指标
		2.6.3 投诉处理及时率与服务满意度	基本指标
	2.7 应急管理水平	2.7.1 应急预案演练	基本指标
		2.7.2 应急处理专业队伍、装备、器材和物资保障	扩展指标

6.5　指标含义与算法

6.5.1　主管部门

本指标为基本指标，考核内容如下：

地方政府按照"三定"方案确定 城镇排水工作的主管部门，并将其管理职责明确界定。

【评价方法与标准】：未设置城镇排水主管部门的，扣100分；未明确其制度建设、水质管理、运营监管、改造建设等职责的职责，扣50分。

【评价依据】：1.《城镇排水与污水处理条例》（征求意见稿）；2.国务院办公厅颁布的《关于印发住房和城乡建设部主要职责内设机构和人员编制规定的通知》。

【备注】：2011年12月，国务院法制办就《城镇排水与污水处理条例》征求社会意见，参考征求意见稿设置此项。

6.5.2　监测机构

本指标为基本指标，考核内容如下：

地方政府按照"三定"方案确定城镇排水工作的监测部门，并将其管理职责明确界定。

【评价方法与标准】：对省级政府，未建有国家站的，扣100分。对其他政府，未建有监测站的，扣100分。

【评价依据】：1.《城镇排水与污水处理条例》（征求意见稿）；2.《城市排水监测工作管理规定》；3.《关于进一步加强城市排水监测体系建设工作的通知》；4.《污水排入城镇下水道水质标准》（CJ343）；5.《城镇污水处理厂污染物排放标准》（GB18918）。

6.5.3　管理人员

本指标为基本指标，考核内容如下：

按照地方政府"三定"方案配置城镇排水主管部门管理人员。

【评价方法与标准】：未配置城镇排水管理人员的，扣100分；配置的人员数达不到定额的，扣50分；管理人员不了解当地城镇排水情况、不熟悉城镇排水相关法律标准和规范制度的，扣50分。

【评价依据】：1.《城镇排水与污水处理条例》（征求意见稿）；2.国务院办公厅颁布的《关于印发住房和城乡建设部主要职责内设机构和人员编制规定的通知。

6.5.4　接入排水管网许可证制度

本指标为基本指标，考核内容如下：

查阅是否建立和实施接入排水管网许可证制度，包括申请、核发许可证的标准、流程等制度。

【评价方法与标准】：未执行国家有关制度的，扣100分；未制定本地制度的但执行国家有关制度的，扣50分。

【评价依据】：1.《中华人民共和国水污染防治法》；2.《城镇排水与污水处理条例》（征求意见稿）。

6.5.5　城镇污水处理设施维护运营许可证制度和维护运营合同制度

本指标为基本指标，考核内容如下：

检查是否建立城镇污水处理设施维护运营许可证制度和维护运营合同制度。

【评价方法与标准】：未建立城镇污水处理设施维护运营许可证制度，扣50分；未建立维护运营合同制度的，扣50分。

【评价依据】：1.《中华人民共和国水污染防治法》；2.《城镇排水与污水处理条例》（征求意见稿）。

6.5.6　排水监测制度

本指标为基本指标，考核内容如下：

检查建立排水监测制度的情况。

【评价方法与标准】：未执行国家有关制度的，扣100分；未制定本地制度但执行国家有关制度的，扣50分。

【评价依据】：1.《中华人民共和国水污染防治法》；2.《城镇排水与污水处理条例》（征求意见稿）；3.《城市排水监测工作管理规定》；4.《关于进一步加强城市排水监测体系建设工作的通知》。

6.5.7　排水价格、收费和补贴制度

本指标为基本指标，考核内容如下：

检查建立排水价格管理办法、污水处理费征缴办法和财政补贴办法的制定情况。

【评价方法与标准】：未有明确的排水价格管理办法的，扣25分；未有污水处理费征缴办法的，扣25分；未有污水处理收费不足以支付设施运营成本条件下的财政补贴办法的，扣25分；未有污水处理费审计办法的，扣25分。

【评价依据】：1.《城镇排水与污水处理条例》（征求意见稿）；2.《市政公用事业特许经营管理办法》。

6.5.8　排水企业管理和考核制度

本指标为扩展指标，考核内容如下：

查阅地方制定的有关排水企业考核制度及管理模式的文件。

【评价方法与标准】：对于直接委托企业作为经营主体的政府部门：未签署考核目标责任合同的或未编制监督考核制度的，扣100分；对于通过市场确定经营主体的政府部门：招投标时未按照《市政公用事业特许经营管理办法》的，扣100分。

【评价依据】：1.《市政公用事业特许经营管理办法》；2.《关于加快市政公用行业市场化进程的意见》；3.《关于加强市政公用事业监管的意见》。

6.5.9　服务与投诉监管制度

本指标为扩展指标，考核内容如下：

查阅地方制定的城镇排水服务和监管投诉制度文件、政风行风评议结果的通报材料等。

【评价方法与标准】未建立城镇排水服务和监管投诉制度的，扣100分。

【评价依据】：1.《关于加强市政公用事业监管的意见》。

6.5.10　行业监管与信息发布制度

本指标为扩展指标，考核内容如下：

查阅地方制定的行业检查文件、监督管理制度，以及相应的监管检查结构报告和通报材料等。

【评价方法与标准】：未建立行业监督制度或污水处理结果公开发布制度的，扣50分；未明确行业监督经费来源的，扣25分；行业监管记录和信息发布材料不完备的，扣25分。

【评价依据】：1.《城镇排水与污水处理条例》（征求意见稿）；2.《市政公用事业特许经营管理办法》。

6.5.11　应急管理制度

本指标为基本指标，考核内容如下：

查阅地方制定的城市排水安全应急预案制度文件，以及相应记录材料。

【评价方法与标准】：未制定城镇排水、污水处理、防洪防涝应急管理制度的，扣100分；制定了应急管理制度但未经同级人民政府批准或备案的，扣50分。

【评价依据】：1.《中华人民共和国水污染防治法》；2.《突发事件应对法》；3.《城镇排水和污水处理条例》（征求意见稿）；4.《城镇污水处理厂运行、维护及安全技术规程》（CJJ 60-2011）。

6.5.12 部门联动制度

本指标为扩展指标，考核内容如下：

检查本级政府气象、水利、环保、排水等部门之间是否建立城镇排水和内涝防治数据共享、预警、会商和联动机制。

【评价方法与标准】：环保部门与排水部门建有数据共享机制的，打50分；部门间建有会商和联动机制的，打50分；二者都没有的，打0分；二者都有的，打100分。

【评价依据】：《城镇排水与污水处理条例》（征求意见稿）。

6.5.13 城镇排水与污水处理规划

本指标为基本指标，考核内容如下：

检查是否编制《城镇排水与污水处理规划》。

【评价方法与标准】：未编制的，扣100分；已编制但未报批或备案的，扣50分。

【评价依据】：1.《中华人民共和国水污染防治法》；2.《城乡规划法》；3.《城镇排水与污水处理条例》（征求意见稿）；4.《城市排水工程规划规范》（GB50318-2000）。

6.5.14 城市排水（雨水）防涝综合规划

本指标为基本指标，考核内容如下：

检查是否编制《城市排水（雨水）防涝综合规划》。

【评价方法与标准】：未编制的，扣100分；已编制但未报批或备案的，扣50分。

【评价依据】：1.《城乡规划法》；2.《城镇排水与污水处理条例》（征求意见稿）；3.《城市排水工程规划规范》（GB50318-2000）；4.《国务院办公厅关于做好城市排水防涝设施建设工作的通知》（国办发〔2013〕23号）；5.《关于印发城市排水（雨水）防涝综合规划编制大纲的通知》。

【备注】：参照《城市排水（雨水）防涝综合规划编制大纲》。

6.5.15　城镇排水与污水处理应急预案

本指标为基本指标，考核内容如下：

检查编制城镇排水与污水处理应急预案的情况。

【评价方法与标准】：本级政府未编制城镇排水与污水处理应急预案的，扣 50 分；主要城镇排水与污水处理设施维护运营单位有一个未制定了本单位应急预案的，扣 50 分。

【评价依据】：1.《中华人民共和国水污染防治法》；2.《突发事件应对法》；3.《城镇排水和污水处理条例》（征求意见稿）；4.《城镇污水处理厂运行、维护及安全技术规程》（CJJ 60-2011）。

【备注】：应急预案部分所应包含的内容如下：包括总则、运行机制、组织体系、监督管理、应急保障等。其中运行机制具体包括应急处置、事故预警、信息报告与发布、善后处理四个部分。应急保障具体包括备用的水源、医疗、资金、通讯、交通和应急技术的专家贮备等。监督管理应包含培训、预案演练等。

6.5.16　数据上报率

本指标为基本指标，考核内容如下：

考察在建项目和运行项目的信息上报情况。

【评价方法与标准】：数据上报管理分值 =（在建项目项分值＋运行项目项分值）*50。

其中，在建项目分值 $= \dfrac{\text{在建项目上报率}-50\%}{50\%}$；运行项目分值 $= \dfrac{\text{运行项目上报率}-80\%}{20\%}$（计算结果小于 0 时，按 0 计）。

【评价依据】：1.《城镇污水处理工作考核暂行办法》；2.《城镇排水和污水处理条例》（征求意见稿）；3.《关于印发〈全国城镇污水处理信息报告、核查和评估办法〉的通知》（建城〔2007〕277 号）；4.《关于做好城镇污水处理信息报送工作的通知》（建办城函〔2007〕805 号）。

【备注】：沿用《城镇污水处理工作考核暂行办法》的指标，并采取"全国城镇污水处理管理信息系统"数据。

6.5.17 智慧排水系统（城市排水防涝信息化管控平台）

本指标为扩展指标，考核内容如下：

考察政府和主要企业的排水信息化系统和管控平台的建设情况。

【评价方法与标准】：本级政府未建立排水信息中心的，扣25分；未建立厂网地理信息系统的，扣25分；未建立集远程控制、监控、指挥、调度于一体的管控系统的，扣25分。主要排水企业未建立在线监测系统和信息中心的，扣25分；主要排水企业的在线监测系统未与排水主管部门联网的，扣25分。

【评价依据】：1.《关于印发城市排水（雨水）防涝综合规划编制大纲的通知》；2.《关于印发城市排水防涝设施普查数据采集与管理技术导则（试行）的通知》。

6.5.18 排水行业科技含量

本指标为扩展指标，考核内容如下：

考察政府主管部门和主要企业的科技含量情况，包括从事科学技术研究以及采取先进适用技术、工艺、设备、材料的情况。

【评价方法与标准】：排水行业科技投入低于本地区科技投入平均水平的，扣25分；排水企业未有高新技术企业的，扣25分；过去1年全行业未有进行技术改造和采取先进技术或材料的，扣50分。

【评价依据】：《城镇排水和污水处理条例》（征求意见稿）。

6.5.19 设施覆盖率

本指标为基本指标，考核内容如下：

考察地区污水处理设施的建设与覆盖情况。

【评价方法与标准】：有1个及1个设市城市尚未建成城镇污水处理厂的，扣50分；尚未建成城镇污水处理厂县城占该地区县城总数的比重小于80%的，扣50分；设施覆盖率（即已建成投运污水处理厂的城镇数与只有在建污水处理厂的城镇数之和占地区城镇总数的比）低于全国平均水平的，扣 50 分。

【评价依据】：1.《中华人民共和国水污染防治法》；2.《城镇排水和污水处理条例》（征求意见稿）；3.《"十二五"全国城镇污水处理及再生利用设施建设规划》；4.《全国城镇污水处理信息报告、核查和评估办法》。

【备注】：截至 2013 年 3 月，在全国所有城市中，有 98.8% 的城市已设有污水处理厂，数量达到 649 个。未建成城镇污水处理厂的城市仅有 8 个，包括内蒙古自治区的阿尔山市等。在全国的所有县城中，有 81% 的县城已设有污水处理厂，数量达到 1 313 个。

6.5.20　排水管网覆盖率

本指标为基本指标，考核内容如下：

考察地区管网建设与覆盖情况。

【评价方法与标准】：地区城镇管网覆盖率（即管网覆盖总面积与建成区总面积之比）小于全国平均水平的，扣 50 分；地区管网覆盖率小于 80% 的，扣 50 分。

【评价依据】：1.《中华人民共和国水污染防治法》；2.《城市排水工程规划规范》(GB 50318-2000)；3.《城镇排水和污水处理条例》（征求意见稿）；4.《"十二五"全国城镇污水处理及再生利用设施建设规划》；5.《全国城镇污水处理信息报告、核查和评估办法》。

6.5.21　排水管网密度

本指标为扩展指标，考核内容如下：

考察地区排水管道散布的疏密情况。

【评价方法与标准】：地区排水管网密度（即地区管道总长与建成区面积的比值）小于 9km/km² 的，扣 100 分。

【评价依据】：1.《中华人民共和国水污染防治法》；2.《城市排水工程规划规范》（GB 50318-2000）；3.《城镇排水和污水处理条例》（征求意见稿）。

【备注】：截至 2010 年 12 月，我国城市排水管道的总长度为 37 万千米，密度为 9km/km²。2002 年城市排水管网平均密度：德国在 10 km/km² 以上；日本在 20—30km/km²；美国在 15km/km² 以上。

6.5.22 污水处理能力

本指标为扩展指标，考核内容如下：

考察地区污水处理设施的能力情况。

【评价方法与标准】：地区污水处理能力与地区污水排放总量的比重小于全国平均值的，扣 50 分；地区已投运和在建污水处理厂的总污水处理能力与地区污水排放总量的比重小于全国平均值的，扣 50 分。

【评价依据】：1.《中华人民共和国水污染防治法》；2.《城镇排水和污水处理条例》（征求意见稿）；3.《"十二五"全国城镇污水处理及再生利用设施建设规划》；4.《全国城镇污水处理信息报告、核查和评估办法》。

【备注】：地区污水处理能力与地区污水排放总量的比重大于 1 的，不扣分。

6.5.23 污水处理费总征收率

本指标为基本指标，考核内容如下：

考察地区污水处理费实际征收情况。

【评价方法与标准】：地区污水处理费征收率（即实际征收的污水处理费总额与应征收的污水处理费总额之比）小于 90% 的，扣 100 分。

【评价依据】：1.《中华人民共和国水污染防治法》；2.《城镇排水和污水处理条例》（征求意见稿）。

【备注】：参考《城市污水处理收费管理办法（专家建议稿）》以及各地已经出台的城镇污水处理收费办法，90% 是保障污水处理厂网正常运营的基本征收率。

6.5.24 污水处理费征收覆盖率

本指标为扩展指标，考核内容如下：

考察地区各市县污水处理费征收率的达标情况。

【评价方法与标准】：有1个以上（含1个）市县未征收污水处理费的，扣100分；污水处理费征收率大于90%的市县比例低于全国平均水平的，扣50分。

【评价依据】：1.《中华人民共和国水污染防治法》；2.《城镇排水和污水处理条例》（征求意见稿）。

【备注】：参考《城市污水处理收费管理办法（专家建议稿）》以及各地已经出台的城镇污水处理收费办法，90%是保障污水处理厂网正常运营的基本征收率。

6.5.25 污水处理费到位率

本指标为基本指标，考核内容如下：

考察地区污水处理费拨付到污水处理设施运营单位的情况。

【评价方法与标准】：地区财政未建立污水处理费专户的，扣50分；污水处理费到位率（即实际拨付到运营单位的污水处理费总额与经核定应拨付到运营单位的污水处理费总额之比）小于90%的，扣50分。

【评价依据】：1.《中华人民共和国水污染防治法》；2.《城镇排水和污水处理条例》（征求意见稿）。

【备注】：参考目前各地区污水处理费到位情况，90%到位率是保障企业正常运营的基本要求。若地区财政未建立污水处理费专户，但是可以通过银行、自来水厂或其他征收系统直接将污水处理费拨付到运营企业的，不扣分。

6.5.26 污水处理资金补贴到位率

本指标为基本指标，考核内容如下：

考察当实际征收的污水处理费不足以弥补运营企业的污水处理成本时本地区财政对运营企业的补贴到位情况。

【评价方法与标准】：过去1年实际征收的污水处理费不足以弥补运营企业的污水处理成本，地方财政应给予运营企业补贴但补贴没有到位的，扣 50 分；享受最低生活保障家庭、社会福利机构和部队免征污水处理费，地方财政应给予运营企业补贴但补贴没有到位的，扣 50 分。

【评价依据】：1.《中华人民共和国水污染防治法》；2.《城镇排水和污水处理条例》（征求意见稿）

【备注】：参考《城市污水处理收费管理办法（专家建议稿）》以及各地已经出台的城镇污水处理收费办法。

6.5.27　排水体制

本指标为扩展指标，考核内容如下：

考察非干旱地区的新建城市、扩建新区、新开发区或旧城改造地区的排水系统情况。

【评价方法与标准】：新建、扩建的城市新区、旧城改造的区域或新建的开发区等未采用分流制排水系统的，扣 100 分。

【评价依据】：1.《城乡规划法》；2.《中华人民共和国水污染防治法》；3.《城镇排水和污水处理条例》（征求意见稿）；4.《"十二五"全国城镇污水处理及再生利用设施建设规划》；5.《城市排水工程规划规范》（GB 50318-2000）。

【备注】：新建、扩建的城市新区、旧城改造的区域或新建的开发区等应采用分流制排水系统。

6.5.28　排水许可

本指标为基本指标，考核内容如下：

排水许可覆盖率（即已获得接入城镇排水管网许可证的排水户数与总排水户数的比值）小于全国平均值的，扣 100 分。

【评价方法与标准】：新建、扩建的城市新区、旧城改造的区域或新建的开发区等未采用分流制排水系统的，扣 100 分。

【评价依据】：1.《城市排水许可管理办法》（建城〔2007〕152 号）；2.《污水综合排放标准》（GB8978）。

6.5.29　污水收集率

本指标为扩展指标，考核内容如下：

考察城镇污水收集和进入城镇排水管网的情况。

【评价方法与标准】：污水收集率（即进入城镇污水处理管网的污水总量与城镇污水排放量的比值）小于全国平均值的，扣100分。

【评价依据】：《城市排水许可管理办法》（建城〔2007〕152号）。

6.5.30　监测覆盖率

本指标为基本指标，考核内容如下：

考察排水监测站对城镇排水户的排水水量和水质进行监测的记录，以及排水监测站对城镇污水处理厂的进出水质、水量和污泥进行监测的记录。

【评价方法与标准】：有1户以上（含1户）重点排污工业企业和重点排水户未具备检测能力和相应的水量、水质检测制度的，扣25分；有1户以上（含1户）排水户未在排水主管部门指定位置安装在线监测系统的或有1户以上（含1户）未对进出水量和主要水质指标进行实时监测的，扣25分；有1户以上（含1户）排水户有排放污水水质不符合《污水综合排放标准》（GB8978）或者有关行业标准的，扣25分；发现检测单位对城镇污水处理厂进出水水质、水量和污泥进行定期监测的记录不全或不实的，扣25分。

【评价依据】：1.《城市排水监测工作管理规定》（建城字〔1992〕886号）；2.《关于进一步加强城市排水监测体系建设工作的通知》（建城字〔2012〕62号）；3.《城市排水许可管理办法》；4.《污水综合排放标准》（GB8978）；5.《关于加强城镇污水处理厂运行监管的意见》。

6.5.31　水质化验上报率

本指标为扩展指标，考核内容如下：

考察排水水化验信息及其上报情况。

【评价方法与标准】：水质化验管理分值 =(COD上报率 ×2+BOD上报率 ×1+SS上报率 ×1+NH3-N上报率 ×1+TN上报率 ×0.5+TP上报率 ×0.5)×100。

【评价依据】：《城镇污水处理工作考核暂行办法》。

【备注】：上报率参考 "全国城镇污水处理管理信息系统" 公布的数据，计算方法为各指标实际上报的期数与应当上报期数的比值。

6.5.32 主要污染物消减率

本指标为基本指标，考核内容如下：

考察主要污染物的消减情况。

【评价方法与标准】：不同的污染物削减效率有所差异，因此污染物削减效率的总分按各污染物削减总量加权的结果计算，计算公式如下：

$$主要污染物削减效率分值 = \frac{A+B\times0.9+C\times0.8+D\times0.6+E\times0.4+F\times0.2+G\times0}{A+B+C+D+E+F+G}\times100$$

A：COD 削减量大于 300mg/L 的 COD 削减总量（吨）

B：COD 削减量在 250 到 300mg/L 之间的 COD 削减总量（吨）

C：COD 削减量在 200 到 250mg/L 之间的 COD 削减总量（吨）

D：COD 削减量在 150 到 200mg/L 之间的 COD 削减总量（吨）

E：COD 削减量在 100 到 150mg/L 之间的 COD 削减总量（吨）

F：COD 削减量在 50 到 100mg/L 之间的 COD 削减总量（吨）

G：COD 削减量小于 50mg/L 的 COD 削减总量（吨）

【评价依据】：《城镇污水处理工作考核暂行办法》。

【备注】：主要污染物削减量依据 "全国城镇污水处理管理信息系统" 数据。

6.5.33 污泥无害化处理率

本指标为扩展指标，考核内容如下：

检查污泥无害化处理的有关台账、记录和报告。

【评价方法与标准】：未有污泥处理设施的，扣50分；有1个以上（含1个）污水处理厂未建立污泥管理台账制度及检测、记录、存档和报告制度的，扣25分；有1个以上（含1个）污水处理厂对处理处置后的污泥及其副产物的去向、用途、用量等的跟踪记录和报告不全的，扣25分；有1个以上（含1个）污水处理厂未建立信息公开制度的，扣25分。

【评价依据】：1.《中华人民共和国水污染防治法》；2.《城镇排水和污水处理条例》（征求意见稿）；3.《"十二五"全国城镇污水处理及再生利用设施建设规划》；4.《城市排水工程规划规范》(GB 50318-2000)；5.《国家发展改革委办公厅、住房城乡建设部办公厅关于进一步加强污泥处理处置工作组织实施示范项目的通知》。

6.5.34 年均水质达标率

本指标为基本指标，考核内容如下：

考察地区城镇污水处理厂出水水质的综合达标情况。

【评价方法与标准】：每发现有1个污水处理厂的年均出水水质达标率（即年度内出水水质综合达标天数占运行天数的百分比）低于全国平均值的，扣10分。

【评价依据】：1.《中华人民共和国环境保护法》；2.《中华人民共和国水污染防治法》；3.《城市污水再生利用技术政策》（建科〔2006〕100号）；4.《城镇污水处理厂污染物排放标准》（GB18918-2002）；5.《污水综合排放标准》(GB8978-2002)；6.《城镇污水处理厂运营质量评价标准》（征求意见稿）。

【备注】：污水处理厂年均出水水质达标率计算方法参照《城镇污水处理厂运营质量评价标准》（征求意见稿）。

6.5.35 污水再生利用率

本指标为基本指标，考核内容如下：

考察地区污水再生利用情况，以及相关的规划、设施建设、运营监管和保障措施等方面的文件资料。

【评价方法与标准】：对于北方地区缺水的城市，每发现一个污水再生利用率（即城镇污水再生利用量和污水排放量的比值）不能达到15%的城镇，扣10分；对于南方沿海缺水的城市，每发现有一个或一个以上达不到10%的，扣10分；每发现一个城市的城市总体规划、城市污水处理工程建设规划以及水污染防治规划中，没有编制城镇污水再生利用工程建设规划，市政工程管线规划中不包含再生水管线规划，城市供排水专项规划中没有编制城市污水再生利用规划的，扣10分；再生水水质达不到国家及地方水质标准的，扣25分；再生水设施运营监管部门不明确，或水质监测部门不明确的，扣25分。

【评价依据】： 1.《中华人民共和国水污染防治法》；2.《城镇排水和污水处理条例》（征求意见稿）；3.《城市污水再生利用技术政策》（建科〔2006〕100号）；4.《"十二五"全国城镇污水处理及再生利用设施建设规划》（国办发〔2012〕24号）；5.《城市再生水管道施工及验收规范》；6.《城市再生水厂施工及验收规范》。

【备注】： 2010年在北方地区的缺水城市中，污水再生利用率为10%到15%，南方沿海地区缺水城市的这个比例为5%到10%；2020年北方地区的缺水城市应实现20%到25%的污水再生利用率，南方沿海区的缺水城市应达到10%到15%。

6.5.36 污水处理设施利用率

本指标为基本指标，考核内容如下：

考察地区污水处理设施的利用效率，也就是总负荷率情况。

【评价方法与标准】：不同运行负荷率处理的水量有所差异，因此处理设施利用效率总分将实际处理水量加权求和，计算公式如下：

$$处理设施利用效率 = \frac{A + B \times 0.9 + C \times 0.8 + D \times 0.6 + E \times 0.4 + F \times 0.2 + G \times 0}{A + B + C + D + E + F + G} \times 100$$

A：运行负荷率大于75%的项目实际处理量（万立方米）

B：运行负荷率在70%到75%之间的项目实际处理量（万立方米）

C：运行负荷率在 65% 到 70% 之间的项目实际处理量（万立方米）

D：运行负荷率在 60% 到 65% 之间的项目实际处理量（万立方米）

E：运行负荷率在 50% 到 60% 之间的项目实际处理量（万立方米）

F：运行负荷率在 30% 到 50% 之间的项目实际处理量（万立方米）

G：运行负荷率小于 30% 的项目实际处理量（万立方米）

【评价依据】：《城镇污水处理工作考核暂行办法》。

【备注】：运行负荷率依据"全国城镇污水处理管理信息系统"数据。

6.5.37 污水处理厂负荷率达标率

本指标为扩展指标，考核内容如下：

考察地区污水处理厂投入运行后的实际处理负荷率的达标情况。

【评价方法与标准】：地区污水处理厂投运 1 年内负荷率的达标率（即地区负荷率小于 60% 的污水处理厂数量占该地区污水处理厂总数的比例）低于全国平均水平的，扣 50 分；地区污水处理厂投运 3 年内负荷率的达标率（即地区负荷率小于 75% 的污水处理厂数量占该地区污水处理厂总数的比例）低于全国平均水平的，扣 50 分。

【评价依据】：1.《城镇排水和污水处理条例》（征求意见稿）；2.《关于加强城镇污水处理厂运行监管的意见》。

6.5.38 城镇污水处理率

本指标为基本指标，考核内容如下：

考察地区城镇污水处理率情况。

【评价方法与标准】：地区设市城市中心城区总的污水处理率（即污水处理量与污水排放总量的比值）小于 90% 的，扣 50 分；县城和镇总的污水处理率小于 85% 的，扣 50 分。

【评价依据】：《城镇污水处理工作考核暂行办法》。

【备注】：采用《城镇污水处理工作考核暂行办法》的指标，并采取"全国城镇污水处理管理信息系统"数据。

6.5.39 污水处理成本

本指标为基本指标，考核内容如下：

考察地区污水处理的平均成本，包括平均能耗情况。

【评价方法与标准】：若吨水处理成本（即地区污水处理厂处理污水的总成本与污水处理总量的比值）高于全国平均值的，扣 50 分；若吨水处理能耗（即地区污水处理厂处理污水的能电量与污水处理总量的比值）高于全国平均值的，扣 50 分。

【评价依据】：1.《城镇排水和污水处理条例》（征求意见稿）；2.《城镇污水处理厂污染物排放标准》(GB18918-2002)；3.《"十二五"全国城镇污水处理及再生利用设施建设规划》（国办发〔2012〕24 号）。

6.5.40 年度实施计划

本指标为扩展指标，考核内容如下：

查阅地方制定的城镇排水设施改造和新建项目年度实施计划。

【评价方法与标准】：未指定实施年度计划的，扣 100 分；未把规划任务细化落实到具体的建设项目的，扣 50 分；未将建设项目的进展情况及时报送给住建部"全国城镇污水处理管理信息系统"的，扣 50 分。

【评价依据】：1.《城镇排水和污水处理条例》（征求意见稿）；2.《关于加强城镇污水处理厂运行监管的意见》。

【备注】：采取"全国城镇污水处理管理信息系统"数据。

6.5.41 建设项目管理

本指标为扩展指标，考核内容如下：

抽查建设项目的管理资料及相关档案材料。

【评价方法与标准】：没有经过施工图审查、建立施工档案、完成竣工验收备案的建设项目，每缺 1 项程序扣 10 分；未按照要求移动公共排水设施、改装拆除或新建管网连接的，扣 50 分。

【评价依据】：1.《建筑法》；2.《城镇排水和污水处理条例》（征求意见稿）；3.《建设工程质量管理条例》；4.《房屋建筑和市政基础设施工程竣工验收备案管理办法》；5.《建筑工程施工许可证管理办法》。

6.5.42 岗前培训与持证上岗

本指标为基本指标，考核内容如下：

查验岗前培训及持证上岗的实施情况，重点抽查关键岗位人员的上岗培训和持证上岗的情况。

【评价方法与标准】：每个工种选择1—2人进行抽查，重点检查执业资格证、健康证等上岗证及岗前培训记录，每查到一个不符合要求的，扣10分。

【评价依据】：1.《城镇排水和污水处理条例》（征求意见稿）；2.《关于加强城镇污水处理厂运行监管的意见》；3.《城镇污水处理厂运行、维护及安全技术规程》（CJJ 60-2011）。

6.5.43 处理工艺

本指标为扩展指标，考核内容如下：

现场查看污水处理各个工艺环节处理设施的运行情况。

【评价方法与标准】：每发现一处不符合国家城镇污水处理厂运行、维护及安全技术规程的，扣10分。

【评价依据】：1.《城镇污水处理厂运行、维护及安全技术规程》（CJJ 60-2011）；2.《城镇污水处理厂污染物排放标准》（GB18918-2002）。

6.5.44 运行质量控制

本指标为扩展指标，考核内容如下：

现场考核污水处理厂质量控制制度建立及其落实情况。

【评价方法与标准】：未编制排水质量检测操作规程的，扣50分；各处理环节未设量化控制指标及关键控制点的，每缺1项扣10分；出现不符合排水质量检测操作规范的质量控制记录，或不符合工序质量控制要求的关键控制点，扣50分；流量计量仪表未进行定期检定或校准的，扣10分。

【评价依据】：1.《城镇排水和污水处理条例》（征求意见稿）；2.《关于加强城镇污水处理厂运行监管的意见》；3.《城镇污水处理厂运行、维护及安全技术规程》（CJJ 60-2011）。

6.5.45 排水设施设备维护保养

本指标为扩展指标，考核内容如下：

现场查验污水处理厂的排水设施和设备台账，查阅编制的排水设施和设备大、中、小维护检修制度文件。

【评价方法与标准】：未建立检修制度文件的，扣100分；制度编制不完善的，扣每缺1项扣10分；设备完好率不到98%的，扣50分；每发现排水设施和设备存在1处故障的扣10分；未对设施和设备经常进行保养和清洁的，扣10分。

【评价依据】：1.《城镇污水处理厂运行、维护及安全技术规程》（CJJ 60-2011）。

6.5.46 安全生产

本指标为扩展指标，考核内容如下：

查阅污水处理厂编制的安全生产制度文件，现场考核在岗员工的安全生产操作技能。

【评价方法与标准】：未编制巡回检查制度、安全防护制度和事故报告制度、岗位责任制度、交接班制度等安全生产相关制度或制度编制不完善的，每缺1项扣10分；未设专职监管安全生产岗位的，扣50分；每发现一个在岗人员操作技能不熟练的，扣10分。

【评价依据】：1.《城镇污水处理厂运行、维护及安全技术规程》（CJJ 60-2011）；2《城镇给水排水技术规范》（GB50788-2012）。

6.5.47 安防监控

本指标为扩展指标，考核内容如下：

现场查验门卫制度文件，检查污水处理厂的重点部位是有安防监控。

【评价方法与标准】：未设门卫制度的，扣10分；未安装安全防护监控系统，且监控数据记录时间不足15天的，扣20分；在消化池、污泥气管道、贮气罐、污泥气燃烧装置等易燃易爆构筑物处未配备消防器材的，或器材不能正常使用的，每发现1项扣10分。

【评价依据】：1.《城镇污水处理厂运行、维护及安全技术规程》（CJJ 60-2011）；2《城镇给水排水技术规范》（GB50788-2012）；3《建筑设计防火规范》（GB50016-2012）。

6.5.48　服务普及率/可达性

本指标为基本指标，考核内容如下：

考察地区排水服务的普及率或服务的可达性。

【评价方法与标准】：若地区排水管网服务普及率（即接入地区城镇排水管网的排水户数与城镇总户数之比）小于全国平均值的，扣50分；若地区污水处理服务普及率（即接入地区城镇排水管网并享受城市污水处理服务的户数与城镇总户数之比）小于全国平均值的，扣50分。

【评价依据】：《城镇排水和污水处理条例》（征求意见稿）。

【备注】：参考联合国排水服务推荐指标。

6.5.49　服务便利性

本指标为扩展指标，考核内容如下：

查看设置服务窗口、热线等服务便利程度情况。

【评价方法与标准】：每发现一个未设服务热线或服务窗口的污水处理厂，扣10分；未公开污水处理费等信息查询方法的，或未公布缴费、投诉处理、新装等服务流程的，扣10分；现场考核发现尽管提供相关服务但服务方式不便利的，扣10分。

6.5.50　投诉处理及时率与服务满意度

本指标为基本指标，考核内容如下：

查查阅排水企业投诉处理记录，考核服务人员对投诉业务的熟练度。

【评价方法与标准】：每发现一位对业务不熟悉的服务人员，扣 10 分；每发现一处无服务记录的，扣 10 分；随机选择若干名消费者电话调查服务满意度，每有一个不满意的客户，扣 10 分；投诉处理的及时率低于 99% 的扣 10 分。

6.5.51　应急预案演练

本指标为基本指标，考核内容如下：

查阅政府和主要企业应急预案及演练记录。

【评价方法与标准】：每发现 1 个企业未按照应急预案的规定组织演练的，扣 10 分；每发现 1 个企业演练记录不完整的，扣 10 分。

【评价依据】：1.《中华人民共和国水污染防治法》；2.《突发事件应对法》；3.《城镇排水和污水处理条例》（征求意见稿）；4.《城镇污水处理厂运行、维护及安全技术规程》（CJJ 60-2011）。

6.5.52　应急处理专业队伍、装备、器材和物资保障

本指标为扩展指标，考核内容如下：

现场查看应急队伍、设施设备和物资储备情况。

【评价方法与标准】：每发现一个未配备应急处理人员或现场不能联络上应急人员的企业，扣 50 分；每发现一个未根据应急预案配置本地风险污染物应急设备、设施和其他物资储备的企业，扣 10 分。

【评价依据】：1.《中华人民共和国水污染防治法》；2.《突发事件应对法》；3.《城镇排水和污水处理条例》（征求意见稿）；4.《城镇污水处理厂运行、维护及安全技术规程》（CJJ60-2011）。

【备注】：未配备应急物资储备，但有应急物资相关货源保障证明材料的，不扣分。

6.6　指标权重的确定

6.6.1　确定指标权重的方法

对排水行业进行绩效评价时，指标权重的科学性和有效性，是直接决定最终评价结果的关键因素。绩效评价指标权重本质上是一个多属性决策问题。目前，常见的指标权重确定方法分为两类：第一类是依赖于专家经验判断的主观赋权法；第二类是根据数据计算指标得分的客观赋权法。

主观赋权法是指某领域的专家通过自身的主观经验来给指标权重赋值的方法，主要方法包括模糊层次分析法、层次分析法、德尔菲法和加权赋值法等。模糊层次分析法在考虑综合效益的绩效评价体系中较为适用，也是目前最流行的政府绩效评价指标的权重确定法。加权赋值法是在专家根据经验赋值后，直接赋值结果加权平均得到指标结果，该方法的优点是操作过程简便，缺点是精确度较低。德尔菲法与加权赋值法类似，先由专家根据经验对指标权重赋值，区别是德尔菲法要求多个专家经过多轮讨论最终达成一致得到指标结果，该方法能统一专家的意见，但仍难以解决专家经验判断的低准确度问题。层次分析法的原理是将复杂问题分层次解决，将主观判断通过标度实现精确化操作，进而通过构造判断矩阵计算指标权重[1]。采用层次分析法确定指标权重，是对指标体系融合了量化与定性的分析，将定性的专家群体决策向定量的科学性决策转变，决策过程按照一定的规律逐渐数量化和层次化，最终弥补高度依赖专家的经验知识、受到专家主观性缺陷制约的目的。

客观赋权法的基本原理是利用灰关联法、主成分分析法、复相关系数法和变异系数法等多元统计方法，发现评价指标观测值间的规律，计算指标对结果的影响度，从而确定指标权重。灰关联法的理论基础是灰色系统理论，通过分析灰关联评估得出的关联矩阵中的关联强度，确定指标权重。主成分分析法是通过各指标的贡献率确定指标权重的多元统计分析方法。复相关系数法是先计算指标间的相关系数，从而得出各指标的相对重要性，最后确定指标权重。变异系数法是用指标数据的变异

---

[1]　贺勇 . AHP 在财政专项资金项目绩效评价指标权重确定中的应用 [C]// 农业经济问题，2010.

度表示该指标对评价对象的区分能力，指标权重的大小由能力的强弱确定[1]。

针对排水行业政府职能转变的必然趋势，结合政府工作特点，在对其进行绩效评价时，评价指标体系的权重设计不仅应当基于现实，更重要的是具有前瞻性和引导性，因此纯粹基于现有结果进行数学分析的客观赋权法将会导致对政府绩效评价工作陷入简单再循环中，无法达到通过绩效考核指标引导政府职能转变的目的。因此本绩效指标体系的权重确定方法最初选择了能够发挥主观能动性进行前瞻和引导的主观赋权法。但是由于加权赋值法存在精度较低，专家意见难以统一等缺点，一般已不采用。本研究中的指标体系是在平衡计分卡理论的基础上设计的，包括定量和定性两部分，并且这些指标形成了一定的层次结构，因此本研究后来决定采用层次分析法确定指标权重。层次分析法的优点是既可以客观地量化分析这些指标，又可以将平衡计分卡的四维层次结构更好地融合，具有良好的契合性和可操作性。在实际操作中，定量评价指标在排水行业政府绩效评价指标体系仍然占据主要地位，由于这些指标相对独立且定位明确，因此在判断过程中模糊性的问题不严重，所以一般不需使用模糊层次分析法。因此，最终在排水行业政府绩效评价指标体系权重的确定上选择层次分析法作为主要方法[2]。

需特别指出的是，本指标体系的权重允许省级政府排水行业主管部门在全国排水行业绩效考核主管部门的指导下，根据本地区实际情况做出具体调整。

6.6.2　层次分析法计算步骤

美国著名的运筹学家萨蒂首次提出层次分析法，这种方法将定量与定性分析结合起来，将影响被评价对象的因素分成方案层、准则层、目标层等多个层次，在深入分析这些指标间的隶属关系及关联影响后，确定指标权重。层次分析法遵循了线性代数逻辑方法，计算步骤和系统分析简化明了，对于定性和定量兼有的决策分析比较适用

应用层次分析法一般有 7 个步骤：

第一步：指标体系层次结构的确定。首先把研究问题分解为不同层次，再根据

[1]　毛定祥.一种最小二乘意义下主客观评价一致的组合评价方法 [J].中国管理科学，2002，10(5):95-97.

[2]　温锋华，郭洁，沈体雁.我国城市排水行业省级政府管理绩效研究 [J].城市发展研究，2013, 20(8):132-137.

准则层、目标层和指标层三个层次，将评价体系的指标结构确定出来。上层指标对下层指标具有唯一的支配关系。

第二步：标度表的设计。标度表是定量化指标关键程度的重要工具，专家对将指标重要程度的判断原本是定性信息，可借助标度表转化为定量数据，便于后续的数据处理。标度表一般将指标的重要等级分为9个标度，包括5个节点和4个中间点，分别用阿拉伯数字1—9表示。（见表6.6.1）

表 6.6.1　判断矩阵标度及其含义

标度赋值	重要性等级
1	甲乙两个元素一样重要
3	甲比乙稍微重要
5	甲比乙明显重要
7	甲比乙强烈重要
9	甲比乙极端重要
2、4、6、8	两种重要程度判断的中间值
1/3、1/5、1/7、1/9	乙与甲的指标标度

第三步：专家的评价。由专家按照标度表判断出同一目标层下各指标的重要性，得到样本数据，进而计算判断矩阵。

第四步：一致性的计算和检验。计算方法是首先计算样本的判断矩阵，再得出最大特征根，最后把对应特征向量归一化，得到指标权重基础数据。

第五步：判断矩阵一致性的检验。计算一致性系数，检验矩阵的一致性。在把无效数据删除后，再把一致性检验不合格的数据重新提交给专家判断，重复第三步到第五步。

第六步：计算判断矩阵最大特征根所对应的特征向量，得到各层次下指标的权重数据。

第七步：汇总数据得到指标体系的权重值。

6.6.3　确定排水行业政府绩效指标权重

本研究按照层次分析法的计算步骤，最终得到了排水行业政府绩效评价的指标权重体系，见表6.6.2。

表 6.6.2 排水行业政府绩效评价指标体系权重分配表

一级指标 （2个）	二级指标 （14个）	三级指标（52个）	是否基本指标	权重 （28个基本指标）
1. 能力建设与资源保障（占权重50%）	1.1 机构	1.1.1 主管部门	基本指标	3%
		1.1.2 监测机构	基本指标	2%
	1.2 人员	1.2.1 管理人员	扩展指标	
	1.3 制度	1.3.1 接入排水管网许可证制度	基本指标	4%
		1.3.2 城镇污水处理设施维护运营许可证制度和维护运营合同制度	基本指标	4%
		1.3.3 排水监测制度	扩展指标	
		1.3.4 排水价格、收费和补贴制度	基本指标	4%
		1.3.5 排水企业管理和考核制度	扩展指标	
		1.3.6 服务与投诉监管制度	扩展指标	
		1.3.7 行业监管与信息发布制度	扩展指标	
		1.3.8 应急管理制度	扩展指标	
		1.3.9 部门联动制度	扩展指标	
	1.4 规划	1.4.1 城镇排水与污水处理规划	基本指标	3%
		1.4.2 城市排水（雨水）防涝综合规划	基本指标	3%
		1.4.3 城镇排水与污水处理应急预案	基本指标	3%
	1.5 信息/科技	1.5.1 数据上报率	基本指标	4%
		1.5.2 智慧排水系统（城市排水防涝信息化管控平台）	基本指标	4%
		1.5.3 排水行业科技含量	扩展指标	
	1.6 设施/资产	1.6.1 设施覆盖率	基本指标	4%
		1.6.2 排水管网覆盖率	基本指标	2%
		1.6.3 排水管网密度	扩展指标	
		1.6.4 污水处理能力	扩展指标	
	1.7 资金/财务	1.7.1 污水处理费总征收率	基本指标	5%
		1.7.2 污水处理费征收覆盖率	扩展指标	
		1.7.3 污水处理费到位率	基本指标	5%
		1.7.4 污水处理资金补贴到位率	扩展指标	

续表

一级指标（2个）	二级指标（14个）	三级指标（52个）	是否基本指标	权重（28个基本指标）
2. 运行水平（权重50%）	2.1 雨污水收集水平	2.1.1 排水体制	扩展指标	
		2.1.2 排水许可	基本指标	3%
		2.1.3 污水收集率	扩展指标	
		2.1.4 监测覆盖率	基本指标	2%
	2.2 出水排放水平	2.2.1 水质化验上报率	基本指标	5%
		2.2.2 主要污染物削减率	基本指标	5%
		2.2.3 污泥无害化处理率	扩展指标	
		2.2.4 年均水质达标率	基本指标	4%
		2.2.5 污水再生利用率	基本指标	3%
	2.3 设施运行水平	2.3.1 处理设施利用率	基本指标	5%
		2.3.2 污水处理厂负荷率达标率	扩展指标	
	2.4 效率水平	2.4.1 城镇污水处理率	基本指标	4%
		2.4.2 污水处理成本率	基本指标	4%
	2.5 污水处理厂运行监管水平	2.5.1 年度实施计划	扩展指标	
		2.5.2 建设项目管理	扩展指标	
		2.5.3 岗前培训与持证上岗	基本指标	2%
		2.5.4 处理工艺	扩展指标	
		2.5.5 运行质量控制	扩展指标	
		2.5.6 排水设施设备维护保养	扩展指标	
		2.5.7 安全生产	扩展指标	
		2.5.8 安防监控	扩展指标	
	2.6 排水服务水平	2.6.1 服务普及率/可达性	基本指标	3%
		2.6.2 服务便利性	基本指标	3%
		2.6.3 投诉处理及时率与服务满意度	基本指标	3%
	2.7 应急管理水平	2.7.1 应急预案演练	基本指标	4%
		2.7.2 应急处理专业队伍、装备、器材和物资保障	扩展指标	

6.7 绩效考核的组织与实施

6.7.1 领导机构

住房和城乡建设部的工作职责是考核各省、自治区、直辖市的城镇污水处理情况。各省、自治区、直辖市人民政府住房和城乡建设厅[水务厅（局）、市政管委会]的工作职责是考核本行政区内的城镇污水处理情况。

6.7.2 考核时间与方法

考核分为三部分，分别是重点抽查、现场核查和日常监管相。每年3月份之前，各省、自治区、直辖市要把上一年度本行政区内城镇污水处理的工作报告完成，并报送给住房和城乡建设部。每年5月份之前，住房和城乡建设部要考核上一年度全国城镇污水处理的工作情况。

6.7.3 评分细则

住房和城乡建设部负责编制考核结果的评分细则。结果的考核采用四等级的百分制记分方式，得分为高于85分为优，70分到80分之间为良，60分到70分之间为中，低于60分为差。在完成结果考核后，表彰考核结果为优的单位，通报考核结果为差的单位，认定为其没有通过年度考核。这些没有通过年度考核的省、自治区、直辖市应在一个月完成书面报告并报送给住房和城乡建设部做出书面报告，报告中应提出限期整改的措施。若有地区在考核中出现造假、谎报和瞒报等现象，则要通报批评，对于直接责任人要严肃处理。

6.7.4 分阶段实施

依据绩效测量中的"因用而废"的原则（测量标准的时效性、环境变化、战略目标更新），绩效指标选择、权重设定、目标划分、层次结构以及相应组织实施动态更新。根据中国目前排水行业的实际发展水平，结合现阶段行业监管的主要问题及迫切需求，建议绩效主管部门根据现实情况的发展变化，分阶段实行上述三级指标体系。

6.7.4.1 第一阶段（2012—2015 年）

在"十二五"时期，绩效指标的测评重点应主要放在行业规范建设、排水设施与处理能力、资金使用办法与效率、行业信息系统建设等标准与硬件建设等方面。建议考察的指标为（以二级指标为准），即监督管理水平、设施运行水平、行业与技术法规建设、行业发展水平、市场管理与完善、资金保障与效率[1]。

从行业引导及促进角度出发，可以将其他指标纳入考核体系之内，但是权重比例可以适当调低。

6.7.4.2 第二阶段（2015 年之后）

自"十三五"开局之年，在全国行业标准与硬件建设基本完成、污水处理能力普遍达到较高水平之后，排水行业绩效指标的测评重点应当向行业服务质量、运行安全水平等方面倾斜，在权重设计上，可以适当调高其所占比例。对于在全国已经普遍达到较高水平的指标，可以考虑将其删除。

本章参考文献

[1]《城镇污水处理工作考核暂行办法》（建城函〔2010〕166 号）。

[2] 宋炜，陈光银，周海华 . 浅析平衡计分卡与政府绩效评估 [J]. 云南科技管理，2007, 20(6):50-52.

[3] 城镇供水规范化管理考核办法（试行）建城〔2013〕48 号。

[4] 贺勇 . AHP 在财政专项资金项目绩效评价指标权重确定中的应用 [C]// 农业经济问题，2010.

[5] 温锋华，郭洁，沈体雁 . 我国城市排水行业省级政府管理绩效研究 [J]. 城市发展研究，2013, 20(8):132-137.

[6] 佚名 . 城镇污水处理工作将一年一考核 [J]. 中国建设信息，2010(17):4-5.

[7] 佚名 . 科技部、建设部：逐年提高再生水直接利用率 [J]. 中国科技信息，

---

[1]　温锋华，郭洁，沈体雁 . 我国城市排水行业省级政府管理绩效研究 [J]. 城市发展研究，2013, 20(8):132-137.

2006(12):6-6.

[8]王勇.直属海事局平衡计分卡绩效评估体系研究[D].大连海事大学,2012.

[9]孔丹.基于平衡计分卡的商业银行绩效评价体系研究[D].武汉理工大学,2010.

[10]赵方慧.平衡计分卡在我国地方政府绩效管理中的应用研究[D].华东师范大学,2008.

[11]饶立,张佩霞.平衡计分卡在非营利组织中应用的研究综述[J].经济师,2012(6):9-11.

[12]罗双平.政府组织的平衡计分卡应用模型设计[J].中国人才,2010(17):72-73.

[13]张永华,汤泽和.基于Mike软件的城市雨水排涝规划编制探讨[J].中华民居旬刊,2014(2).

[14]关山.城市基础设施运营的政府监管研究[D].广西民族大学,2012.

[15]陈华.雨水排水体系构建和技术发展重点的综述[J].净水技术,2014(1):16-18.

7 中国城市排水行业省级政府绩效评估结果验证

本章采用模拟验证的方法，选取全国 31 个省级行政区，利用排水行业政府绩效评价三级指标体系进行省级政府绩效评估结果验证研究，以展现该指标体系的实用性与操作性。因"人员"二级指标仅包括"管理人员"一项扩展指标，不含基本指标，本次模拟验证研究仅包含除"人员"之外的十三项二级指标。

通过验证研究，我们发现并改进了以下问题：

（1）明确了排水行业政府主管部门需填报指标及其具体形式；

（2）完善了部分指标的计算方法，明确了分指标对总绩效指标的作用及所占权重；

（3）确定了未来绩效评估报告的整体架构以及关键指标的表现形式，为"十二五"工作奠定了坚实的基础。

7.1 分省排名

本节主要分析省级排水行业政府绩效管理总得分、各省排名及其变化情况。其中，A 代表东部省份，B 代表中部省份，C 代表西部省份。

7.1.1 省级排水行业政府绩效管理总分值

图 7.1.1 绘制了 2005 和 2010 年中国排水行业政府绩效管理各省总得分，从中可以非常清晰地看到这 5 年各省排水行业政府绩效管理的发展变化过程。2005 年，各

省总得分分值的地理分布具有一定的区域差异化现象，具体表现在：①各省政府绩效管理表现整体偏低，其中 70 分以上（含 70 分）的省份有 3 个，分别为 A1、A5 和 A10，其全部属于东部省份；② 60 分以上（含 60 分）的省份有 14 个，绝大多数位于东部；③总得分处于 50—60 分区间（含 50 分不含 60 分）内的省份有 12 个，其中中部省份与西部省份各 6 个；④低于 50 分的省份有 5 个，全部属于西部省份。相比之下，到了 2010 年，排水行业政府绩效表现已经发生了重大的变化，具体表现在：①从总分来看，各省政府绩效管理的表现出都有大幅度的提高，共 24 个省份取得了 70 分以上（含 70 分）的分数，占据全国省、自治区和直辖市总数量的 77.42%，得分在 80 分以上（含 80 分）的省份有 11 个，占全部省份数量的 35.48%；得分在 85 分以上（含 85 分）的省份有 4 个，并且全部属于东部省份。②从增速来看，中西部省份表现优于东部省份，主要原因在于这些省份的原始绩效管理水平不高，因此发展空间较大，增长速度快 [1]。

表 7.1.1 省级排水行业政府绩效管理总分及增长率

省份编码	2005 年（单位：分）	2010 年（单位：分）	增长率（单位：%）
A1	73	87	19.90
A2	67	84	26.59
A3	64	80	26.57
A4	65	80	24.31
A5	72	87	20.75
A6	67	85	26.10
A7	67	84	25.41
A8	69	82	19.26
A9	69	84	20.78
A10	72	87	20.11
A11	62	82	31.46
B1	61	76	23.59
B2	58	74	24.99
B3	55	74	28.38
B4	56	74	35.38

[1] 温锋华，郭洁，沈体雁 . 我国城市排水行业省级政府管理绩效研究 [J]. 城市发展研究，2013, 20(8):132-137.

续表

省份编码	2005 年（单位：分）	2010 年（单位：分）	增长率（单位：%）
B5	58	72	33.38
B6	58	74	25.62
B7	60	74	26.56
B8	57	73	21.77
C1	52	72	27.98
C2	53	67	27.87
C3	61	78	38.73
C4	59	78	25.98
C5	53	72	26.88
C6	54	72	32.42
C7	41	60	34.99
C8	52	69	34.61
C9	48	65	46.27
C10	48	65	32.36
C11	44	63	34.11
C12	43	59	34.78

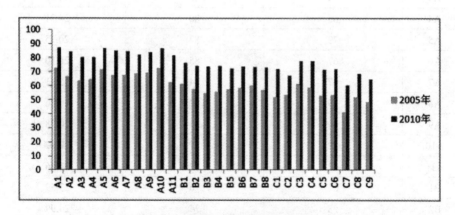

图 7.1.1　排水行业政府绩效管理总分

7.1.2　省级排水行业政府绩效管理分布及排名

本研究利用省级政府排水行业政府绩效管理分值的高低代表各省排水行业政府

绩效管理的水平和变动情况。图 7.1.1 是根据 2005 的数据得出的结果，可以发现年仅有 A1、A5、A10 三个省份得到了高于 70 分的分值，仅仅占据全国省、自治区和直辖市总数的 9.68%。中国其他省份的该项得分均低于 70 分，因此绩效表现仍然需要加强。图 7.1.3 是根据 2010 年的数据得到的结果，可以看到经过 5 年的发展，各省份的排水行业政府绩效管理表现均出现了明显提升，得分有了大幅提高，大部分省份的得分都高于 70 分。就排名而言，五年后各省的排名发生了显著的变化，而且呈现出中西部变化大、东部变化小的规律。其中，排名显著上升的省份有 A8、A9、B5、B7 及 C2，中部地区省份排名提升较为普遍，东部的发达省份排名变化较小，主要原因在于发达地区排水行业政府绩效管理水平的发展速度快、起点也较高，一直位于全国排名的名列，因此变动小。排名倒退比较严重的省份有东部的 A6 省，中部 B3、B4 省，西部的 C1、C4 省份，均下滑了 4—5 名[1]。

总体上看，中国排水行业政府绩效管理水平的分布形势正逐渐从珠三角、长三角、京津冀的三足鼎立转变为各省全面发展的局面。其中，A1、A5、A10 三个省份优势依然明显大于其他省份；西部地区也从 C3 省一枝独秀逐渐转变为 C3、C4 省并驾齐驱；中部地区各省的发展水平比较接近[2]。

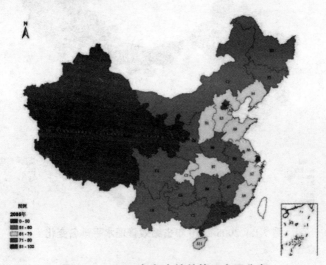

图 7.1.2　2005 年各省绩效管理水平分布

[1]　温锋华，郭洁，沈体雁.我国城市排水行业省级政府管理绩效研究[J].城市发展研究，2013，20(8):132-137.

[2]　温锋华，郭洁，沈体雁.我国城市排水行业省级政府管理绩效研究[J].城市发展研究，2013，20(8):132-137.

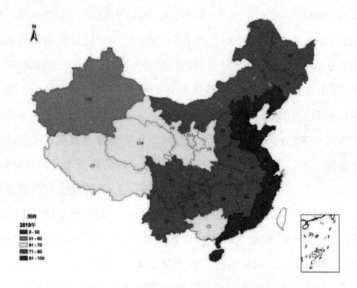

图 7.1.3　2010 年各省绩效管理水平分布

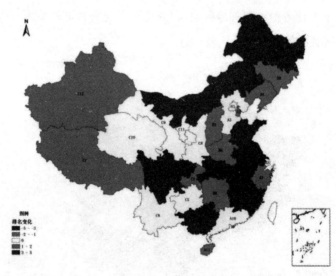

图 7.1.4 2005-2010 年省绩效管理水平排名变化

7.2　分项排名

本节主要分析省级排水行业政府绩效管理各二级指标得分、排名及其变化情况。

综合考虑表 7.2.1 和表 7.2.2 可以得出，各省 2005 年制度分值绝大部分处于 3—5 分的区间内，只有 A1 和 B1 两个省份达到了 6 分，仅占全部省份数量的 6.45%；C7 省份只有 1 分。从整体来看，2005 年各省资金 / 财务水平整体偏低，体现出政府部门并没有充分发挥污水处理资金的重要作用。2010 年，制度分值提升幅度较大，分数大于等于 6 分的省份数量达到了 30 个，出现了明显的增长。C7 省份得分虽然低于 6 分，但是比 2005 年提高了 2 分。该指标的变化趋势说明省级政府普遍开始污水处理资金的使用，政府监管者角色日渐凸显。

表 7.2.1　2005 年省级排水行业政府绩效管理二级指标分值

省份编码	机构水平	制度水平	规划水平	信息 / 科技	设施 / 资产	资金 / 财务	雨污水收集	出水排放水平	设施运行水平	效率水平	污水处理厂运行监管	排水服务水平	应急管理水平
A1	4	10	6	7	5	6	4	11	4	6	1	8	3
A2	3	9	3	7	4	5	3	10	4	7	1	7	3
A3	3	9	3	5	5	5	2	10	4	6	1	7	3
A4	3	8	3	5	5	5	3	10	4	7	1	7	3
A5	3	10	4	7	5	5	4	10	4	7	1	8	3
A6	3	9	4	5	5	5	4	10	4	7	1	8	3
A7	3	9	4	6	5	5	4	10	4	7	1	8	3
A8	3	9	4	6	5	5	3	10	4	7	1	8	3
A9	3	9	4	6	5	5	4	10	4	6	1	8	3
A10	4	10	6	7	5	5	3	10	4	7	1	8	3
A11	3	8	4	5	4	4	2	9	4	7	1	8	3
B1	3	7	2	4	4	6	3	11	4	6	1	7	3
B2	3	8	2	4	5	5	3	10	4	6	1	6	3
B3	3	8	2	4	5	4	1	9	4	6	1	6	3
B4	3	6	2	4	4	5	3	10	4	6	1	6	3
B5	3	6	3	5	4	5	3	10	3	6	1	6	3
B6	3	7	4	4	4	5	3	10	3	6	1	6	3
B7	3	6	4	6	4	5	3	10	3	6	1	7	2
B8	3	7	3	5	4	5	3	9	3	5	1	6	3
C1	3	6	2	4	4	4	3	9	3	5	1	5	2
C2	3	4	4	6	3	5	3	9	3	5	1	5	2
C3	3	8	6	6	4	5	3	10	3	5	1	5	2

续表

省份编码	机构水平	制度水平	规划水平	信息/科技	设施/资产	资金/财务	雨污水收集	出水排放水平	设施运行水平	效率水平	污水处理厂运行监管	排水服务水平	应急管理水平
C4	3	8	6	6	4	4	2	9	3	6	1	5	2
C5	3	6	4	4	2	4	3	9	3	5	1	5	2
C6	3	7	3	5	3	4	2	9	3	6	1	4	2
C7	4	4	3	4	2	1	3	6	3	5	1	4	2
C8	3	6	3	6	4	5	2	10	3	4	1	4	2
C9	4	5	4	4	3	4	2	9	3	4	1	3	2
C10	3	6	4	6	3	3	3	8	3	3	1	4	2
C11	3	5	3	4	3	4	3	9	2	3	1	3	2
C12	4	5	3	5	2	4	3	9	2	3	0	3	1

表 7.2.2　2010 年省级排水行业政府绩效管理二级指标分值

省份编码	机构水平	制度水平	规划水平	信息/科技	设施/资产	资金/财务	雨污水收集	出水排放水平	设施运行水平	效率水平	污水处理厂运行监管	排水服务水平	应急管理水平
A1	4	12	6	8	6	8	4	15	4	7	2	9	4
A2	4	11	5	8	6	7	4	14	4	8	2	8	4
A3	4	10	5	8	6	7	2	14	4	7	2	8	4
A4	4	10	5	6	6	7	3	13	4	8	2	9	4
A5	4	11	6	8	6	7	4	14	4	8	2	8	4
A6	4	10	6	8	5	7	4	14	4	8	2	9	4
A7	4	10	6	8	6	7	4	14	4	8	1	9	4
A8	4	11	5	7	6	7	3	14	4	8	2	9	4
A9	4	11	6	8	6	7	4	13	4	8	2	8	4
A10	4	11	6	8	6	7	4	14	4	8	2	9	4
A11	4	10	6	8	5	6	2	15	4	8	2	9	4
B1	4	10	4	6	6	8	4	14	4	8	2	7	3
B2	4	10	4	6	6	7	2	13	4	7	2	7	3
B3	4	10	4	6	6	7	1	14	4	7	2	8	3

续表

省份编码	机构水平	制度水平	规划水平	信息/科技	设施/资产	资金/财务	雨污水收集	出水排放水平	设施运行水平	效率水平	污水处理厂运行监管	排水服务水平	应急管理水平
B4	4	8	4	6	6	7	3	13	4	8	2	7	3
B5	4	8	4	6	5	7	3	13	3	7	2	8	3
B6	4	8	5	6	5	7	2	13	4	7	2	7	3
B7	4	8	4	6	5	7	3	13	3	7	2	7	3
B8	4	8	4	6	5	7	3	13	3	7	2	7	3
C1	4	9	4	7	5	7	2	14	3	6	2	6	3
C2	4	6	5	7	4	7	2	13	3	6	2	6	3
C3	4	10	6	8	5	7	3	14	3	7	2	6	3
C4	4	10	6	8	6	7	3	13	3	7	2	6	3
C5	4	8	6	7	4	7	3	12	4	6	1	6	3
C6	4	9	5	7	4	7	2	14	3	7	1	6	2
C7	4	6	5	6	3	3	4	10	3	6	1	6	3
C8	4	8	5	6	5	7	2	13	3	5	2	5	3
C9	4	7	5	6	4	7	3	12	3	6	1	5	3
C10	4	8	5	7	4	6	3	12	3	4	2	5	2
C11	5	7	5	6	4	7	3	12	3	4	2	4	3
C12	5	7	5	6	3	6	3	12	2	4	1	4	2

　　资金/财务指标包括污水处理费总征收率、污水处理费征收覆盖率、污水处理费到位率、污水处理资金补贴到位率等。综合考虑图 7.2.1 可以得出，各省资金/财务分值出现了一定的分段现象。2005 年，各省资金/财务指标的最高分为 6 分，并且集中于东部省份，表明资金/财务水平与经济发展程度较为相关性。资金/财务水平分值在 2010 年出现了较大程度的提升，基本上各省的分值均升高了一个等级。总体上看，东部和西部地区在这项指标上的得分良好，中部地区相对落后 [1]。

---

　　[1]　温锋华，郭洁，沈体雁. 我国城市排水行业省级政府管理绩效研究 [J]. 城市发展研究，2013, 20(8):132-137.

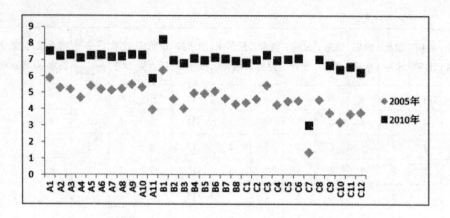

图 7.2.1　2005—2010 年各省资金 / 财务分值

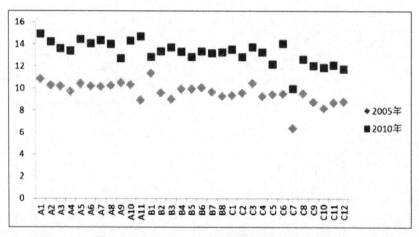

图 7.2.2　2005—2010 年各省出水排放水平分值

综合考虑图 7.2.2 可以得出，各省出水排放水平及发展态势与资金 / 财务指标基本相同。2005 年，出水排放水平的最高分为 11 分，并且集中于东部省份。2010 年，出水排放水平分值普遍得到了较大程度的提升，共有 13 个省份达到 14 分以上（满分为 17 分，即超过满分的 80%），占省级政府数量的 41.94%。从整体来看，该指标呈现出东部＞西部＞中部的特征。

7.3　分地区排名

我国理论界根据研究者的不同目的对"地区"有不同划分。本章采取的是国家统计局的划分标准：东部地区包括北京、天津、河北、上海、广东、浙江、山东、辽宁、江苏、海南、福建 11 个省及直辖市；中部地区包括山西、黑龙江、江西、湖北、湖南、河南、安徽、吉林 8 个省；西部地区包括内蒙古、重庆、云南、陕西、青海、新疆、广西、四川、贵州、西藏、宁夏、甘肃 12 个省、自治区和直辖市。本研究不包括中国台湾、中国香港和中国澳门地区。这样分区的原因有二：第一，同一地区除个别省份以外，大部分省份的经济发展程度相近，排水行业发展水平不存在较大差异；第二，区域经济政策多年以来基本也是根据东中西部地区格局实施的 [1]。

7.3.1　东中西部排水行业政府绩效管理分值

近年来，我国经济发展迅速，带动各行业进步。排水行业指标平均分始终呈现东、中、西部依次递减的格局，东部最高、西部最低。

在全国排水行业政府绩效管理分值的情况下，三大地区即东、中、西部的排水指标均值的绝对值差异和相对值差异都在逐渐缩小。从绝对值差异的角度分析，可以看到我国东、中、西部地区在 2005 年排水行业的平均分值分别是 68、58 和 51，东部地区比排水指标分数最低的西部高出 17 分。我国东、中、西部地区在 2010 年排水行业的平均分值分别是 84、74、68，东部地区最高，西部最低，二者相差 16 分。根据表 7.3.1 的计算结果显示，2005 年东、中、西部地区排水行业得分的标准差为 8.54，经过五年的发展，这个值降低到 8.08。2005 年的变异系数为 14.48%，五年后也降低到 10.73% [2]。

从直接增长倍率的角度看，东部地区排水行业指标的平均分增速最小，这也表明中西部与其的差距在不断缩小。东部地区总分平均值在 2005 年是西部的 1.33 倍，是中部的 1.17 倍；2010 年是西部的 1.24 倍，是中部的 1.14 倍。西部追赶中部的脚步较快，二者之间的差距迅速缩小 [3]。

————————
[1]　温锋华，郭洁，沈体雁. 我国城市排水行业省级政府管理绩效研究 [J]. 城市发展研究，2013, 20(8):132-137.

[2]　温锋华，郭洁，沈体雁. 我国城市排水行业省级政府管理绩效研究 [J]. 城市发展研究，2013, 20(8):132-137.

[3]　温锋华，郭洁，沈体雁. 我国城市排水行业省级政府管理绩效研究 [J]. 城市发展研究，2013, 20(8):132-137.

表 7.3.1 东中西部排水行业政府绩效管理分值

	2005			2010		
	东部	中部	西部	东部	中部	西部
机构水平分值	3	3	3	4	4	4
制度水平分值	9	7	6	11	9	8
规划水平分值	4	3	4	6	4	5
信息 / 科技分值	6	5	5	8	6	7
设施 / 资产分值	5	4	3	6	5	4
资金 / 财务分值	5	5	4	7	7	6
雨污水收集水平分值	3	2	3	3	2	3
出水排放水平分值	10	10	9	14	13	13
设施运行水平	4	3	3	4	4	3
效率水平分值	7	6	4	8	7	6
污水处理厂运行监管水平分值	1	1	1	2	2	1
排水服务水平分值	7	6	4	8	7	5
应急管理水平分值	3	3	2	4	3	3
总分	68	58	51	84	74	68

表 7.3.2 东中西部排水行业政府绩效管理总分值平均分差异

年份	标准差	变异系数	东 / 中（中部为 1）	东 / 西（西部为 1）	中 / 西（西部为 1）
2005	8.54	14.48%	1.17	1.33	1.14
2010	8.08	10.73%	1.14	1.24	1.09

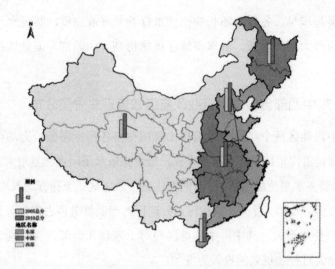

图 7.3.1   2005—2010 年东中西部省级排水行业政府绩效管理分值

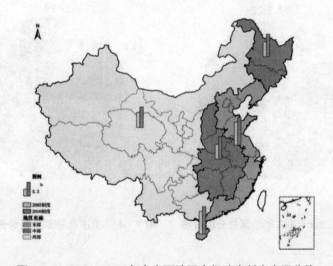

图 7.3.2   2005—2010 年东中西地区省级政府制度水平分值

在九个二级指标中，以制度水平指标为例，该指标包括接入排水管网许可证制度，城镇污水处理设施维护运营许可证制度和维护运营合同制度，排水价格、收费和补贴制度三项。通过东中西部地区横向比较得知，2005—2010 年，东部地区的制度水平指标得分高于中西部地区。该指标时间和空间上的变化趋势与总分的变化趋势类似，即空间上表现为东中西依次递减的格局，时间上表现为随年份增长得分增高。增长差距同样表现为东部增长程度低于中西部。分析这种现象产生的原因，主要是东部地区发展起步早，各行业增长快，排水行业发展成熟度，制度水平高，在较高水平上难以获得大幅度增长。故东部地区虽然仍高于中西部，但是该指标得分提高得最慢[1]。

7.3.2 东中西部省级排水行业政府绩效管理总分值分布

对比东中西地区两个年份的各指标比重图得出各指标得分较为均衡，所占比重基本与各指标权重比重持平。[2] 具体来说，出水排放水平所占比重最大，制度水平分值其次，排水服务水平位居第三。随时间变化三个地区这三个指标均表现出增长趋势。雨污水收集分值、设施 / 资产分值和污水处理厂运行监管分值占据得分比重排名后三位，两个年份变化不大。其中，中部地区相对于东部和西部而言，规划水平所占比重较小，需加大对行业规划的投入力度[3]。

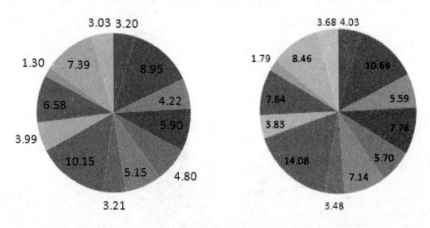

图 7.3.3　2005 年东部地区总分值分布　　图 7.3.4　2010 年东部地区总分值分布

[1]　温锋华, 郭洁, 沈体雁. 我国城市排水行业省级政府管理绩效研究 [J]. 城市发展研究, 2013, 20(8):132-137.

[2]　温锋华, 郭洁, 沈体雁. 我国城市排水行业省级政府管理绩效研究 [J]. 城市发展研究, 2013, 20(8):132-137.

[3]　温锋华, 郭洁, 沈体雁. 我国城市排水行业省级政府管理绩效研究 [J]. 城市发展研究, 2013, 20(8):132-137.

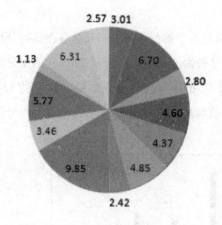

图 7.3.5 2005 年中部地区总分值分布　　图 7.3.6 2010 年中部地区总分值分布

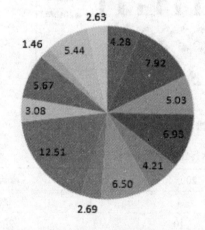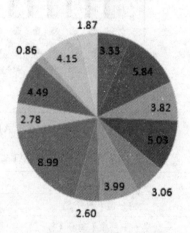

图 7.3.7 2005 年西部地区总分值分布　　图 7.3.8 2010 年西部地区总分值分布

- ■机构分值　　　　　　　■制度水平分值
- ■规划水平分值　　　　　■信息/科技分值
- ■设施/资产分值　　　　　■资金/财务分值
- ■雨污水收集分值　　　　■出水排放水平分值
- ■设施运行水平　　　　　■效率水平
- ■污水处理厂运行监管水平　■排水服务水平
- ■应急管理水平

7.4 典型城市分析

绩效评估中可通过对某城市进行分值变化及分值结构分析得出该城市排水行业

的具体发展情况。

选取 A1 城市进行具体分析，除设施运行水平得分下降外，其余各指标得分均有所增加。其中，污水处理厂运行监管水平增长幅度最大，得分从 2005 年的 1 分增加到 2010 年的满分 2 分；出水排放水平次之，从 2005 年的 11 分增加到 2010 年的 15 分；设施 / 资产和应急管理分值也有较高幅度的增加，增幅在 20% 左右。对于得分降低的指标需加强管理，重点监督。

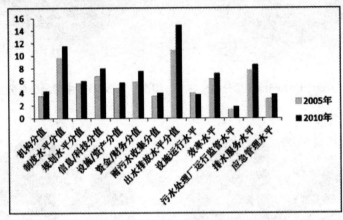

图 7.4.1　2005—2010 年 A1 省排水行业政府绩效管理分值变化

表 7.4.1　2005—2010 年 A1 省排水行业政府绩效管理分值及变化情况

A1	2005 年	2010 年	增长率
机构分值 (满分 5)	4	4	0%
制度水平分值 (满分 12)	10	12	20%
规划水平分值 (满分 9)	6	6	0%
信息 / 科技分值 (满分 8)	7	8	14%
设施 / 资产分值 (满分 6)	5	6	20%
资金 / 财务分值 (满分 10)	6	8	33%
雨污水收集分值 (满分 5)	4	4	0%
出水排放水平分值 (满分 17)	11	15	36%
设施运行水平 (满分 5)	4	4	0%
效率水平 (满分 8)	6	7	17%
污水处理厂运行监管水平 (满分 2)	1	2	100%
排水服务水平 (满分 9)	8	9	13%
应急管理水平 (满分 4)	3	4	33%

本章参考文献

[1] 温锋华，郭洁，沈体雁. 我国城市排水行业省级政府管理绩效研究 [J]. 城市发展研究，2013, 20(8):132-137.

[2] 温锋华，郭洁，沈体雁. 基于云计算的我国城市排水行业政府绩效管理网络研究 [J]. 城市发展研究，2013, 20(8):127-131.

8 城市排水行业政府绩效管理实施
与投融资体制改革

为了全面落实城市排水行业政府绩效管理目标，建立健全我国城市排水行业政府绩效管理体系，应以投融资体制改革为核心建立我国城市排水行业政府绩效管理实施体系。本章阐述了我国城市排水行业政府绩效实施体系，并通过回顾我国城市投融资体制发展阶段、城市排水行业投融资现状与问题，提出我国城市排水行业主要融资模式，以及实现投融资体制市场化改革的若干建议 [1]。

8.1 城市排水行业政府绩效实施体系

建立健全我国城市排水行业政府绩效管理体系，不仅要建立绩效考核的指标体系，还要按照绩效管理的流程实行过程控制，加强组织领导，明确管理流程，健全信息公开制度，完善公众参与机制，发挥舆论监督、社会监督和行业自律作用，将绩效管理与城镇污水处理运营服务费支付机制和投融资体制有机结合起来，形成"政府主导、行业自律、社会参与、多元共治"的城市排水行业政府绩效实施体系。主要包括以下内容：

第一，加强组织领导，建立健全工作机制。以国家住房与城乡建设部城市建设

---

[1] 温锋华, 郭洁, 沈体雁. 我国城市排水行业省级政府管理绩效研究 [J]. 城市发展研究, 2013, 20(8):132-137.

司为中心，建立包括国家发展改革委员会、财政部、水利部、环保部等在内的全国排水行业政府绩效管理部际协调委员会，负责全国排水行业省级政府和市级政府绩效管理工作。在住房与城乡建设部城市建设司设立政府绩效管理办公室，承担部际协调委员会的日常工作。同时，将排水行业政府绩效管理工作纳入到国家政府绩效管理试点工作框架。切实加强组织领导，建立健全排水行业政府绩效管理工作领导体制和工作机制，明确负责领导和牵头部门，为排水行业政府绩效管理工作提供有力的组织保证。

第二，明确管理流程，制定实施细则。绩效管理是一个包括绩效计划制订、目标分解、制订绩效考核指标、收集绩效考核信息、绩效辅导与培训、绩效考核实施与执行、绩效沟通以及绩效考核结果运用等环节在内的循环过程。因此，要建立我国城市排水行业政府绩效管理流程和实施细则，明确绩效管理范围、内容、方法、程序和要求，推动我国城市排水行业政府绩效管理朝着科学化、流程化和网络化方面前进。

第三，完善城市排水行业政府绩效管理信息系统。在"十五"、"十一五"、"十二五"期间已开发的城市排水行业政府绩效管理软件的基础上，进一步开发和完善城市排水行业政府绩效管理信息系统和信息网络，促进城市排水行业政府绩效管理的信息化、智能化和可持续性发展。

第四，发挥绩效考评导向和激励约束作用，提高绩效考核的约束性和激励性。高度重视城市排水行业政府绩效考评结果的综合运用，将考评结果作为改进工作、加强管理、领导干部考核及选拔任用、公务员评优评先、排水企业信用建设以及排水行业分管领导考核的重要依据，切实加大奖优罚劣力度；将绩效考评与行政问责有机结合，严格按照有关规定进行问责。

第五，狠抓督促落实，确保排水行业政府绩效管理工作落到实处。制订城市排水行业绩效管理工作计划，明确工作总体目标和阶段性目标，明确工作步骤、时间安排、操作规程和工作要求。加强动员发动和宣传培训，帮助干部群众树立政府绩效理念，提高社会公众参与的积极性。落实工作责任制，将工作目标任务逐项分解到具体部门和工作人员，一级抓一级，层层抓落实。建立健全监督检查机制，抓好日常检查和定期察访核验，及时纠正出现的问题。严格执行统计工作和绩效指标数据上报工作纪律，确保城市排水行业政府绩效管理工作各项数据客观真实。推动城市排水行业政府绩效管理的公开透明和便捷高效。

第六，重中之重在于加快城市排水行业管理体制改革和投融资体制改革，为行业政府绩效管理提供体制保证和资金支撑。开展水务行业绩效管理是全面落实国家节能减排政策、促进城市水环境规划管理科学化、实现水体污染控制与治理的重要举措。科学评估和有效提升各级政府推行城市排水行业管理的绩效，是城市污水处理厂网绩效管理体系研究的重要前提和关键内容。通过对城市排水行业政府管理体制，尤其是投融资体制的改革，为建立和完善我国城市污水处理厂及配套管网运行绩效管理体系以及深入推进我国城市排水行业政府绩效管理奠定了基础。

综上所述，应从组织领导、管理流程、信息支撑、绩效激励、绩效责任以及投融资体制等几个方面推进建设我国城市排水行业政府绩效实施体系。其中，以政府赋权和市场化运作为主要特征的投融资体制改革是我国城市排水行业政府绩效实施的关键。因此，下文主要阐述我国城市排水行业投融资体制的发展阶段、现状、问题、市场化投融资模式与投融资体制改革措施等问题。

8.2　我国城市投融资体制发展阶段

根据我国经济体制发展阶段以及各个阶段城市投融资体制的特征不同，将我国城市排水行业投融资体制发展划分为计划经济、有计划的商品经济、计划经济与商品经济结合以及社会主义市场经济四个阶段。每一阶段城市排水行业投融资体制都有其时代背景、主要特点和运作模式[1]。

8.2.1　计划经济阶段（1949—1978 年）

从新中国成立到改革开放以前，我国沿袭前苏联的社会主义经济制度，长期实行以生产资料公有制为基础的计划经济体制，并将其作为社会主义制度的本质特征。在这种传统的计划经济体制下，生产、消费和资源分配，均由国家按照经济、社会建设与发展的统一计划来管理，实行"统收统支"。经济学的三个基本问题，即生产什么、怎样生产和为谁生产，几乎全部依赖于国家的一系列指令性计划解决。所有经济建设项目的投融资都由国家按照经济发展计划，根据财政、信贷、物资和外

---

[1]　本节参考了课题组成员徐朝阳的博士论文的部分成果。详见：徐朝阳的《中国城市水务行业市场化研究》，中国社会科学院博士论文，2011 年。

汇四大平衡的原则来制定和实施。政府作为唯一的投资主体，包揽了社会经济生活中的投资、建设、管理和资金供给等全部事务。

在这种投融资体制下，投资管理和决策权高度集中于中央政府，各地方、各部门要发展经济，首先要争取将经济建设项目列入国家基本建设项目计划，列入财政支出预算，获得相应的财政拨款和物资支持。中央政府批准了项目，建设部门根据计划指令进行建设，财政部门根据投资计划提供所需的资金，物资部门根据计划提供相应的物资供给。整个投资过程中，各级地方政府权力很小，而企业更是只有执行计划的责任，没有任何决策的权力，财政拨款和物资可以无偿使用，无须考虑任何投资风险与决策失误的责任。

我国建国初期，在工农业不发达、科学技术水平低、工业基础差的情况下，这一投融资机制有效动员了国家有限的财力、物力和人力，为国民经济的迅速恢复和快速发展发挥了极其重要的作用，同时也产生了一系列的问题，主要问题是集中过多，管得过死，指令性计划的比重过大，忽视市场调节，不善于运用经济调节手段；计划管理中投入产出不挂钩，没有建立起严格的责任制，普遍存在着吃"大锅饭"的现象，不利于充分调动各方面的积极性，不利于国民经济的迅速发展[1]。同时，由于缺乏约束机制，各地政府有强烈的冲动"争投资、争项目"，基本建设普遍存在建设战线过长、投资规模过大等问题[2]。

这一阶段，国有单位的投资建设全部纳入国家计划，资金来源绝大部分是中央预算性资金，银行只为企业的流动资金贷款。中央政府的投资额长期占全社会投资的 80% 以上，直到 1978 年，中央政府掌握的投资基金仍占全社会固定资产投资的 70% 左右[3]。由于"重生产、轻生活"，国家财政拨款的绝大部分投资在工业项目建设方面，城市基础设施建设一直处于从属地位，总体建设水平滞后、欠账较多。城市水务设施建设也不例外，城市污水处理和水环境保护方面的投资主要用于工业污染源治理，由国家财政部门通过各工业部门和各省市下达资金安排计划[4]。

---

[1]　国家计委：《关于改进计划体制的若干暂行规定》，1984。

[2]　张汉亚. 控制项目建设造价的对策建议 [J]. 中国工业经济，1998(3):36-41.

[3]　张汉亚. 我国固定资产投资体制改革 30 年 [C]. 中国经济发展和体制改革报告之中国改革开放 30 年（1978-2008），社会科学文献出版社 , 2008.

[4]　谢玲. 中国基础设施投融资体制改革研究 [J]. 武汉大学，2005:9.

8.2.2 有计划的商品经济阶段（1979—1992 年）

从 1978 年中国共产党十一届三中全会开启改革开放政策至 1992 年党的十四大提出建立社会主义市场经济体制是我国投融资体制改革的第二个阶段，随着经济体制改革的深入，我国投融资体制从指令性计划为主向指导性计划与市场调节相结合转变。1979 年 8 月，国务院规定，在对事业单位保留财政拨款的情况下，由建设银行以贷款的方式对独立核算且有还款能力的农工商业等企业提供建设所需资金，实现所谓"拨改贷"，改变了所有经济建设都由财政拨款的单一方式。

1984 年 10 月，中国共产党十二届三中全会通过了《中共中央关于经济体制改革的决定》，提出加快以城市为重点的整个经济体制改革步伐，建立"有计划的商品经济"。根据六届人大二次会议关于改革建筑业和基本建设管理体制的精神，国务院颁布了《关于改革建筑业和基本建设管理体制的若干问题的暂行规定》，批转了国家计委《关于改进计划体制的若干暂行规定》。这两个文件确立了中国投融资体制改革的基本方向：第一，除关系国家经济命脉的重要经济活动，可以采用计划以外，其余一般性的经济活动，要适当缩小指令性计划的范围，扩大指导性计划和市场调节的范围，进一步扩大企业的自主权。第二，优化现行项目审批程序和手续，将审批的权限适当放宽；大力推行工程招标责任制；全面推行建设项目投资包干责任制。第三，改革建设资金管理办法，从 1985 年起，凡是由国家预算内拨款安排的项目，资金应当有偿使用，由财政拨款转变为银行贷款。第四，开辟多种资金渠道。对于"拨改贷"的基本建设项目投资，以及利用国外政府和金融机构借款等投资建设的项目，采用指令性计划，由国家确保项目平衡；对于各地与各部门自借自还、统借地方自还的基本项目建设，由其主体确保平衡，但计划额度须报国家计委审批，并且允许执行中出现 10 个点以内的波动。

1988 年 7 月，国务院进一步发文要求按发展有计划的商品经济的原则，利用计划和市场两只手对投资活动进行管理；运用市场机制和竞争机制，逐步建立新的宏观调控体系。具体内容包括：一是在中央和地方政府的投资方面推行有层级的管理，明确各自的投资范围，强调地方在投资建设中的重要责任，同时要求建立投资主体的自我约束，改善宏观调控体系；并首次明确城市公用设施和服务设施等的建设为地方投资的范围。二是简政放权，改进投资计划管理，减少国家计委对投资活动的直接管理；扩大企业的投资决策权，使企业成为一般性建设的投资主体。三是成立六个中央一级的专业性投资公司，代表国家从事本行业内部的固定资产投资和经营开发活动，用经济办法对投资进行管理。然而，由于经济过热等方面的原因，从1988 年第四季度起，国家开始治理整顿，上述改革措施多数没有得到落实。

在开辟资金渠道方面，从 1980 年开始，国家允许外资直接进入我国项目建设领域，世界银行开始在我国开展业务活动。1981 年 1 月，国务院通过《中华人民共和国国库券条例》，决定发行国库券来弥补财政赤字，部分用于基本建设，以后又发行了国家重点建设债券、财政债券、重点企业债券、保值公债、特种公债等。1984 年，在工商税制全面改革中设置了城市维护建设税，但保留税种，暂缓开征。1985 年 2 月，国务院颁布《中华人民共和国城市维护建设税暂行条例》，从 1985 年度起开征城市维护建设税，用于加强城市的维护建设，扩大和稳定城市维护建设资金的来源。

这一阶段，随着国民经济的快速发展，城市居民对基础设施的需求日益增大。由于城市基础设施欠账较多，地方政府财政财力有限，而且城市公用设施和服务设施等建设项目逐渐转为地方投资，单纯依靠财政性资金已经无法满足城市公用基础建设的资金需求，基础设施建设资金缺口巨大。各大国有银行提供的间接融资开始在城市基础设施领域占据重要地位，国外金融机构贷款及政府援助资金逐渐成为城市基础设施建设的重要资金来源。

相应的，城市排水行业投融资体制也出现相对多元化格局。主要体现在几个方面 [1]：一是明确了污水处理和水环境污染治理的产业属性，使城市污水处理和排水工作向企业化、市场化方向转变。二是加强了水环境污染治理的立法工作，着手出台了关于水环境污染治理的配套法律法规制度，使水环境污染治理开始走上依法办事的轨道。三是初步建立了排污收费制度。在 1979 年《中华人民共和国环境保护法》就排污收费做出规定的基础上，国务院于 1982 年颁布了《征收排污费暂行办法》，明确规定了排污费的 80% 用于污染防治。1983 年，国务院发布了《关于结合技术改造防治工业污染的几项规定》，并在发布的《关于环境保护工作的决定》中，明确了环境保护的八条资金来源渠道。1984 年，中央七个部委联合颁布了《关于环境保护资金渠道的规定的通知》（国发〔1984〕64 号文），对每项资金渠道做了具体规定。

---

[1]　财政部财政科学研究所"水环境保护投融资政策与示范研究"课题组．中国水环境保护投融资现状分析 [J]．经济研究参考，2010(51)（总第 2323 期）．

1988 年，国务院发布《污染源治理专项基金有偿使用暂行办法》，同年沈阳作为试点城市成立了全国第一家环境保护投资公司。这些政策措施促进了城市排水行业运营的企业化和投融资渠道的多元化，我国排水行业投资渠道由单一渠道变为多条渠道，由单一主体转变为多个主体，相对多元化投融资格局逐渐形成。

8.2.3 计划经济与市场经济相结合阶段（1992—2000 年）

1992 年，邓小平发表南巡谈话，随后召开的中国共产党十四大确定建立社会主义市场经济体制的目标，国家经济体制改革和投资体制改革进入第三个阶段，可以称作为计划经济与市场经济相结合的阶段。一方面，国家出台了一系列投融资领域的重大改革政策，极大地推动了投融资体制的转变以及投融资主体和渠道进一步多元化，促进了包括 BOT（建设—运营—移交）等方式在内的拥有有限产权的基础设施市场化模式的发展，开放了外资进入基础设施投资领域。另一方面，城市基础设施投资仍然以政府为主体，主要包括政府财政、政策性银行、商业银行贷款、行政事业性收费等来源，外资和其他社会资本在城市基础设施投资领域占比很小。

1993 年，党的十四届三中全会提出，转换国有企业经营机制，发展市场经济，让市场成为资源配置的基础；在合理划分中央与地方事权基础上积极推进分税制改革；完善投资机制建设，竞争性项目投资实行企业自主决策、自负盈亏、自担风险，基础性项目投资以国有投资为主，同时鼓励社会资本的参与，社会公益项目投资要多元化地吸收社会资金，按照央地事权界定，在政府财政范围内统一开展。同时，要深化对外经济体制改革，进一步扩大对外开放，合理引导外国资本有序进入基础设施建设、基础性产业和高新技术产业等领域[1]。同年 12 月，国务院颁布《关于金融体制改革的决定》（国发〔1993〕第 91 号），提出要建立中央银行与商业银行职能分离、业务分离，以国有商业银行为主、多种金融机构为辅的多元金融系统。1994 年，根据国务院的决定，组建国家开发银行、中国农业发展银行和中国进出口银行三个国家政策性金融机构，撤销六个国家专业投资公司，取消建设银行政策性的职责，完成政策性和商业性投资贷款的分离[2]。

2000 年 5 月，国家建设部发文指出，要求在供水、供热、供气、排水、污水处理、公共交通、城市环境卫生和园林绿化等城市公共事业建设领域采取国外贷款和引进

---

[1] 中共中央：《关于建立社会主义市场经济体制若干问题的决定》，1993 年 11 月。

[2] 国务院：《关于金融体制改革的决定（国发〔1993〕第 91 号）》，1993 年 12 月。

外商投资等方式引入外资，并进行指导和规范，以扩大利用外资规模，提高利用外资水平。此后，国家又陆续颁布了一系列法律法规和改革措施，投融资体制改革逐渐深化。

这一阶段，城市水务行业作为社会公益项目，仍然以政府投资为主，主要资金来源有财政收入、政策性银行和商业银行贷款以及地方政府的行政事业性收费等，但也出现了新的投融资渠道，即：①BOT运作方式的融资；②中央政府发行国债；③股票市场融资；④利用外资。特别是，20世纪90年代中期，外资水务公司在中央扩大对外开放和地方政府招商引资的优惠政策吸引下，率先进入我国水务行业，通过与地方政府签订合同，以回避产权关系、保证固定回报的合作经营方式投资我国城市水务项目（仅为厂区投资，不包含管网），对推动我国水务行业管理和投融资体制的市场化发挥了重要的牵引和带动作用。

8.2.4 社会主义市场经济阶段（2001年至今）

2001以来，特别是2004年7月国务院出台《关于加快投资体制改革的决定》（国发〔2004〕20号）以来，经过"十五"、"十一五"和"十二五"三个五年规划期的发展，我国城市投融资体制和排水行业投融资体制发生了深刻变化，在探索建立多层次、多样化、市场化的投融资机制和政府、企业、个人多主体协同治理机制方面取得了长足进步。

2001年12月，国家计委颁布了《关于印发促进和引导民间投资的若干意见的通知》（计投资〔2001〕2653号），提出要进一步转变思想观念，为民间投资者营造公平竞争的发展环境，依法保护民间投资者的合法权益，促进民间投资发展；要逐步放宽投资领域，积极拓宽融资渠道，在准入权限和优惠政策方面给予民间投资不低于外商投资的市场待遇；鼓励和支持民间社会资本以多元化的方式，包括独资、合作、参股、联营等，进入城市供水排水、污水处理、垃圾处理、公共交通建设等经营性基础设施与公益项目建设中；鼓励有条件的民间资本向境外投资。

2002年10月，环境保护部等在出台的《关于推进城市污水、垃圾处理产业化发展的意见》中指出，各级政府要为国内外投资者投资、经营水环境污染治理设施创造公开、公平、公正的市场竞争环境。一是明确投资主体多元化、运营主体企业化、运行管理市场化的发展方向；二是制定了污水处理收费政策，为水务行业的市场化发展创造必要条件；三是改革原有运营管理体制，实行特许经营等多种管理方式，努力创造公平竞争的市场环境；四是制定了一些框架性的优惠政策，扶持城市污水处理产业化的发展；五是对地方政府提出监管和规范市场的要求，以保障市场化健康有序地发展。

2002年12月，国家建设部出台了《关于加快市政公用行业市场化进程的意见》（建城〔2002〕272号）。文件指出，开放市政公用行业投资建设、运营、作业市场，建立政府特许经营制度，是为保证公众利益和公共工程的安全，促进城市市政公用事业发展，提高市政公用行业的运行效率而建立的一种新型制度，要妥善处理好改革、发展、稳定的关系，解决好市场化过程中出现的实际问题，积极稳妥地推进市政公用行业市场化进程。文件要求，积极引导国内外社会资本通过多元化的投资形式，投资城市公共基础设施和公共事业；对于城市供水排水、污水处理、垃圾处理、公共交通建设等公共基础设施，应向全社会公开招标决定投资方；采取政府特许经营模式允许社会资本进入城市公共事业的投资建设、运营、维护市场。

2003年10月，党的十六届三中全会审议通过《中共中央关于完善社会主义市场经济体制若干问题的决定》，文件强调要深化经济体制改革，更大程度地发挥市场在资源配置中的基础性作用；推行公有制的多种有效实现形式，实现投资主体多元化；建立归属清晰、权责明确、保护严格、流转顺畅的现代产权制度；加快国有企业深化转型，放宽行业准入，激发市场活力例如对城市公共基础设施、铁路和邮政等行业改革，推行政企分开、政事分开、政资分开，改变个别行业国有企业垄断的局面。

2004年7月，国务院出台《关于加快投资体制改革的决定》（国发〔2004〕20号），进一步明确要加快推进投资领域的法律建设进程；转变政府对企业开展投资的管理方式，重新界定政府投资只能划分，以"谁投资、谁决策、谁收益、谁承担风险"为原则，鼓励多元化的项目融资方式和融资渠道，保障企业在投资方面的自主权，形成投资决策事后责任追究制度；强化政府投资监管，保障良好、高效、有序的投资市场和投资环境；持续推进改革开放和转型升级，逐步形成市场和企业自主决定投资方向和领域，金融机构独立审核贷款，多元化的投融资方式和渠道，规范有序的中介服务以及严格有效的宏观调控的新型投资体制。同年，国家建设部颁布了《市政公用事业特许经营管理办法》（建设部令第126号），对城市供水、供气、供热、公共交通、污水处理、垃圾处理等市政公用事业的特许经营进行规范，明确了市政公用事业特许经营活动的主体责任、实施原则、参与特许经营权竞标者应当具备的条件、选择投资者或经营者的程序、特许经营协议应当包括的主要内容以及其他重要事项。

党的十八大以来，按照"处理好政府和市场的关系，使市场在资源配置中起决定性作用和更好发挥政府作用"的原则，国务院以及有关主管部门先后出台了近 40 个政策文件，推动以公私合作制（PPP）为主要形式的投融资体制改革。其中，国务院印发的规范文件包括：2012 年 5 月国务院印发《关于国有企业改制重组中积极引入民间投资的指导意见》（国资发产权〔2012〕80 号），2013 年 9 月国务院印发《关于政府向社会力量购买服务的指导意见》（国办发〔2013〕96 号），2014 年 9 月国务院印发《关于加强地方政府性债务管理的意见》（国发〔2014〕43 号），2014 年 11 月国务院印发《关于创新重点领域投融资机制鼓励社会投资的指导意见》（国发〔2014〕60 号），2015 年 5 月国务院印发《关于在公共服务领域推广政府和社会资本合作模式的指导意见》（国办发〔2015〕42 号）。这些文件极大地推动了 PPP 在我国城市基础设施投融资领域的发展，截至 2016 年 4 月，我国已经运行的 PPP 项目数达到 8 000 个，项目范围涵盖水厂、能源、住房等居民生活的方方面面。其中，包括排水行业在内的市政工程领域 PPP 项目 1 828 个，约占 PPP 项目总数的近四分之一。经过十多年的探索和实践，我国正在形成了一套具有自身特点的 PPP 管理体系，推动了我国城市基础设施投融资体制改革、城市公共服务的供给和新型城镇化进程。

8.3 我国城市排水行业投融资现状及问题

从总体上看，中国城市排水行业已经初步形成了投资主体多元化的格局，在融资体制方面出现了新的变化，初步缓解了城市水务基础设施建设的资金需求，有力地支持了城市排水行业的市场化发展。但是，仍然存在着政府投资积极性和效率不高、社会资本融资能力有限、排水企业负担沉重、污水处理价格机制不健全以及水务行业国家安全得不到重视等问题，有待于进一步改革和完善。

8.3.1 中国城市排水行业投融资现状

由于其公用事业属性和自然垄断特性，城市水务行业长期以来在我国一直被作为公益性事业，由政府进行统一投资、建设和运营管理，并逐步形成了国有国营、政企合一的投资运营管理体制。与此同时，投资不足、设施陈旧、运营低效、长期亏损等问题也日益困扰着城市水务行业的发展。2002 年 12 月，建设部出台《关于加快市政公用行业市场化进程的意见》，从开放市场、改革投融资体制、建立特许经营制度和转变政府管理方式等方面出发，拉开了城市水务行业市场化和投融资体制改革的帷幕。十余年来，城市水务行业，特别是城市排水行业的市场化改革持续推进，不断深化，取得了相当的成绩。

8.3.1.1 城市排水行业投资规模不断增加，增长速度加快

到目前为止，我国基本上已经形成了多渠道、多层次、多元化的城市排水建设投融资体制，城市排水行业投资规模不断增加，从而加快了城市排水设施的建设速度。"八五"期间，我国城市排水行业固定资产投资为 160.18 亿元，平均每年投资 32.04亿元。"八五"固定资产投资比"七五"时期增加了 116.09 亿元，其中大部分新增投资作为"引资贷款"的配套资金，用于城市污水处理厂建设；还有部分新增资金则用于排水管网建设。加大资金投入、扩大投资规模很大程度上"偿还"了城市排水设施建设长期面临的"欠账"，促进了我国城市排水设施的提升和改善 [1]。

"十五"期间，国家发展改革委下达中央预算内投资，支持各地的城市供排水管网建设与改造工程建设，用于解决城市供水管网老化漏损和污水管网不配套而影响污水处理厂正常运行的问题 [2]。按行业划分，2009 年，按照城市环境基础设施建设投资分类，我国城市排水设施的建设投资为 729.8 亿元，其中污水处理占 389.12亿元。仅北京城市排水投资就达到 24.88 亿元，其中污水处理占 4.3 亿元。

随着城市水务行业改革的推进，我国城市水务行业基础设施投资规模快速增长。2002—2008 年国内城市水务行业基础设施固定资产总投资为 5 482.5 亿元，是2002 年前十年投资总和的 2.4 倍，城市水务行业基础设施固定资产投资年均增长11.86%，其中非政府资金投资年均增长 53.70%。2008 年我国城市水务行业基础设施固定资产投资为 1 056.1 亿元，是 1978 年的 224.7 倍，是 1992 年的 15.4 倍，是水务行业开始全面市场化改革的 2002 年的 1.79 倍。城市供水、排水和污水处理及再生利用均得到了全面的发展（见图 8.3.1、图 8.3.2）。

---

[1] 陈秋颖 . 城市排水存在的问题与解决对策 [J]. 中小企业管理与科技旬刊 , 2009(7):159-159.

[2] 引用自 http://tzs.ndrc.gov.cn/tzgz/t20060825_81724.htm.

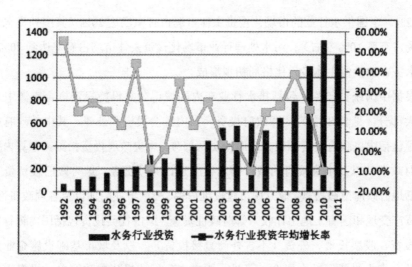

图 8.3.1 1992—2011 年我国城市水务行业基础设施固定资产投资及增长情况（单位：亿元）

资料来源：根据1992—2011年《中国城市建设统计年鉴》整理。

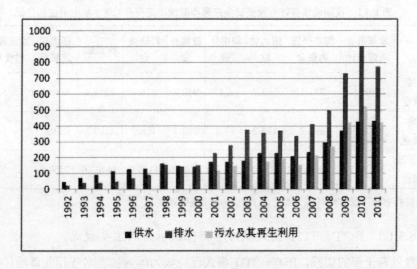

图 8.3.2 1992—2011 年我国城市水务行业基础设施固定资产分类投资情况（单位：亿元）

资料来源：根据1992-2011年《中国城市建设统计年鉴》整理。

8.3.1.2 城市水务行业投资主体多元化格局初步形成

经过十余年的市场化改革，各种类型的市场化投资主体在城市水务市场的占有率不断提高。据中国水网统计，截至 2010 年底，全国水务市场化项目中，内资企业占有份额 62.8%（共 443 个项目），境外上市公司占有份额 26.0%，外资企业占有份额 11.2%。全国供水行业的市场化投资主体市场占有率已达 20%（其中外资水务企业的市场占有率 10% 左右）；污水处理行业市场化投资主体市场占有率达到 70% 左右。城市水务行业投资主体多元化格局初步形成。

根据中国统计年鉴，包括排水行业在内的城市公共设施投资资金来源中主要分为三大部分（见表 8.3.1），即政府投资、国内社会投资和外资。其中，政府投资资金来源包括中央政府投资和地方政府投资两部分。中央政府投资指国家预算内投资、中央财政拨款以及中央政府的城市排水设施建设专项资金，地方政府投资资金来源则包括地方政府财政拨款、地方城市建设维护税、公用事业附加以及各项政策性收费、国有资产变现和国有土地出让收入等财政性资金。国内社会投资包括国内银行贷款、债券投资、股票投资、外资（不含外商直接投资），以及城市基础设施企业自筹资金和社会个人投资等社会资金。可见，国内水务行业投资由政府单一投资逐步发展为政府、外资和国内社会资本多元化主体共同参与的局面。

表 8.3.1　我国城镇各行业投资资金来源和新增固定资产（2009 年）单位：亿元

	本年资金来源合计	国家预算内资金	国内贷款	利用外资	自筹资金	其他资金	投资额	新增固定资产	固定资产（交付使用率）
水利管理业	2308.6	772.1	363.7	6.1	950.3	216.4	2217.9	1166.9	52.6
环境管理业	1272.3	283.7	173.2	14.5	692.3	108.7	1197.3	639.4	53.4
公共设施管理业	14288.7	1824.1	3114.5	59.2	8107.1	1183.9	14463.6	7554.8	52.2

资料来源：国家统计局网站，《2010年中国统计年鉴》。

8.3.1.3　BOT、TOT 模式成为市场化投融资的主要模式

经过若干年的实践，BOT、TOT 模式已经成为国内城市水务行业市场化的主要模式。截至 2010 年底，全国已建成并运营污水处理厂 2 832 座，总污水处理能力 1.25 亿立方米 / 日，其中：以 BOT 模式建设运营的污水处理厂有 913 座，总污水处理能力 3 680 万立方米 / 日，以 TOT 模式建设并运营的污水处理厂有 145 座，总污水处理能力 817.6 万立方米 / 日。以 BOT、TOT 模式建设运营的项目数量占已建成运营项目总数的 37.35%，以 BOT、TOT 模式建设运营项目的总污水处理能力占已建成运营项目总污水处理能力的 36%。据中国水网统计，2010 年，国内新增水务项目 70%

以上采用的是 BOT 或 BT 模式建设。

8.3.1.4　城市水务行业基础设施投资稳步增长

我国城市水务行业改革正式推行以来，我国城市水务行业基础设施投资设规模快速增长，城市供水、排水和污水处理及再生利用均得到了全面的发展。据统计，2002—2008 年国内城市水务行业基础设施固定资产总投资为 5 482.5 亿元，是 2002 年前十年投资总和的 2.4 倍，城市水务行业基础设施固定资产投资年均增长 11.86%，其中非政府资金投资年均增长 53.70%。2008 年我国城市水务行业基础设施固定资产投资为 1 056.1 亿元，是 1978 年的 224.7 倍，是 1992 年的 15.4 倍，是水务行业开始全面市场化改革的 2002 年的 1.79 倍。

8.3.1.5　城市商品型水价机制初步形成

水利工程水价和水资源费从无到有，污水处理费普遍开征并不断提高，水的商品属性得到确认，城市供水商品型水价机制初步形成。目前，我国城市供水价格按照补偿成本、合理收益、优质优价、公平负担的原则制定；城市供水实行分类水价，根据使用性质分为居民生活用水、工业用水、行政事业用水、经营服务用水、特种用水五类；污水处理费计入城市供水价格，按城市供水范围，根据用户使用量计量征收；城市供水价格由供水成本、费用、税金和利润构成；并建立了城市供水价格申报和审批制度，在供水价格的制定或调整过程中引入价格决策听证制度，积极推行供水成本公开，鼓励公众参与水价制定。

8.3.1.6　市场化投融资监管体制变化不大

随着社会经济的发展和水务行业市场化改革的推进，我国关于涉水事务的法律、法规和政府规定逐步丰富完善起来。目前，我国已分布涉水国家法律五部、行政法规和法规性文件 8 部、部门规章和规范性文件数十个，基本覆盖了城市水务行业市场化改革的各个方面。但是，中国城市水务行业的监管体制并没有发生明显的变化。从实践情况看，无论在政府管理角色、管理体制，还是在监管内容等方面，都没有出现明显的变革，也未能就市场化下的城市水务行业的政府监管体制转型提出新的思路和办法。同时，目前地方政府普遍推行的以设立水务局为标志的水务一体化管理改革，只是部门权力和职能的重新调整，不仅水务局和水利局是"两块牌子、一套人马"，而且政府与企业的角色定位更加混乱，很难避免重新陷入政企不分的覆辙。

8.3.2 典型城市水务企业投融资运营模式

到目前为止，我国大部分城市都采用特许经营模式作为主要的投融资工具，以原有的水务集团或其他政府投融资平台作为投融资主体，实现对污水处理厂和排水管网的特许经营，特许经营期限一般在20—50年。不过，由于不同城市的排水行业情况不同，所采取的投融资运营模式也有所不同。下面以深圳、重庆、成都、天津、上海的实践为例，简要介绍典型城市水务运营具体情况及水务企业排水业务投融资及运营模式（见表8.3.2和表8.3.3）。

表 8.3.2 部分省市水务运营情况对比表

城市	城市已建成区域面积	城区污水处理厂处理能力	城区排水管网长度	排水设施运营主体	是否供排水企业统一经营	排水设施运营企业是否上市
深圳	396平方千米	141万立方米/日	2882千米	深圳水务集团专属运营	是	否
重庆	600平方千米	198万立方米/日	4501千米	重庆水务集团股份公司专属运营	是	是
成都	408平方千米	130万立方米/日	3000千米	城区排水主干管网由成都水务局下属排水处负责运营；城区污水处理厂全部由成都兴蓉投资股份公司负责运营	是	城区污水处理公司母公司成都兴蓉投资股份公司为A股上市公司
上海	860平方千米	694万立方米/日	11000千米	城区排水主干管网由上海排水公司负责运营；城区污水处理厂部分由上海城投污水处理公司负责运营、其他由BOT项目公司负责运营	否	否
天津	500平方公里	149万立方米/日	3398千米	城区排水主干管网由天津市水务局下属排水处负责运营；污水处理厂全部由天津创业环保股份公司负责运营	否	城区污水处理厂运营企业天津创业环保股份公司为A股及H股上市公司

表 8.3.3 部分省市水务企业排水业务投融资及运营模式对比表

城市	排水设施投融资模式	特许经营权	特许经营期限	污水处理服务费定价公式	污水处理费核定周期	污水处理服务费拨付方式
深圳	新建排水管网由政府安排投资，建成后委托深圳水务集团统一管理	是	50 年	完全成本＋净资产收益率 3% 的净利润	未明确	深圳水务局审核服务数量与质量，深圳财政局按价格直接拨付运营企业
重庆	新建排水管网和污水处理厂统一由重庆水务集团负责融资建设	是	30 年	完全成本＋净资产收益率 10% 的净利润	3 年	重庆市市政管委审核服务数量与质量，重庆财政局按价格直接拨付运营企业
成都	新建污水处理厂由成都兴蓉投资股份公司负责融资建设；新建排水管网由政府安排资金建设	是	30 年	完全成本＋建成项目投资额 10% 的净利润	3 年	成都水务局审核服务数量与质量，成都财政局按价格直接拨付运营企业
上海	新建排水管网由上海排水公司负责融资建设	BOT 项目授予特许经营权	20-25 年	BOT 项目按完全成本＋合理利润确定	2 年	对于 BOT 项目，上海排水公司审核服务数量与质量，按价格拨付污水处理厂运营企业
天津	新建排水管网由天津城投公司负责融资建设；城区污水处理厂升级改造由天津创业环保股份公司负责融资	天津创业环保公司与天津水务局下属排水公司签署污水处理委托协议	30 年	完全成本＋固定资产净值 15% 的净利润	未明确	天津水务局下属排水公司审核服务数量与质量，并按价格直接拨付运营企业

（1）深圳水务。2001 年底，原深圳自来水集团吸收合并原深圳市排水管理处的污水处理业务，成立了供排水一体化经营管理的深圳水务集团。2003 年底深圳水务集团实施股权多元化改革，引入战略投资者，从国有独资公司改制为国有控股的中外合资企业。目前，深圳水务集团按照与深圳市政府签订的特许经营协议承担特区内供排水设施的投融资建设及运营管理任务（特区内新排水管网由政府投资建设，委托深圳水务集团运营），并在政府支持下逐步实现了特区外供水业务的整合。截至 2015 年底，深圳水务集团总资产 164.05 亿元，净资产 91.15 亿元；2015 年，实现营业总收入 64.74 亿，净利润 4.99 亿。其中，污水处理收入占 20.09%。

（2）重庆水务。重庆市由供排水一体化经营的A股上市公司重庆水务股份集团（以下简称重庆水务）按照与政府签订的特许经营协议，承担重庆城区供排水设施的投融资建设及运营管理任务（城区新建污水处理厂及排水管网由重庆水务负责投资建设），并在重庆市政府的支持下基本实现了郊区县污水处理业务的统一整合运营。截至2016年底，重庆水务总资产达到2 023 712.35万元，净资产1 341 322.05万元，实现营业收入达到445 366.06万元，实现净利润106 809.78万元。

（3）成都水务。成都由供排水一体化经营的A股上市公司成都兴蓉投资股份公司（以下简称兴蓉投资），按照与成都市政府签订的特许经营协议承担成都城区供水系统及污水处理厂的投融资建设及运营管理任务（排水管网由成都水务局下属的排水处负责运营，新建污水处理厂由兴蓉投资公司负责投资，新建排水管网由政府安排资金通过兴蓉投资公司母公司兴蓉集团投资建设）。截至2016年底，兴蓉投资总资产169.19亿元，净资产91.53亿元，净利润10.41亿元。

（4）天津水务。天津市水务产业核心企业为天津创业环保公司（以下简称创业环保，A股及H股上市公司），该公司负责天津城区已建成污水处理厂的运营管理，排水管网由天津水务局下属排水处负责运营，新建排水管网由天津市政投资公司负责投资。截至2010年底，创业环保总资产106.4亿元，净资产47.4亿元，营业收入19.6亿元，净利润4.4亿元。

（5）上海水务。上海市的水务核心企业较为分散。上海城市建设投资开发总公司（以下简称上海城投）下属上海排水公司负责城区排水管网的运营及管理。城区污水处理厂一部分由上海城投下属的上海城投污水处理公司负责运营，其余由按BOT方式运作的项目公司负责运营。新建污水处理厂及排水管网的投融资建设任务由上海城投负责。上海城区排水费（类似于北京的污水处理费）是国内排水行业唯一的企业经营性收费，由上海排水公司自收自用。

8.3.3 城市排水行业现行融资体制机制主要问题

尽管目前我国各城市水务行业投融资模式各不相同，尚未形成统一完善的投融资体制机制，但是，总体来看，普遍存在着政府投资力度和效率有待提升、社会资本融资能力有限、排水企业债务和融资压力较大、污水排放价格等市场机制不健全以及外资进入导致严重的国家安全隐患五个方面的问题。

8.3.3.1　政府投资的积极性和效率都有待提高

正如上文所述，由于其公用事业的属性，加之投资规模大、资本沉淀性强、回收期长、回报率较低，无论从经济还是政治上考虑，政府投资又难以退出，因此，以财政资金和国债为主体的政府投资在相当长一段时间内仍是包括排水行业在内的整个水务行业投资资金的主要来源。相比于完全的市场主体而言，无论是中央政府，还是地方政府，都是水务行业渠道更多样、成本更低廉、信用更好、效率更高的融资主体。一方面，中央政府在筹集资金时，除了财政收入以外，可以政府信用为基础，发行国债、市政债券，或者通过世界银行、亚洲开发银行等国际金融机构以及外国政府的援助性获得大量低息贷款，融资渠道广泛，而且融资成本远低于社会投资者。另一方面，虽然面临着财政收入和融资能力有限等问题，但相比于市场化排水企业而言，地方政府筹集资金的能力仍然非常强大，融资成本远远优于社会资本。在目前实际操作的水务项目融资中，大部分项目都是以政府信用为保障来测算项目未来的现金流收入，由政府提供现有排水设施资产或其他城市资产作为抵押资产方能实现。也就是说，在目前的管理体制下，即使是社会投资主体在为所投资水务项目进行市场化融资时，实际上往往也要以政府隐性担保为前提，政府仍然是城市排水行业投融资的核心主体。

然而，由于体制机制等方面的原因，地方政府对于水务行业投资的积极性受到了一些不利的影响，甚至有地方政府试图通过水务项目的市场化推卸和转嫁政府应该承担的社会责任。一方面，尽管中央对地方政府的考核办法在不断完善之中，但是当然我国一些地方的政绩考核体制仍然存在着 GDP 导向，部分地方政府更愿意将资金用于能直接产生经济效益和能显示施政政绩的形象工程中，因此，水务基础设施的投资建设往往不是地方政府基建投资的优先项目，反而可能成为地方政府"丢包袱"的项目。另一方面，水务行业市场化改革过程中出现的一些不良案例，或多或少地让地方政府发现了水务行业市场化改革所带来的融资价值，从而导致一些地方政府通过对既有水务项目的市场化转让，变现存量资产获得大量资金用于营造短期业绩，将本应由政府承担的社会责任一"卖"了之，转嫁给公众承担，导致地方水价和排水收费不合理攀升。

与此同时，政府投资效率低下也是当前我国排水行业政府投资的普遍问题。由于缺乏必要的法律法规和有效的行业监管，部分地方政府在水务投资项目前期缺乏科学决策和系统规划，盲目投资、攀比建设、重复建设现象严重；在投资建设过程中缺乏监督，导致资金浪费、规模失控和建成后闲置；在投资建设项目竣工后，缺乏必要的评估、审计以及运营监管，导致排水投资项目重建设、轻运营，重硬件、轻软件，重数量，轻质量。政府对排水投资项目事前、事中、事后管理的缺位，最终导致城市排水行业政府投资效率整体水平十分低下，严重地影响了城市公共资源的优化配置和城市排水行业的持续健康发展。要从根本上解决这些问题，还需要在政府与市场关系、政府行业管理角色定位以及建立健全排水行业全过程监管机制等方面进行系统改革，加强制度建设。

8.3.3.2 社会资本融资能力有限

经过改革开放三十多年的发展，社会资本在我国水务行业市场化改革中发挥了重要作用。但是，由于水务项目投资规模大、回收周期长，现有多元化投资主体，无论是国内社会资本还是外资水务投资公司，其自有资金积累都十分有限，需要通过金融市场进行筹集资金，然而目前我国资本市场发育很不成熟，严重影响了水务企业的融资能力和筹资渠道。

按现有 IPO 上市条件和审批机制，经营水务项目的公司如果没有特别的因素，很难通过证监会正常的发行审核程序。因此，目前国内水务上市公司多为借壳上市，如合加资源股份有限公司，或者在公司上市之后的业务转型过程中才涉足水务投资，如北京首创股份有限公司。仅有的几个水务行业 IPO 上市案例，不是当年借助政府审批额度而上市，如天津创业环保股份有限公司，就是地方政府通过强势干预和公司改组，将水务业务装入或置换进入上市公司，如中原环保股份有限公司和武汉三镇实业控股股份有限公司。更有甚者，还有地方政府以财政补贴的形式支持所属市政企业上市的案例，如重庆水务集团股份有限公司。2008 年美国次贷危机爆发之前，境内水务投资公司曾经掀起过一个在香港、新加坡证券市场上市融资的小高潮。但受金融危机影响，加之国内水务行业投资回报率偏低，目前这一股权融资渠道也基本停滞。其他融资方式，如资产证券化、企业债券、中期票据以及产业投资基金等，对民营资本来说仍存在很大的进入障碍，短期内很难成为国内民营投资者主流的融资模式。

目前国内民营资本参与城市水务行业的投资运营，很大程度上还要依靠国内金融机构的支持。但国内现有金融体制向市场化的转型刚刚完成，国内金融机构在对企业进行贷款时还缺乏成熟合理的风险评估机制，加之信用体制落后，法制不完善，国内金融机构在对贷款对象的选择上普遍存在"重国有而轻民营，重外资而轻内资"的现象，导致国内民营投资者资金融通方面处于明显劣势，资金瓶颈非常突出。而且国内金融机构对 BOT、TOT 项目的有限追索权融资基本不认可，实际融资中往往要求投资方提供资产抵押，有限追索的优势基本不存在。民营投资者不仅融资渠道单一，而且融资期限短、担保条件严格，融资成本很高，在水务行业缺乏持续投资能力，而且隐含较高的风险。美国次贷危机后，曾在国内水务市场一度叱咤风云的金州控股集团有限公司就因为资金链断裂而被迫将控股权转让于英国安博凯基金。从 2014 年起，国家发展改革委员会和国家财政部先后出台了一系列开展政府和社会资本合作（PPP）的政策文件，为城市排水企业融资提供了新的渠道和空间，但是如何从根本上解决社会资本融资能力和政企投资关系问题，仍然需要以市场化为导向持续深化改革，形成完善制度体系和政策配套。

8.3.3.3 排水企业债务负担重，缺乏持续发展的融资资源

由于政企不分、投入不足等原因，城市排水企业大都面临沉重的债务负担，缺乏持续发展的融资资源。以北京排水集团为例，截至 2011 年底，该集团因建设项目融资形成的银行贷款为 26.5 亿元，单靠企业自身的受益难以解决还本付息资金来源问题。由于长期面临较大的偿债压力，企业的持续健康经营面临巨大压力。"十二五"期间，北京排水集团按计划需继续融资 85 亿元。按照银监局关于地方政府融资平台债务偿还主要来源于自身经营收入以及现金流全覆盖的要求，企业不仅无力依靠自身运营收入偿还历史债务，更难以按照金融监管部门的要求为按计划完成建设任务筹集足够的资金。如不在覆盖排水集团运营成本的基础上，进一步建立政府购买服务的价格机制，北京排水集团将面临还款难、融资难的两难问题。

因此，排水行业企业急需在企业健康存续的基础上，通过收取合理的服务费用和相应的市场化举措，打通融资渠道，获取发展资金，从而更好地发挥自身在运营管理、人力资源上的竞争优势，实现企业的可持续发展和北京市排水能力和城市承载力的根本提升。

8.3.3.4 污水处理价格等市场机制不完备，影响企业持续融资

目前，我国污水处理价格机制不完善，也影响到排水企业的持续融资和发挥水污染治理核心企业的功能作用。2011 年，北京市政府为解决北京排水集团资金缺口

问题，确定了"排水集团的资金缺口，在污水处理费价格不到位前由市财政局建立补贴机制和将政府补贴资金以政府购买服务的方式作为企业经营收入的原则"。按照现行的价格及拨付机制，北京排水集团分两批从市财政局获取的 17.6 亿元补贴资金仅能够覆盖运营成本，而由于历史欠账所形成的企业负债 10.3 亿元以及未来排水设施建设所需的融资成本和企业做大做强所需的发展资金仍未解决，严重影响了"十二五"时期北京市污水处理设施融资建设任务的完成。因此，进一步完善污水处理价格机制，是实现排水行业企业市场化融资的重要前提。

8.3.3.5 水务行业对外资的开放，威胁长期国家安全

从公共安全角度看，城市供水和污水处理不仅关系到广大人民群众的切身利益，更关系到国家政治经济的安全。从国际惯例看，很少有国家将城市公共供水、污水处理和管网等项公共服务对外资开放。大部分发达国家的水务市场只对国内资本开放，而对外资介入具有严格限制。与这些发达国家相反，我国的城市水务市场化改革却是以解决基础设施建设资金短缺为动因，从引进外资开始的。所以，从市场化改革开始至今，对于包括排水行业在内的城市水务系统的重要性的认识仍然局限于采取市场化手段提供城市公共服务以及招商引资等城市事务性层面，而没有从国家或城市公共安全的角度进行全盘考虑。由此导致政府监管的重点主要集中在城市排水系统的数量、质量等技术性指标上，如排水企业能否保证排水设施建设工期和质量、保证污水排放和污泥处理达标以及确保企业持续经营等业务层面的问题，而对于城市排水系统的战略性、基础性和公共安全性缺乏基本认识。事实上，从市场化改革以来的实践来看，大量外资在水务领域的深度介入，尤其是在城市供水和排水领域的高调进入，对于国家或城市的长远公共安全带来巨大隐患。随着城市水务行业市场化改革的进一步深入，国家应采取必要政策措施，逐步让外资退出中国城市水务行业的运营管理，将中国城市水务掌握在中国人自己的水务企业手中，掌握在政府可控的范围内，掌握在确保城市水安全的红线里。

总之，从我国城市水务行业市场化改革所引起各种利益相关者的不良"反应"和后果来看，城市政府仍然应当承担起城市排水行业投资的主要责任，但要通过引入竞争机制来改善并提高投资的效率，采取政府与社会投资合作（PPP）的形式，将政府的融资能力与社会投资在经营管理、成本控制、效率改进等方面的能力有机结合起来，政府、市场和社会共同推动城市排水行业的善治。

8.4　我国城市排水行业主要融资模式

随着国家投资融资体制的改革和市政公用事业的市场化改革，我国城市排水行业基础设施的投资主体初步实现了多元化转变，传统的融资方式也从单一财政投资逐步向市场化、多样化方向发展。总体上看，排水行业投资的资金来源可以分为：政府财政投资，国内外投资者的自有资金投资、债权融资、股权融资和其他创新性融资几类。其中：财政投资的主体是政府，资金主要来自预算内资金、预算外资金和国债；国内外排水行业投资者的融资方式基本相同，主要是：债权融资和股权融资。债权融资包括国债、国内政策性贷款（如国家开发银行对地方城市建议投资公司的抵押贷款）、国际援助性贷款（包括：世界银行、整流开发银行和外国政府援助性贷款等）和国内商业银行贷款。从目前情况看，国债的使用主要还是国有投资主体，国内民营资本和外资的融资主要还是商业银行贷款。股权融资包括企业 IPO、增发、配股以及上市企业的增资扩股等。近年来，随着经济发展和国内金融市场逐渐完善，排水行业融资还出现了资产证券化、企业债券、中期票据、产业投资基金等一些创新性融资方式。

8.4.1　政府财政投资

财政投资的资金来源主要有两块：预算内资金和预算外资金。政府财政投资在20 世纪 90 年代以前是城市排水行业基础设施维护建设的主要资金。随着城市规模的不断增大，基础设施建设资金需求增长加快，各级财政均面临较大压力。为此开始了市政公用事业市场化改革的尝试。随着市政公用事业市场化改革的发展，政府财政投资占城市排水行业基础设施资金的比重总体上开始呈下降趋势。

8.4.1.1　预算内资金

预算内资金是政府对某些经常性支出项目和重大设施建设而列入各级政府年度预算管理的财政性资金，一般由财政部门负责筹集，按照城市政府批准的城市基础设施建设计划进行安排，分为财政拨款和财政安排的贷款两部分。其主要类型包括中央财政的基本建设基金（分经营性基金和非经营性基金两部分）、专项支出（如煤代油专项等）、收回再贷、贴息资金、财政安排的挖潜改造和新产品试制支出、城建支出、商业部门简易建筑支出、不发达地区发展基金等资金中用于固定资产投资的资金，以及地方财政中由国家统筹安排的资金等[1]。

按其在国家预算的级次，预算内资金可以分为中央预算资金和地方预算资金。中央预算资金主要是列入国家基本建设和计划，并由国家预算资金安排用于城市建设的基本建设拨款、更新改造投资和专项补助，包括中央预算内资金和纳入中央财政专户管理的预算外资金[2]。地方预算资金是指各级地方政府财政安排列入地方城市建设固定资产年度计划的资金，包括用城市维护建设税、城市公用事业附加、地方机动财力安排的资金和财政专项拨款以及各种自筹资金等。

8.4.1.2   预算外资金

预算外资金是指根据国家财政制度和财务制度的规定，由各部门、各企事业单位自收自支而不纳入国家预算管理的资金。它是特定阶段国家预算资金的必要补充和国家财政管理的特殊安排，具有分散性、自主性、专用性的特点。预算外资金包括国家机关、事业单位、社会团体、具有行政管理职能的企业主管部门（集团）和政府委托的其他机构，为履行或代行政府职能，依据国家法律法规和具有法律效力的规章而收取、提取、募集和安排使用，来纳入财政预算管理的各种财政性资金[3]。

1993 年以前，预算外资金主要包括国有企业及其主管部门集中的各种专项基金，以及中央和地方主管部门管理的预算外资金。随着预算管理体制改革的深入，1993年以后，国家财政部对预算外收入的范围进行了调整，将拥有法人财产权的企业及其主管部门集中的资金不再列作预算外收入。1993—1995 年的预算外资金收入项目只包括了行政事业性收费和地方财政收入两项。从 1996 年开始，电力建设基金、铁路建设基金等中央政府性基金（收费）纳入预算管理，并纳入了乡镇自筹和统筹资金。从 1997 年开始，又取消地方财政收入，增加政府性基金收入、国有企业和主管部门收入及其他收入。也就是说，1997 年以后预算外资金收入项目包括：行政事业性收费、政府性基金收入、乡镇自筹统筹资金、国有企业和主管部门收入及其他收入。其中，行政事业性收费是预算外资金的主要来源，2000 年行政事业性收费占全部预算外资金收入的 69.4%。预算外资金主要用于基本建设支出、城市维护费支出、行政事业

---

[1] 张大儒 . 我国政府投资与产业结构合理化的实证分析 [J]. 经济体制改革 , 2013(4):128-132.

[2] 财政部：《中央预算资金拨付管理暂行办法》，2000 年。

[3] 财政部：《关于印发〈预算外资金管理实施办法〉的通知》（财综字〔1996〕104 号），1996 年。

费支出、乡镇自筹统筹支出、专项支出和其他支出，其中2000年行政事业费支出占63%[1]。

从2011年1月1日起，根据《财政部关于将按预算外资金管理的收入纳入预算管理的通知》（财预〔2010〕88号）有关要求，除教育收费纳入财政专户管理外，其他预算外资金全部纳入预算管理。这意味着预算外资金成为历史，我国财政管理进入了全面综合预算管理的新阶段[2]。

8.4.2 债权融资

8.4.2.1 国 债

国债又称国家公债，是以国家信用为基础，以国家财政承担还本付息责任为保障，按照债的一般原则，通过向社会发行有价证券方式筹集资金所形成的债权债务关系。国债是政府债券，是中央政府向投资者出具的、承诺在一定时期支付利息和到期偿还本金的债权债务凭证。目前，我国发行的国债有凭证式国债、无记名（实物）国债、储蓄国债和记账式国债四种。

新中国成立后，我国在20世纪50年代发行过两种国债。一种是1950年发行的人民胜利折实公债，另一种是1954—1958年连续发行的国家经济建设公债。受历史条件所限，从1959年到1980年的长达22年中，我国没有发行过任何国债。1981年，由于国家财政收入连续三年下降，为了确保预算实现财政收支平衡，国务院决定重发国债弥补财政赤字，当年发行国库券48.7亿元。自恢复对内发行国债以来，我国累计发行国债58 924亿元，国债规模以年均接近30%以上的增长率急速扩张，对扩大总需求、维持经济增长发挥了巨大的作用。

国债专项资金是指亚洲金融危机发生后，国家为加强宏观调控，拉动内需，刺激经济增长，实施了积极的财政政策，于1998年通过增发国债专项用于加大基础设施建设等方面投入的资金。国债专项资金分为两类：一类列入中央预算支出，用于支持中央政府项目建设和补助地方政府项目建设；另一类转贷给中央政府部门和地方政府，用于支持中央政府部门和地方的项目建设，由中央政府部门和地方政府还本付息，不列入中央预算，也不做财政赤字处理，利息远低于商业银行贷款。

---

[1] 吴静.分权化、地方政府竞争与地方商业银行制度变迁[J].学术论文联合比对库，2012.

[2] 财政部：《财政部关于将按预算外资金管理的收入纳入预算管理的通知》，2010年。

1998、1999 两年共增发国债 2 100 亿元，投向城市基础设施项目 784 亿元。其中，1998 年为 365 亿元，1999 年为 419 亿元，占总量的 37.3%。国债专项资金对地方政府的城市基础设施建设起到了一定的促进作用，在短期内缓解了长期以来由于政府财政收入不足而在城市基础设施建设方面投入过少的局面，加快了城市建设的步伐，对于提高城市基础设施水平，改善城市环境状况，带动其他投资起到了积极的作用。

8.4.2.2　国内政策性贷款

国内政策性贷款是指承担国家政策扶持义务的各政策性银行根据国家宏观经济政策，在人民银行确定的年度贷款总规模内，对地方政府、国有企业等特定服务对象，符合国家宏观调控目标的项目提供的支持性贷款。政策性银行贷款具有指导性、非盈利性和优惠性等特殊性，承担着贯彻国家宏观经济政策，筹集和引导社会资金，缓解经济社会发展的瓶颈制约，支持国家重点发展领域和重点项目建设的任务。

目前，我国的政策性银行有三家，分别为中国国家开发银行、中国进出口银行和中国农业发展银行。其中，中国国家开发银行主要服务于国家基础设施、基础产业、支柱产业和高新技术等领域的发展和国家重点项目建设；并向城镇化、中小企业、"三农"、教育、医疗卫生和环境保护等社会发展瓶颈领域提供资金支持；中国进出口银行是我国机电产品、成套设备和高新技术产品进出口和对外承包工程及各类境外投资的政策性融资主渠道，也是外国政府贷款的主要转贷行和中国政府对外优惠贷款的承贷行；中国农业发展银行主要是承担国家规定的农业政策性金融业务，代理财政支农资金的拨付，为农业和农村经济发展服务。

基础设施建设领域的政策性银行贷款主要来自国家开发银行提供给地方政府的优惠贷款。其特点是：贷款规模较大、贷款周期较长、贷款利率相对较低；主要贷款对象为地方政府、国有企业等特定服务对象；其放贷支持的主要是商业性银行在初始阶段不愿意进入或不涉及的领域。近年来，国家开发银行推行的"政府选择项目入口、开发性金融孵化、实现市场出口"的开发性金融贷款，在基础设施建设的初期投资方面发挥了巨大的作用。

8.4.2.3　国际援助性贷款

国际援助性贷款是指世界银行、亚洲开发银行等国际金融机构和发达国家政府为支持发展中国家经济发展和基础设施建设而提供的援助性长期优惠贷款。由中国主导成立的亚洲基础设施投资银行也将成为亚洲发展中国家基础设施建设的新的重要来源。

A. 世界银行贷款

世界银行（简称"世行"，World Bank）是 1944 年 7 月布雷顿森林会议后，与国际货币基金组织同时产生的两个国际性金融机构之一，1945 年 12 月成立，1946 年 6 月开始办理业务，1947 年 11 月成为联合国的专门机构。世界银行并不是一家常规意义上的银行，它由归 186 个成员国所有的两个独特机构国际复兴开发银行（IBRD）和国际开发协会（IDA）构成。主要职责是向全世界发展中国家提供金融和技术援助。世界银行通过向发展中国家提供低息贷款、无息贷款和赠款，用于包括教育、卫生、公共管理、基础设施、金融和私营部门发展、农业以及环境和自然资源管理等项目和业务，旨在支持低收入和中等收入国家实施其减贫战略 [1]。

世界银行贷款是指通过财政部门转贷的国际复兴开发银行贷款、国际开发协会信贷、技术合作信贷和联合融资等。贷款对象可以是会员国政府、国有企业和私营企业。若借款人不是政府，则要政府担保。贷款方式包括：项目贷款、部门贷款、结构调整贷款、技术援助贷款和紧急重点贷款等。我国目前使用的多为项目贷款，用于工业、农业、能源、运输、教育等诸多领域。银行只提供项目建设总投资的20%—50%，其余部分资金由国家配套。世行贷款分为普通贷款和特种贷款两种，也就是常说的硬贷款和软贷款。世行对我国的硬贷款的贷款期限和宽限期将不固定，在同时满足贷款平均期限不超过 18 年、整个贷款期限不超过 30 年的条件下，借款国可与世行共同商定具体的贷款期和宽限期，贷款期最长可达 30 年，宽限期最长可达 17 年；贷款利率一般为 6 个月伦敦银行同业拆借利率（LIBOR）加一定利差构成（目前的利差为 0.5%），也可选择固定利率（详见表 8.4.1）；没有承诺费，贷款先征费为 0.25%。世行软贷款的贷款期限长达 35—50 年，包括 10 年宽限期；不收取利息，只收取 0.75% 的手续费和 0.5% 的承诺费，按已拨付未偿还的贷款余额计收。随着经济实力的增强，从 1999 年 7 月 1 日起，我国已不具备使用软贷款的条件 [2]。

[1] 世界银行：http://www.worldbank.org.cn/Chinese/，hnp://web.worldbank.org/。

[2] 中华人民共和国国家发展和改革委员会：http://www.ndrc.gov.cn/。

表 8.4.1　2009 年 8 月 19 日世行 IBRD 贷款浮动利率构成

贷款类别	可变利差	固定利差		
贷款期限	最长不超过 30 年	10 年及以下	10 年以上至 14 年	14 年以上 最长不超过 20 年
6 个月伦敦同业银行拆借利率	LIBOR	LIBOR	LIBOR	LIBOR
标准利差	+0.50%	+0.50%	+0.50%	+0.50%
市场风险溢价		+0.10%	+0.10%	+0.15%
融资成本	-0.33%	+0.30%	+0.55%	+0.75%
美元贷款利率	LIBOR+O.17%	LIBOR+O.90%	LIBOR+1.15%	LIBOR+1.40%
先征费	0.25%			

资料来源：国家发展和改革委员会http：//www.ndrc.gov.cn/。

1980 年 5 月，中国恢复世界银行的成员国地位。1981 年，中国接受世行第一笔贷款。截至 2009 年 2 月，世界银行共向中国提供贷款约 450.68 亿美元，用于 301 个项目，贷款项目遍布中国各地，涉及许多经济部门和行业。其中基础设施项目占世行贷款项目的一半以上，其余为农业，卫生、教育、社会保障和环保类项目。除资金援助外，世界银行还与中国开展技术援助、政策咨询、研讨会和培训等非金融服务方面的广泛合作 [1]。

B. 亚洲开发银行贷款

亚洲开发银行（简称"亚行"，Asian Development Bank，ADB）是亚洲和太平洋地区的区域性金融机构，成立于 1966 年，由 67 个成员体共同拥有，其中 48 个来自亚太地区，另外 19 个来自全球其他地区，总部设在马尼拉。亚行是一家完全独立的国际金融机构，不是联合国下属机构，但它是联合国亚洲及太平洋经济社会委员会（联合国亚太经社会）赞助建立的机构，与布雷顿森林体系下的各金融机构及其他国际机构保持着密切合作。亚行的宗旨是帮助发展中成员减少贫困，提高人民生

[1] 崔国清 . 中国城市基础设施建设融资模式研究 [D]. 天津财经大学博士学位论文，2009:83.

活水平，以实现"没有贫困的亚太地区"这一终极目标。亚行主要通过开展政策对话、提供贷款、担保、技术援助和赠款等方式支持其成员在基础设施、能源、环保、教育和卫生等领域的发展。亚行提供的主要开发工具包括贷款、技术援助、赠款、咨询以及知识[1]。

亚行贷款是指通过财政部门转贷的亚洲开发银行贷款。亚行贷款的方式有：项目贷款、规划贷款、行业贷款、中间金融机构转贷、无政府担保的私营部门贷款和股本投资、技术援助贷款以及打捆项目贷款、救灾贷款联合融资和担保等。亚行贷款也有软贷款和硬贷款之分。亚行对我国的硬贷款期限为 25 年，其中宽限期为 4—5 年；贷款利率为 6 个月伦敦银行同业拆借利率（LIBOR）加一定利差构成（目前的利差为 0.2%）；没有贷款先征费，贷款承诺费为 0.15%。亚行的软贷款主要用于帮助成员国提高其经济发展水平，只借给那些 GNP 和还款能力较低的发展中成员，期限一般为 32—40 年，不收取利息，但要征收 1% 的手续费。目前，亚行对华业务只有硬贷款业务[2]。

我国于 1986 年正式加入亚洲开发银行，目前已成为亚行累计第二大借款国，每年使用亚行贷款约 15 亿美元。亚行贷款不仅成为我国较为稳定的可利用外资来源，而且也是我国利用外资的重要组成部分。截至 2007 年底，亚行共批准对华贷款项目 139 个，承诺贷款总金额约 193 亿美元。与世行相比，亚行的一项明显优势是它的技术援助赠款。我国在利用亚行技术援助业务方面表现突出，是亚行的累计第一大使用国，截至 2007 年底，共获技援赠款 2.9 亿美元，涉及 558 个项目，并取得了良好效果[3]。

C. 亚洲基础设施投资银行

亚洲基础设施投资银行（Asian Infrastructure Investment Bank，简称亚投行，AIIB）是一个由中国倡议设立的政府间性质的亚洲区域多边开发机构，重点支持基础设施建设，于 2015 年在北京成立，法定资本 1 000 亿美元。其宗旨在于促进亚洲区域的建设互联互通化和经济一体化的进程，并且加强中国及其他亚洲国家和地区的合作。

作为由中国提出创建的区域性金融机构，亚洲基础设施投资银行主要业务是援

---

[1] 亚洲开发银行：htlp：//cn.adb.org/。

[2] 中华人民共和国国家发展和改革委员会：http：//www.ndrc.gov.cn/。

[3] 中华人民共和国国家发展和改革委员会：http：//www.ndrc.gov.cn/。

助亚太地区国家的基础设施建设。在全面投入运营后，亚洲基础设施投资银行将运用一系列支持方式为亚洲各国的基础设施项目提供融资支持 —— 包括贷款、股权投资以及提供担保等，以振兴包括交通、能源、电信、农业和城市发展在内的各个行业投资。亚洲基础设施投资银行的建立，一方面将弥补亚洲发展中国家在基础设施投资领域存在的巨大缺口，减少亚洲区内资金外流，投资于亚洲的"活力与增长"，另一方面也将推动国际货币基金组织（IMF）和世界银行（WB）的改革，与亚洲开发银行 (ADB) 在亚太地区的投融资与国际援助职能形成互补之势。

D. 外国政府贷款

外国政府贷款是指一国政府向另一国政府提供的，具有一定赠与性质的优惠贷款，主要用于城市基础设施建设、环境保护等非盈利项目。主要分为软贷款、混合型贷款和特种贷款三种类型。其中，软贷款即政府财政性贷款，一般无息或利率较低，还款期较长，并有较长的宽限期，如科威特政府贷款年利率 1%—5.5%，偿还期18—20 年，含宽限期 3—5 年；比利时政府贷款为无息贷款，偿还期 30 年，含宽限期 10 年。这种贷款一般在项目选择上侧重于非盈利的开发性项目，如城市基础设施等。

混合性贷款是指政府财政性贷款与商业性贷款等各种贷款类型混合打包的贷款形式，主要包括三种混合形式：其一，政府财政性贷款和一般商业性贷款混合的贷款形式，往往比一般商业性贷款优惠。如奥地利政府贷款年利率 4.5%，偿还期 20年，含宽限期 2 年。其二，赠款和出口信贷混合的形式，即由一定比例的政府赠款和出口信贷混合组成。如澳大利亚、挪威、英国、西班牙等国政府贷款中，赠款占25%—45%。其三，政府软贷款和出口信贷混合的形式，又称"政府混合贷款"，这是最常见的一种混合贷款形式。一般软贷款占比为 30%—50%。如法国、意大利、德国、瑞士等国的贷款都采用这种形式。凡是经济合作与发展组织（OECD）的成员，必须采用该组织的所谓"OECD 条件"的出口信贷条件，目前利率为 7.3596%，偿还期 10 年，宽限期视项目建设期而定。有的混合贷款项目还要收取一定的承诺费、手续费和担保费；一般采用外币形式进行支付；如果项目需要购买贷款国的设备，那么往往要求直接以设备而不是货币的形式进行贷款，也就是说借款者实际上不能直接拿到相应的货币。

特种贷款是外国政府或商业机构针对某种特殊目的而提供的贷款，如北欧投资银行贷款。其贷款期为 10—13 年（含 2—5 年宽限期），利率为伦敦同业银行间拆放利率（LIBOR）加 0.5% 利差，不收贷款担保费，贷款的各种费用可转化为贷款形式支付，实际贷款额度最高可达项目合同金额的110%，但是要求贷款项目合同金额的 70% 必须用于采购北欧国家的设备。

改革开放 30 多年以来，中国已利用了日本、德国、西班牙、法国等 27 个国家和金融机构提供的优惠政府贷款，为农业、林业、能源、环保等行业的发展起到了重要的推动作用。截至 2008 年底，我国累计实施各类外国政府贷款项目 2 836 个，利用外国政府贷款约 637 亿美元。近 10 年来，外国政府贷款和国内资金结合，重点支持污水、垃圾处理、消防、集中供热、医疗卫生、教育等节能减排和社会发展领域，取得了较好的社会效益和经济效益，为提高我国综合国力、促进经济和社会发展发挥了重要作用 [1]。

8.4.2.4　银行贷款

银行贷款是指在中国境内依法设立的经营贷款业务的金融机构（贷款人），遵循平等、自愿、公平和诚实信用的原则，对符合其审核条件的法人、其他经济组织、个体工商户和自然人等（借款人），提供的并按约定的利率和期限还本付息的货币资金。银行借款是目前内投资领域最普遍的融资方式。根据中国人民银行颁布的《贷款通则》，我国商业银行贷款种类如下 [2]。

A. 自营贷款、委托贷款和特定贷款

自营贷款指贷款人以合法方式筹集的资金自主发放的贷款，其风险由贷款人承担，并由贷款人收回本金和利息。委托贷款指由政府部门、企事业单位及个人等委托人提供资金，由贷款人（即受托人）根据委托人确定的贷款对象、用途、金额、期限、利率等代为发放、监督使用并协助收回的贷款。贷款人（受托人）只收取手续费，不承担贷款风险。特定贷款指经国务院批准并对贷款可能造成的损失采取相应补救措施后责成国有独资商业银行发放的贷款。

B. 短期贷款、中期贷款和长期贷款

短期贷款是贷款期限在 1 年以内（含 1 年）的贷款。中期贷款是贷款期限在 1 年以上（不含 1 年）5 年以下（含 5 年）的贷款。长期贷款是贷款期限在 5 年（不含

---

[1]　国家发改委外资司刘旭红巡视员在外国政府贷款合作交流会上的讲话，2009 年 8 月 31 日。

[2]　中国人民银行：《贷款通则》（中国人民银行令〔1996〕第 2 号），1996 年 6 月 28 日；中国人民银行、中国银行业监督管理委员会：《贷款通则（征求意见稿）》，2004 年 4 月。

5 年）以上的贷款。

C. 信用贷款、担保贷款和票据贴现

信用贷款即以借款人的信誉发放的贷款。担保贷款包括保证贷款、抵押贷款和质押贷款三种形式。保证贷款指按《中华人民共和国担保法》规定的保证方式以第三人承诺在借款人不能偿还贷款时，按约定承担一般保证责任或者连带责任而发放的贷款。抵押贷款是按《中华人民共和国担保法》规定的抵押方式以借款人或第三人的财产作为抵押物发放的贷款。质押贷款是指按《中华人民共和国担保法》规定的质押方式以借款人或第三人的动产或权利作为质物发放的贷款。票据贴现指贷款人以购买借款人未到期商业票据的方式发放的贷款。

8.4.3 股权融资

股权融资是指企业股东通过扩大企业的所有者权益，比如上市公司增发新股、非上市公司增资扩股等方式，筹集投资所需资金的融资方式。按照融资渠道不同，股权融资可分为公开市场发售和私募发售两种。所谓公开市场发售，就是指通过证券市场向公众投资者发行企业的股票来募集资金，包括企业首次公开上市（IPO）、上市公司的增发和配股。所谓私募发售，是指企业通过增资入股来募集资金的融资方式。股权融资的特点是：资金永久使用，无须归还，没有按期还本付息的压力；可以改善企业财务结构，降低债务融资风险；但是权益融资会稀释原有投资者对企业的控制权。

根据优序融资理论，从融资成本角度考虑，城市排水企业融资一般首先选择资金成本低的内源资金，再选择资金成本较高的外源资金；而在外源资金选择时，往往优先选择具有财务杠杆效应的债务资金，最后才选择权益资金。

目前，国内比较常见的股权融资方式包括通过发起首次公开上市（IPO）向公众出售股票、上市公司增发、配股和非上市企业增资扩股等几种形式。

8.4.4 其他融资方式

8.4.4.1 资产证券化

资产证券化作为一种项目融资方式，起源于 20 世纪 70 年代初，目前，西方发达国家的资产证券化已经形成比较完善的运行机制，国内资产证券化正处于起步阶段。广义的资产证券化是指将某一资产或资产组合采取证券资产这一价值形态来募集资金的活动，它包括实体资产证券化、信贷资产证券化、证券资产证券化和现金资产证券化四种形式。

通常所说的资产证券化仅指信贷资产证券化，是狭义概念的资产证券化，即：将一组能够在未来可预见时期内产生稳定现金流入但自身缺乏流动性的资产，通过一定的结构安排，进行风险和收益的重新组合，提高信用等级，构造成一种以现金流为基础的资产支持型债券，并通过在金融市场发行和交易从而募集资金的金融产品。常见的有住房抵押贷款证券化（Mortgage-Backed Securitization，简称 MBS）和资产支持证券化（Asset-Backed Securitization，简称 ABS）两大类。前者的基础资产是住房抵押贷款，后者的基础资产是除住房抵押贷款以外的其他资产。资产证券化的目的在于通过让渡未来约定时期内现金流入受益权，将缺乏流动性的资产通过信用增级在金融市场以较低成本提前变现，以解决资金筹集问题。对融资者来说，资产证券化可以增强企业融资能力，降低资金成本，增加资产流动性，优化自身的财务结构。

2006 年 7 月，国内首只以市政公共基础设施收费收益权进行资产证券化的产品——"南京城建污水处理收费资产支持收益专项产管理计划"获得中国证监会批准，由东海证券有限责任公司正式面向合格机构投资者发售。"南京城建污水处理收费资产支持收益专项资产管理计划"的基本框架是：南京城建以未来 4 年的污水处理收费收益权为基础资产，按照存续期 12 个月、24 个月、36 个月、48 个月同时发行四期专项计划受益凭证，总发行规模为 7.21 亿元，预期年收益率分别为 2.8%—2.9%、3.2%—3.3%、3.5%—3.6%、3.8%—3.9%。该专项计划各期受益凭证由上海远东资信评估有限公司评级，东海证券有限责任公司作为计划管理人，由上海浦东发展银行股份有限公司提供无条件的不可撤销的保证担保，由中国证券登记结算有限公司深圳分公司提供登记结算服务。

8.4.4.2　企业债券

企业债券，指企业依照法定程序发行，约定在一定期限内还本付息的一种有价证券。企业债券的融资成本相对股权融资和银行贷款来说要低，而且不涉及股权结构变更，但往往对企业的要求比较高，需要政府一定程度的担保。

我国发行企业债券始于 1983 年，现行法律框架为 1993 年国务院发布的《企业债券管理条例》。发行初期，主要是为规避《中华人民共和国预算法》中"地方政府不得发行地方政府债券"的约束条款，企业债券成为地方大型国有企业融资的重要手段，主要针对当时的国家重点产业、重点项目进行融资。2008 年 1 月 2 日，国家发展和改革委员会发布了《国家发展改革委关于推进企业债券市场发展、简化发行核准程序有关事项的通知》，对企业债券发行核准程序进行了改革，将先核定规模、后核准发行两个环节，简化为直接核准发行一个环节。

企业公开发行企业债券需满足以下几个主要条件 [1]：①发行主体存续期不得低于三年，股份有限公司的净资产不低于人民币 3 000 万元，有限责任公司和其他类型企业的净资产不低于人民币 6 000 万元；②累计债券余额不超过企业净资产（不包括少数股东权益）的 40%；③最近三年可分配利润（净利润）足以支付企业债券一年的利息；④筹集资金的投向符合国家产业政策和行业发展方向，所需相关手续齐全。用于固定资产投资项目的，应符合固定资产投资项目资本金制度的要求，原则上累计发行额不得超过该项目总投资的 60%。用于收购产权（股权）的，比照该比例执行。用于调整债务结构的，不受该比例限制，但企业应提供银行同意以债还贷的证明；用于补充营运资金的，不超过发债总额的 20%。

据不完全统计，从 1998 年 1 月 1 日到 2008 年 11 月 18 日，我国累计发行债券 2 578 只，金额累计 318 064 亿元，其中以企业或上市公司为发行主体的债券有 1 303 只，金额累计 23 896 亿元，这里面通过有地方政府信用背景的投融资平台发行的企业债券金额累计超过 2 168.7 亿元 [2]。2005 年 4 月，重庆水务控股集团公开发行 17 亿企业债券，是中国排水行业行发的第一只企业债券。

8.4.4.3 中期票据

中期票据是指具有法人资格的非金融企业（下称"企业"）在银行间债券市场按照计划分期发行的，约定在一定期限还本付息的债务融资工具（目前期限为 1—5 年，利率在 5.1%—5.3%）。中期票据由中国银行间市场交易商协会（以下简称"交易商协会"）组织银行间债券市场成员进行自律管理，是我国金融监管方面的有益创新，是中国人民银行落实党的十七大关于"减少政府对微观经济运行干预"精神的具体措施。

---

[1] 国家发展和改革委员会：《关于推进企业债券市场发展、简化发行核准程序有关事项的通知》（发改财金〔2008〕7 号），2008 年 1 月 2 日。

[2] 崔国清 . 中国城市基础设施建设融资模式研究 [D]. 天津财经大学博士学位论文，2009:85.

2008 年 4 月 15 日，中国银行间市场交易商协会颁布《银行间债券市场非金融企业债务融资工具注册规则》及《银行间债券市场中期票据业务指引》等七项自律规则，并正式开始接受企业在银行间债券市场发行中期票据的注册。根据《银行间债券市场中期票据业务指引》：企业发行中期票据待偿还余额不得超过企业净资产的40%，所募集的资金应用于企业生产经营活动，并在发行文件中明确披露具体用途，企业在中期票据存续期内变更募集资金用途应提前披露，而且企业还应在中期票据发行文件中约定投资者保护机制，包括应对企业信用评级下降、财务状况恶化或其他可能影响投资者利益情况的有效措施，以及中期票据发生违约后的清偿安排。以上标准，一般企业较难达到；而央行推出期限为 1—5 年的中期票据也应主要是为填补债务融资工具的"期限断档"，满足企业对于不同期限融资的需求。

首批经中国银行间市场交易商协会注册发行中期票据的均为大型中央企业，包括铁道部、中国电信股份有限公司、中国中化集团公司、中国五矿集团公司、中国核工业集团公司、中粮集团有限公司和中国交通建设股份有限公司 7 家单位，企业评级都在"AAA"以上，注册额度 1 190 亿元，首期发行 392 亿元。目前仅有商业银行、信用社、证券公司、财务公司等可以购买中期票据，商业银行应是中期票据的主要投资者，其对税收敏感度较高，而对流动性敏感度较低。未来基金、保险对中期票据还会继续保持较大的需求。

2011 年 1 月 10 日，珠海水务集团成功注册 8 亿元中期票据，首期发行 4 亿元，期限 5 年，起息日 2011 年 1 月 12 日，主承销商为交通银行。该期中票面值 100 元、无担保，在第 3 年末附公司赎回权，前 3 个计息年度的票面年利率根据簿记建档结果确定。如果水务集团不行使赎回权，则第 4、5 个计息年度的票面利率将在初始发行利率的基础上提高 0.5%—2.0%。所募集的资金中 3.18 亿元拟用于珠海市污水处理项目建设，其中 8 200 万元用以偿还水务集团所欠光大银行的贷款。在此基础上，水务集团将继续发行第二期 4 亿元的中期票据，支持珠海市水务基础设施建设。

2011 年 3 月 10 日，广州市水务投资集团有限公司成功发行 2011 年度第一期中期票据，发行金额 5 亿元，期限 2 年，起息日为 3 月 14 日，主承销商为上海浦东发展银行股份有限公司。该期中票面值 100 元、无担保，票面利率为基准利率加上基本利差，基本利差将根据簿记建档结果，由发行人与主承销商按照国家有关规定协商一致后确定，在债券存续期内固定不变。

8.4.4.4 产业投资基金

产业投资基金一般指以非公开的方式向少数机构投资者或个人募集资金，主要向未上市企业进行权益性投资（股权或准股权投资），并参与被投资企业的经营管理，最终通过企业上市、并购或管理层回购等方式退出而获利的投资基金。产业投资基金具有非公开募集、以未上市公司为投资对象、投资方式灵活、参与管理但不控制企业、存续期长、封闭性投资等特点。作为股权融资的一种形式，产业投资基金没有硬性的利息负担，投资者的回报与项目的赢利程度相关联，从而有效降低了基础设施的融资成本。而且产业投资基金的投资不以控制企业为目的，能够较好地解决基础设施投资敏感的控制权问题。因此，产业投资基金是包括城市排水在内的水务行业的重要融资形式。

从行业特征上来看，城市水务产业投资大、资本沉淀性强、回收期长、收益率较低，但市场风险小、现金流稳定、投资收益稳定，比较适合资金规模较大、收益要求不高但追求稳定的资金（如社保、保险等资金）的长期投资要求[1]。产业投资基金融资规模大，存续期长（一般为5—7年），可以将社保、保险等具有长期投资需求的资金有机地集合起来，并投资于城市排水行业，这样不仅可以使长期资金获得长期稳定收益，保证合理收益水平，改善投资收益过低的状况，同时也可以使这些长期资金成为支持我国排水行业基础设施建设的重要而稳定的资金来源。

2008年，经国务院批准和国家发改委核准，我国第一只水务产业投资基金——西部水务产业投资基金由华禹产业投资基金管理有限公司发起，计划募资为300亿人民币，目前，首期募集资金约60亿元人民币。2009年4月，通用技术咨询顾问有限责任公司与美国汉能基金管理公司联合发起通用汉能（北京）环境投资基金，基金投资方向是水务产业、垃圾处理和节能减排，募集目标20亿元人民币。其中75%以长期持有的方式投资于具体的环境项目，其余25%以PRE-IPO方式支持环境企业成长。

---

[1] 郑海良.当前设立城市水务产业投资基金的可行性分析 [J]. 当代经济，2007(10).

8.5 进一步我国城市排水行业投融资市场化改革的建议

8.5.1 建立持续稳定的城市排水行业政府投入制度

按照公共品理论和新公共管理理论，城市排水系统是城市重要的公共品，因此，一方面，政府应以公共财政支出的形式投入必要的资金，履行为社会提供公共服务的基本职责；另一方面，政府又可以采取各种市场化和企业化的形式提升公共品供给的效率。为此，应通过项目分类与区隔，针对完全非经营性的纯公共品、准经营性的准公共品与经营性的市场化产品与服务的不同特点，制定不同的政府投入制度，明确项目投资补偿回报条件，提高排水建设与服务项目的可经营性，使非盈利性或准盈利性城市公共排水服务项目转换成为经营性项目。也就是说，通过制度创新，建立更加适合各种融资模式在城市排水行业中发挥作用的投融资体制，为城市排水行业政府绩效评估的实施以及城市排水企业的多渠道融资提供前提条件。

一般而言，根据项目的盈利特征，可以将排水设施建设和排水服务项目分为三类（见图 8.5.1），即社会效益较小、公共福利意义较弱、市场化程度较高、盈利能力较好的项目（I 类项目），具有一定公共福利意义但是同时又可以某种技术和制度安排具有可经营性的项目（II 类项目），社会效益较大、公共福利意义很强的项目（III 类项目）。对于前两类项目，往往可以谈过价格改革和建立公共收费制度转换成为经营性项目，对于后两类项目，则可以通过建立持续稳定的政府补贴制度和政府购买服务制度转换成为经营性项目 [1]。

---

[1] 毛腾飞. 中国城市基础设施建设投融资模式创新研究 [D]. 中南大学, 2006.

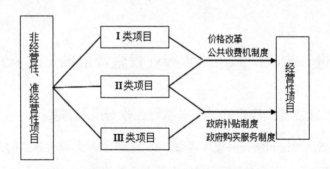

图 8.5.1 城市排水行业政府投入制度体系

可见，为理清政府与市场在城市排水行业管理与运行中的作用，给城市排水企业营造一个持续、稳定、可预期的经营环境，首先是要在城市排水行业管理政府绩效考核的框架下，建立和完善城市排水服务定价制度、公共收费制度、政府补贴制度、政府购买服务制度等排水行业政府投入制度和企业投资补偿回报制度，形成新型城市排水行业政府投入制度体系。

8.5.1.1 公共收费制度

根据 1988 年世界银行发展报告的定义，所谓公共收费是指"为交换公共部门所提供的特别商品和服务而进行的支付，主要由国有企业和地方政府征收"[1]。也就是说，对于那些具有消费可排他性或排他成本较低的公共物品，政府或其特许经营的企业可以按受益原则实行公共收费，以进行筹资。公共收费通常又可分为使用费与规费两种。前者是指在存在市场失灵的领域与行业中，公共部门（包括有关国营企事业单位）为弥补其运转成本，就其向社会提供的公共物品（如基础设施建设）或特殊商品服务（如水电、煤气、邮电等）而收取的费用，征纳双方体现的是一种市场交易关系。后者是指政府有关部门在执行社会管理职能过程中，出于管理目的而向有关社会团体和个人提供公共服务时所收取的费用（如车辆登记费、商品检疫等），征纳双方体现的是管理者与被管理者的关系。

城市排水服务符合公共收费的排他性和受益性原则。由城市政府授权城市排水企业征收排污费，是弥补城市排水企业公共投入不足、实现排水企业可持续经营的一种补偿性收费机制。一方面，要按照受益的直接性和收益与负担的对称性以及"谁受益，谁负担"、"多受益，多负担"的原则，借助城市政府的行政授权采取强制

---

[1] 马海涛, 叶康涛. 论我国公共收费制度的重构 [J]. 财经问题研究，1999(8):73.

性收费，保证排污费收取的严肃性和及时性。另一方面，要通过建立价格公听会等机制，加强政府监管和公众参与，充分地体现客户需求和消费者偏好，建立起有效的公共监督机制，提高公共物品供给的质量和效率。当然，为了确保各种收入层次的用户都能够购买得起城市排水服务，维护城市排水行业的公共品和公共福利特性，应在建立公共收费机制的同时，要建立起针对城市排水行业用户中的低收入阶层的补贴机制。

8.5.1.2　政府补贴制度

政府补贴，也称政府补助，是指企业从政府无偿取得货币性资产或非货币性资产，但不包括政府作为企业所有者投入的资本。我国目前政府补助主要有财政拨款、财政贴息、税收返还、无偿划拨非货币性资产等几种形式，根据其用途又可以分为固定资产购置款、技术改造专项资金、研究开发补贴以及鼓励企业安置职工就业、开展员工培训、吸引优秀人才而给予的奖励款项等名目。其中，财政拨款是依据中央或地方政府出台的政策文件无偿拨付给企业的资金，通常在拨款时明确规定了资金用途，如财政部门拨付给企业用于购建固定资产或进行技术改造的专项资金。财政贴息是政府为支持特定领域或区域发展，根据国家宏观经济形势和政策目标，对承贷企业的银行贷款利息给予的补贴。税收返还是政府按照国家有关规定采取先征后返（退）、即征即退等办法向企业返还的税款，属于以税收优惠形式给予的一种政府补助。无偿划拨非货币性资产包括行政划拨土地使用权、林权和其他资产权属。

一般而言，城市排水行业基础设施建设项目往往投资数额巨大，投资回收周期比较长，对城市排水行业服务水平和城市承载能力的影响大，如果完全按照市场机制进行运营，将会损害社会公共福利。因此，政府可以参照私人投资成本与平均利润率给予各种形式的财政补贴，以保持社会资本对排水行业基础设施建设的吸引力。作为政府公共财政支出的一种形式，财政补贴应该补贴多少，采取何种方式进行补贴，如何对补贴产生的效果进行评估，应通过建立和完善排水行业财政补贴制度，对财政补贴政策制定者、执行者和利益相关者的行为予以规范。原则上讲，单位产品或服务的补贴量应略大于社会平均成本与产品、服务价格的差值，使排水企业基础设施建设项目投资运营略有盈余。与政府的一次性投入或投资相比，财政补贴可以与排水企业的建设投资和服务运行的绩效挂钩，是一种更为有效、更加直接的政府投入城市排水行业的方式。

8.5.1.3　政府购买服务制度

政府向社会力量购买服务，就是通过发挥市场机制作用，把政府直接向社会公众提供的一部分公共服务事项，按照一定的方式和程序，交由具备条件的社会力量承担，并由政府根据服务数量和质量向其支付费用。在城市排水行业探索城市政府向社会力量购买服务是创新城市排水公共服务提供方式、加快排水行业发展、引导需求和形成市场的重要途径，对于明确城市排水行业政府与市场关系、深化排水行业体制改革、推动政府职能转变、促进排水企业的健康发展、整合利用社会资源、增强公众参与意识、激发经济社会活力、增加公共服务供给以及提高公共服务水平和效率等方面都具有重要意义。为此，应从以下几个方面进一步明确和完善城市政府购买排水服务的制度：

第一，明确城市排水服务购买主体及其职责。正如前文所述，城市排水服务是城市重要的公共品，应由城市政府及其所辖行政单位或主管部门承担城市排水服务购买的主体。城市政府通过向排水企业购买排水服务为社会提供公共服务。

第二，明确承接城市排水行业政府购买服务的主体及其资格。除了在民政部门、工商管理部门或行业主管部门依法登记注册之外，承接城市排水行业政府购买服务的企业、机构或社会力量还需要具备提供城市排水服务所必需的设施、人员和专业技术能力，具有健全的现代企业制度，具有良好的社会信誉和维护城市公共安全的社会责任，遵守中国法律和城市管理相关的法规。

第三，明确政府购买排水服务的内容，建立和完善排水行业政府购买服务目录。作为具有明显外部性、公共性和公益性的城市公共品，城市政府应将排水服务纳入政府向社会购买服务的优先领域和指导性目录，并明确政府购买排水服务的种类、性质和内容，在实际操作的过程中不断总结经验、动态调整和迭代完善。

第四，完善城市排水行业政府购买服务的机制，包括信息公开、项目管理、承接主体遴选、定价和合同管理等方面的机制。要按照公开、公平、公正原则，建立健全城市政府向社会力量购买排水服务机制，及时、充分向社会公布购买的服务项目、内容以及对承接主体的要求和绩效评价标准等信息，建立健全项目申报、预算编报、组织采购、项目监管、绩效评价的规范化流程。应按照政府采购法的有关规定，采用公开招标、邀请招标、竞争性谈判、单一来源、询价等方式确定承接主体，完善转包和分包管理约束。要按照合同管理要求由城市政府与排水服务相关企业和社会组织签订服务购买合同，明确所购买服务的范围、标的、数量、质量要求，以及服务期限、资金支付方式、权利义务和违约责任等。要按照合同要求支付资金，并加强对服务提供全过程的跟踪监管和对服务成果的检查验收。

第五，完善城市排水服务资金管理机制。将城市政府购买排水服务所需的资金纳入城市财政预算账户，根据市政发展需要建立排水服务购买资金的稳定增长和动态追加机制，按照城市公共财政管理要求建立城市排水服务资金使用制度，确保资金使用的公开、透明、规范、有效。

第六，完善城市排水行业政府购买服务的绩效管理制度。建立健全由城市政府及其主管部门、城市排水服务用户、城市市民代表和第三方评价机构等组成的综合性评审机制，对城市排水行业政府购买服务项目的数量、质量和资金使用绩效等进行考核评价。评价结果向社会公布，并作为以后年度编制政府向社会力量购买服务预算和选择政府购买服务承接主体的重要参考依据。

8.5.2 完善排水行业现代企业制度

推行城市排水行业投融资体制市场化改革，核心是建立和完善排水行业的现代企业制度，培育和扶持各类排水行业市场主体，形成城市排水行业生态系统。一方面，要按照权力与责任相统一以及权力与利益相分离的原则，实行政企分开，政府负责监管和服务，而水务企业则成为自主经营、自负盈亏、自我约束、自我发展的法人主体和市场竞争主体。另一方面，要将政府的公共资源赋权给投融资主体，使其按照现代企业制度，成为城市污水处理产业的投融资平台和业务运行平台。通过统分结合、管放并举，建立具有鲜明行业特点的产权清晰、权责明确、政企分开、管理科学的新型排水企业制度。

8.5.2.1 完善城市排水企业产权制度

首先，要理顺国有排水企业的产权关系，处理好国家所有权与企业法人财产权的关系。城市政府或其国有资产管理部门、排水行业主管部门是国有排水企业财产所有权的主体或代表，拥有对排水企业所有财产的最终支配权，但城市政府、资产管理机构和行业监督机构不得直接经营或支配企业的法人财产。排水企业依法拥有独立行使的法人财产权，并以其全部法人财产承担民事责任。

其次，按照国家有关国有企业发展混合所有制经济的有关办法，引导城市排水行业的国有企业开展混合所有制改革，发挥各种所有权形式的优势，根据不同类型、不同地区的城镇排水系统的不同情况，探索建立各具特点的国有资本、集体资本、非公有资本等交叉持股、相互融合的混合所有制排水企业，引导具备条件的城市排水企业实现投资主体多元化。通过购买服务、特许经营、委托代理等方式，鼓励非国有企业参与城市排水业务的经营，形成以国有资本控股、非国有资本参股为主体形态的城市排水企业混合所有制形式。

最后，建立对排水企业主要经营管理人员的所有权制约机制。为了确保城市政府和市民作为国有资产的所有者对排水企业的所有权，要建立一套能够保证国有资产保值与增值，保证城市排水业务安全、稳定、持续发展，保证城市排水企业为城市建设、经济发展和民生服务的委托代理机制和所有权约束机制。政府要加强对排水服务价格水平、成本控制、服务质量、安全标准、信息披露、营运效率、保障能力等方面的监管，并根据各种类型、各个地区的城市排水企业的不同特点有区别地考核其经营业绩指标和国有资产保值增值情况，要在企业绩效考核体系中引入客户满意度等社会评价指标，采取公众参与等社会评价措施。

8.5.2.2　完善城市排水企业特许经营制度

要在理顺和完善城市排水企业产权制度的基础上，进一步完善城市排水企业特许经营制度，将本应由政府支付的污水处理费用以公共资源的形式赋权给排水企业，按照排污分区、分段和分业务种类等形式，授予城市排水企业污水处理服务的特许经营权或排他性经营权。

以北京市排水集团为例，北京市政府可以根据城市中心区和郊区排水市场格局的不同，分别授予排水企业不同的公共资源和竞争特征。一方面，曾经作为北京市传统上唯一的排水企业和目前全市排水行业龙头企业，北京排水集团已经在北京城市中心区的排水设施建设和排水服务提供方面形成不可替代的资产优势和服务优势，目前运营管理了北京市中心城区全部 5 000 余千米排水管线，并承担了中心城区绝大部分雨污水收集、处理、再生利用和污泥处置业务。考虑到污水管网与处理业务的不可分割性及北京排水集团在中心城区污水处理业务产业链上的自然垄断属性，为北京排水集团通过市场化举措做强、做大企业创造有利条件，应采取协议的形式给予北京排水集团北京市中心城区污水处理服务的排他性经营权。另一方面，对于北京市郊区县的污水处理服务业务，则可根据其在地理与中心城区相对分离以及尚未形成垄断性的排水管网企业等方面的特点，由北京市水务局牵头，采取市场化的形式组织招投标，择优确定运营企业，积极鼓励北京排水集团、北控集团、首创集团等市属涉水企业参与区县污水处理招投标项目，并鼓励市属有实力的水务企业在保证完成我市水务投融资运营任务的基础上，积极实施走出去战略，从而拓宽业务规模，增强自身核心竞争实力。

要由城市政府及其主管部门与获得特许经营权的城市排水企业签订特许经营协议，将特许经营区域范围、特许经营期限、特许排他性条款等内容以经济合同的形式确定下来。再以北京排水集团为例，北京市政府应依据国家有关法律与北京排水集团签订北京市中心城区污水处理服务特许经营协议，明确特许经营区域范围、特许经营期限、特许排他性条款等内容，从而使得北京排水集团在 30 年的特许经营期内在特许经营区域范围之中具备提供污水处理服务的特许权，确保北京排水集团具有稳定的经营预期，制定长远战略规划，不断改进技术水平和服务质量，实现企业的永续经营。

8.5.2.3　完善城市排水企业组织制度

在理清政府与市场关系、实行政企分开的前提下，进一步建立和完善以公司制为目标的城市排水企业领导体制和组织制度，实现排水企业管理的"去行政化"和"去官僚化"。要按照现代产权制度要求，建立以股份制为基础的公司制，完善包括股东会、董事会、监事会和经理层在内的公司法人治理结构，规范企业股东（大）会、董事会、经理层、监事会和党组织的权责关系。要制定城市排水企业章程，按章程行权，对资本监管，靠市场选人，依规则运行，形成定位清晰、权责对等、运转协调、制衡有效的法人治理结构。

要逐步推行城市排水企业职业经理人制度。按照现代企业制度要求，建立市场导向的选人用人和激励约束机制，通过市场化方式选聘职业经理人，打通现有经营管理者与职业经理人的身份转换通道，促进城市排水企业管理层实现从政府官员、公务员和事业编制人员向企业聘用人员的身份转变。要落实董事会领导下的总经理负责制，让排水企业的高管人员依法独立负责企业经营管理。要实现职业经理人任期制和契约化管理，按照市场化原则决定薪酬，采取多种方式探索中长期激励机制。严格职业经理人任期管理和绩效考核，加快建立退出机制。

要鼓励和扶持大型城市排水企业实现跨区经营、混业经营、一体化经营和外包经营，创新商业模式，提升核心竞争力，发展成为大型或超大型的国际化水务集团公司。鼓励部分国有排水企业集团实现从管理运行城市资产向管理运营城市资本转变，组建城市水务资本运营公司，以实现国家新型城镇化和提高国有资本收益为目标，专门从事城市排水或水务相关的资本运营。鼓励有条件的国有排水企业集团通过对相关行业的各类企业退股、参股或控股，放大国有资本的控制力和影响力，壮大国有资本。鼓励城市排水企业的信息化改造和"互联网＋"发展，以大型城市排水企业集团为龙头，以投资参股、战略联盟、业务外包、科技中介、供应链合作等多种形成包括排水设备制造、管网规划建设、污水处理厂建设、污水处理、污泥处理、排水服务、排水系统信息化、科技研发以排水项目 EPC 等在内的排水行业产业集群和产业生态系统，全面提升中国城市排水行业的整体竞争力和服务能力。

8.5.3　优化排水企业服务价格机制

建立和优化排水企业服务价格机制，是完善城市排水行业市场、发挥市场在资源配置中决定性作用的重要一环。一方面，需要对那些具有社会效益和公共福利意义的准经营性和非经营性项目的低价问题做出特别安排，将公共产品或服务的价格修正为能够收回成本的水平，为城市排水行业的良性发展提供良好的市场环境。另一方面，又要使排水企业的服务价格反映我国的水资源和排水资源的要素禀赋以及排水市场的供需关系，尤其是要通过合理定价规避和抑制过度消费和资源浪费的问题。

实现排水服务合理定价，应坚持三个原则：第一，效率与公平兼顾原则。由于城市排水服务同时具有市场性和公益性两面性特征，因此，城市排水服务价格形成机制的改革应坚持效率与公平兼顾原则。一方面，排水服务价格形成要讲究经济性、市场性、盈利性、科学性和合理性，保证其价格能够补偿合理的或正常的成本支出，以及企业能够获得合理的利润水平，实现企业的可持续经营。另一方面，由于公共产品生产和消费具有公益性，因此排水服务价格形成不能完全以盈利最大化为目的，必须起到节约使用、保护环境、公平负担、关照城市弱势群体和弱势社区、推动城市善治等方面的社会作用。

第二，统一市场和分类指导结合原则。一方面，要鼓励形成全国统一的排水服务定价机制，推动人才、资金、技术、信息等排水行业生产要素的跨区流动，逐步推动形成全国统一的排水服务市场。另一方面，又要根据各个地区、各个城市、各类项目，甚至不同的用户的不同区情、市情、项目特性和市场特征制定不同的价格或收费标准。这就要求不同地区的城市政府按照"共同但有区别的责任"为排水企业提供统一的市场环境和定价机制，有差别的价格或收费标准以及相应的政府补贴措施。

第三，外部约束与内部约束结合原则。一方面，城市政府及其监管单位要建立科学、合理、精准、动态的排水行业价格监管体系，从外部加强排水企业服务价格形成的约束与监督。既要采取标杆法、定额法、公听会等举措把排水企业的宏观成本管控住，又要制定排水服务价格和政府对排水企业的相关补贴随宏观经济形势波动而动态调整的价格调整机制，确保城市政府对排水服务价格形成具有严格而又灵活的调控能力。另一方面，城市排水企业要从企业长远发展战略出发，将市场信用和社会责任有机结合，针对不同地区、不同城市、不同用户的需求特征制定企业服务定价办法，从企业内部实现对排水价格形成的约束与控制。

要按照国家有关规定，结合地区实际情况，形成合理的排水服务价格核定机制。按照国家计委、建设部、国家环保总局三部委《关于推进城市污水、垃圾处理产业化发展的意见》（计投资〔2002〕1591号）文件要求，污水处理企业的服务价格应包括合理成本（运营成本，融资成本）、税金和法定规费、合理利润三部分，特许经营核定价格按照"合理成本＋税金和法定规费＋合理利润"的原则核定。其中，污水企业利润水平按照国家计委和建设部制定《城市供水价格管理办法》（计价格〔1998〕1810号）规定"水务企业合理盈利的平均水平应当是净资产利润率8%—10%"。同时，应明确服务价格核定周期机制，在调价周期内发生重大变化导致企业成本显著增加时可以启动临时调价机制。

要根据各地区水资源短缺情况和排水企业实际成本水平制定合理的排水企业收益率。过去二十多年来，为满足人民群众日益提高的水资源需求，呼应社会公众对城市水环境的日益关切，各地政府非常重视水污染治理及水务核心企业的发展，从政策和资金等方面给予了大力支持。为使水务企业充分发挥各自城市水务建设及运营服务主力军的作用，国内大部分城市均在支付水务企业的服务费中包含用于企业可持续发展的合理利润。其中，深圳、重庆分别按净资产收益率3%和10%核定，成都按建成项目投资额10%核定，天津按固定资产净值15%核定，而北京排水集团则按"净资产收益率6%—10%"确定企业合理利润。

8.5.4 创新城市排水行业融资工具组合

推进城市排水行业投融资体制改革，很重要的一点就是要借鉴世界上已经出现的各种项目融资模式的经验，综合考虑国家有关法律法规以及各个城市、企业和项目的特点，创新融资工具及其组合，形成具有城市排水企业自身特点的投融资工具组合。迄今为止，世界上出现的公共项目融资方式可谓是样式繁多，BOT及其衍生出来的融资方式就有十多种。针对城市排水项目特征创新设计最优融资组合的能力与水平，既是一个国家或城市金融发展能力和水平的综合反映，也是一个排水企业集团或城市排水行业的核心能力所在。促进城市排水行业融资创新，是扩大我国城市排水行业融资方向和渠道的必由之路，也是我国城市排水行业创新驱动发展的基本任务。根据排水项目与融资方式的不同组合形式，可以大致将排水行业融资创新分为三种模式，即排水项目组合、融资方式组合以及项目与融资方式交替组合灯三种模式。下面简单介绍四种代表性的融资组合创新模式，其中，投资基金与BOT项目融资方式组合、投资基金与资产支持证券化（ABS）融资方式组合属于融合方式组合创新的例子，项目打包融资是项目组合创新的例子，而项目融资链条模式则是项目与融资方式交替组合创新的例子。

8.5.4.1 投资基金与BOT项目融资方式的组合创新模式

由于投资回收期长、收益率低、缺乏维持企业正常运行的短期现金流，具有微利和公益性特征的城市排水行业基础设施，特别是大城市或超大城市排水行业的基础设施建设，往往很难吸引各种社会资金投资。基础设施产业投资基金是专注投资于城市基础设施领域的公募或私募投资基金，其目的是为了集中社会闲散资金，直接参与重点基础设施建设项目，从而有效地解决基础设施建设资金不足，缓解政府财政支出压力过大等问题。在实际运作的过程中，往往由政府投入种子资金，提供担保，面向资本市场发行可流转的长期债券，或者以公募或私募的形式吸纳社会资金，用于专门针对基础设施项目投资的长期建设基金。城市政府可以发起成立城市排水行业基础设施产业投资基金，并将基础设施产业基金与其他多种融资模式组合使用，以满足不同城市排水行业项目融资的需要。其中，比较常见的一种组合方式是基础设施投资基金与BOT项目融资方式的组合创新模式。

　　基础设施投资基金与 BOT 项目融资方式的组合创新模式的思路是，在非经营性基础设施项目建成若干年后，政府利用基础设施投资基金一次性回购或分成若干年回购的方式收回项目。即由城市政府设计融资方案，承诺项目建成投入运营后由政府进行回购，可以是一次性回购，也可以分成若干年回购，投资商可以与政府签订的合同到银行质押贷款，或申请发行企业债，或上市融入资金来建设基础设施项目。从城市政府的角度，它需要充分估计所投资建设的基础设施项目的各项前期工作，准确预测投资引发的经济社会效益，合理制定筹措基金的各种扶持政策，核算投资基金和项目融资的规模，在此基础上做出项目融资规划。对于社会投资者而言，它要在与政府签订合同的基础上再设计项目融资建设方案，如自有资金投资额、申请贷款额、申请发行企业债额等。对于投资规模较小的城市排水行业项目，政府可以承诺一次性回购方式补偿投资者。对于大型城市排水行业基础设施项目，城市政府可以与社会投资者以公司合营（PPP 模式）模式或部分可剥离的项目，可以与 BOT 模式组合进行建设。这种组合创新方式较好地利用了投资基金的分散归集功能与 BOT 的公私合作功能，为实现大型城市排水基础设施项目建设提供了融资创新的途径 [1]。

8.5.4.2　投资基金与 ABS 融资方式组合创新模式

　　对于政府已经投资建成的基础设施项目，政府可以运用城市排水行业基础设施投资基金，将这类资产证券化，面向社会发行，融入更多资金进行其他城市排水行业开发项目或城市基础设施项目投资。这就是所谓的基础设施投资基金与 ABS 融资方式组合的创新模式。

　　ABS 是资产支持型证券（Asset Backed Securitization）的缩写，是以项目所属的资产为支撑的证券化融资方式。即以项目所拥有的资产为基础，以项目资产可以带来的预期收益为保证，通过在资本市场发行债券来募集资金的一种项目融资方式。由于具有信用评级好、收益率高、投资多样化性强、可预期现金流大、投资风险小等特点，ABS 成为国际资本市场上非常流行的一种项目融资方式，已为许多国家的大型项目融资所采用。

　　基础设施投资基金与 ABS 融资方式组合创新模式的基本运作过程为：第一步，由政府授权或组建一个公司或事业单位，作为项目的建设运营单位。第二步，政府

---

　　[1]　潘胜强 . 城市基础设施建设投融资管理及其绩效评价 [D]. 湖南大学 , 2007.

以基础设施建设投资基金为担保和增值来源，承诺一定时期内向该项目单位支付项目使用费和补贴，即拨付财政性资金作为项目的收入。在经营一段时间后，项目建设单位以这种来自于政府的"收益权"作为证券化"资产"在资本市场发行证券。

8.5.4.3 项目打包融资创新模式

在基础设施项目中，既有能够产生足够现金流的经营性项目，又有只能产生部分现金流的基础设施项目，还有不能产生现金流的非经营性项目。若在一个基础设施项目公司中，同时存在上述两种甚至多种项目，且整体资产具有稳定的未来现金流，那么，可以采取项目打包的形式向银行申请贷款或进行融资。其运行模式如图8.5.2所示。

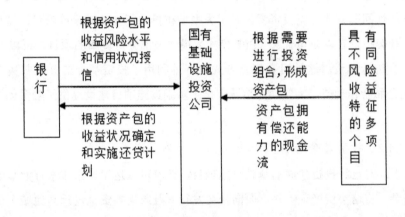

图 8.5.2　打包信贷运作模式

项目打包融资创新关键是要根据不同项目的收益回报特性，实现所谓项目打包或项目组合，使其具有融资可行性。根据项目之间的关系，项目打包融资又可以进一步细分为同类项目打包和关联项目打包两种，或者说，可以从"同类项目组合"或"关联项目组合"两个方向去开展项目组合打包，实现融资创新。

城市排水行业同类项目打包，是指对某个城市同属排水行业的各种建设项目或者排水行业基础设施建设中具有某种特性的同类项目进行打包合并，整体引入社会资本进行投资、建设和运营。如"污水处理厂+排水管网"项目打包。根据《国务院关于创新重点领域投融资机制鼓励社会投资的指导意见》（国发〔2014〕60号），国家鼓励打破以项目为单位的分散运营模式，实行规模化经营，降低建设和运营成本，提高投资效益。对城市排水行业各种项目实现同类打包融资，有利于获取排水项目规模经济效益，降低项目的建设和运营成本，减少项目整体风险，提高项目融资规模和效率。

城市排水行业关联项目打包，是指将城市排水行业建设项目与城市内相关联的多个其他行业建设项目进行跨行业、跨区域打包，引入社会资本进行投资、建设和运营。关联打包融资通常包括多个紧密关联行业的基础设施项目，如"市政道路+地下综合管廊打包+排水管网"，融雨污水收集、储存和排放与城市绿化建设于一体的"海绵城市"建设项目等。根据国家财政部、住房和城乡建设部《关于市政公用领域开展政府和社会资本合作项目推介工作的通知》（财建〔2015〕29号），城市供水、污水处理、供热、供气、垃圾处理项目应实行厂网一体、站网一体、收集处理一体化运营，鼓励项目通过有效打包整合提升收益能力，以促进一体化经营、提高运营质量和效率，将城市排水建设项目与城市其他基础设施建设项目关联打包融资，有利于突破项目性质限制，通过关联性较高行业项目的整合，实现不同类型项目的协同建设、运营，提高项目的整体收益能力，降低建设和运营成本，实现规模化经营和资源共享，提升城市融资效率。

8.5.4.4 资本市场融资创新模式

资本市场是城市排水行业项目建设市场化融资的重要出口。要通过打通排水项目与资本市场的联系，将资本市场作为吸纳公众投资者、机构投资者和国外投资者的通道和出口，将城市排水行业融入到我国多层次资本市场的建设体系中去。我国是全世界居民储蓄率最高的国家之一，城市居民持有大量沉淀资金，缺乏长期稳定可靠的投资通道，因此，应大力发展资本市场，鼓励各类城市排水企业上市，将社会闲散资金集中投入城市排水行业项目。这不仅能够有效解决城市排水行业建设资金短缺问题，而且可以满足公众货币资产保值增值的需要，促进我国资本市场的供需平衡和良性发展。

资本市场融资创新主要有两个方向。其一，排水服务企业通过 IPO 上市。其二，上市公司直接参与城市排水行业项目建设，通过发行新股、配股、扩股等途径获得资金并投入到城市排水行业中。目前，我国已经有十几家上市公司从事供水和污水处理业务，主营业务范围包括自来水供应、污水处理和中水供应。水务行业平均利润率比较高，行业整体经营业绩良好。这些上市公司的控股股东大都是地方政府国资委，体现了水务行业以国有资产为主导、国有经济和民营经济混合发展的资本结构（见表8.5.1）。

表 8.5.1　城市排水行业主要上市公司控股股东及其经营情况

股票简称	大股东	控股比例（%）	资产负债比例(%)	排水业务营业收入占比（%）	营业收入与利润		
					营业收入（亿元）	净利润（亿元）	净资产收益率（%）
首创股份	北京市政府（首创集团）	59.51	67.33	15.01	70.61	5.36	6.86
重庆水务	重庆市政府	88.56	30.55	58.68	44.88	15.52	11.65
瀚蓝环境	佛山市政府	39.56	60.24	5.39	33.57	4.03	9.81
兴蓉环境	成都市政府（成都兴蓉集团）	42.10	41.45	41.32	30.62	8.25	10.54
洪城水业	南昌市政府（南昌水业集团）	34.72	62.00	62.82	16.18	1.90	9.76
创业环保	天津市政府（天津市政投资）	50.14	54.04	84.25	19.34	3.31	7.73
中山公用	中山市政府	50.75	19.69	无数据	12.3	14.84	17.35
国祯环保	丸红株式会社	34.99	76.95	100	10.46	0.75	9.45
绿城水务	陈荣		62.65	46.01	11.3	2.37	11.59
武汉控股	武汉市政府（武汉水务集团）	44.09	42.75	84.68	11.99	3.36	7.81
江南水务	江阴市政府	58.37	38.30	1.10	8.56	2.7	12.90
中原环保	郑州市政府	53.65	58.81	55.76	5.18	1.02	10.95
渤海股份	天津泰达	38.81	53.38	3.35	7.61	0.45	4.62
国中水务	国中（天津）水务	15.62	33.42	52.04	4.75	-1.18	-4.53
巴安水务	张春霖	19.40	60.86	100	6.79	0.77	12.12

数据来源：2015年上市公司年报。

8.5.4.5　项目融资链条创新模式

项目融资链条创新模式是指 BOT 或其衍生模式与资产支持证券化（ABS）或融资租赁模式的组合。这个组合的运作方式为：项目投资公司采用 BOT 方式投资于基础设施项目 —— 项目 A，等项目建成进入运营阶段可以通过融资租赁或资产证券化方式把项目转换成资金，再采用 BOT 或其他方式投资另一个新项目 —— 项目 B，项目 B 进入经营阶段又可以继续实施融资租赁或资产证券化获取资金，投资公司又可以用这批资金投资其他项目 —— 项目 C，这样一次次"融资—投资"循环，形成项目投融资链条 [1]。其运作模式如图 8.5.2 所示。此种方式能够发挥项目公司的管理优势，使公司得以滚动发展。

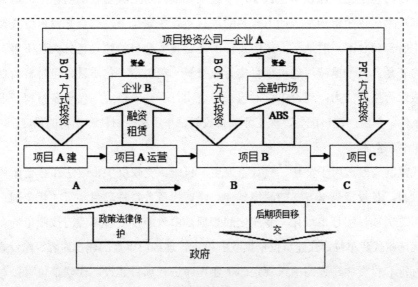

图 8.5.3　项目融资链条模式运作图

8.5.5　积极发展城市排水行业项目融资

城市排水行业项目按项目投资主体、运作模式、资金渠道及权益归属等，分为非经营性和经营性项目，而经营性项目又可分为准经营性及纯经营性项目。项目分类定性随着政策及条件因素等的变化会发生互相转化。非经营性、纯经营性及准经营性项目的属性，只是在特定条件下的表现形式，政策、价格及外部环境的变化会

---

[1]　张同功 . 项目融资模式创新研究 [J]. 中国投资 , 2010(5):95-97.

直接影响其项目性质，从而使项目的属性相互转化。

8.5.5.1　非经营性项目融资

非经营性城市排水行业项目资金的投入主要是财政资金。财政资金投资项目的运作模式主要是政府投资运作模式，项目资金实行统一管理。其具体运作可采取投资包干制、代建制、项目采购制三种方式[1]。

A. 投资包干制

包干制是指对城市排水行业计划确定的建设项目，在建设规模、投资总额、建设工期、工程质量和材料消耗五个方面，通过签订协议，实行包干的一种责、权、利相结合的经济责任制。其形式包括建设单位对上级主管部门包干，施工单位对上级主管部门包干或对建设单位包干，下级主管部门对上级主管部门包干，地方组织对工程技术比较简单和需劳动力较多的项目实行统建包干，综合开发单位或设计单位对主管部门包干，对地区、部门实行不指定具体项目的建设任务大包干等。包干主要内容是：包干单位对建设项目实行包投资、包工期、包质量、包材料消耗量、包形成综合生产能力；建设单位对包干单位实行保建设资金、保设备材料、保外汇配套条件、保生产定员配备、保工业项目投料试车所需原材料和燃料的供应。

B. 代 建 制

代建制一般适用于文化、教育、卫生、科研、党政机关、政法和社会团体等公益性项目，是投资包干方式的深度延伸。政府投资公益性项目实行"代建制"的实质是对这类项目实行市场化、专业化的管理，由政府投资管理部门按照市场竞争原则择优选定代建单位，代建单位依据政府投资管理部门审定的建设内容、建设规模、建设标准和投资额，遵循国家规定的基建程序进行项目建设。代建单位直接对政策承担按质、按量、按期完成项目建设和控制投资的责任，与项目建成后的使用单位没有经济利益的联系。

"代建制"克服了以往建设单位和项目建成后的使用单位合一的弊端，将政府投资管理部门对于项目的投资控制有效地延伸于项目的整个建设实施过程，强化了政府的投资主体地位，并以此为龙头，规范项目建设管理。

明确划分政府投资管理部门、项目建成后的使用单位和代建单位三者的关系是实行"代建制"的重要前提。这三者之间的关系，一方面要有利于强化政府投资管

---

[1]　孙晓光 . 城市基础设施建设及其投融资研究 [D]. 天津大学 , 2004.

理部门的投资控制职能，发挥代建单位的建设管理自主权，兼顾项目建成后使用单位的正常要求，另一方面要能够保证政府投资管理部门对代建单位和项目建成后的使用单位的制约，以及项目建成后的使用单位和代建单位相互之间的制约[1]。推行"代建制"应高度重视项目的可行性研究，维护投资估算的科学性与严肃性。建立"代建制"招投标制度，以政府投资管理部门为主，通过公开、公平、公正的招投标方式确定代建单位。

C. 项目采购制

政府采购是指采购机关以购买、租赁、委托或雇佣等方式获取货物、工程和服务的行为。这种方式主要适用于复杂程度高的工程。可采用双重采购方式，其操作路径为：项目的未来使用单位提出项目设想和使用要求→政府实行项目方案采购→政府确定具体方案并公示项目→组织项目订单采购→同中标单位签约和办理相关手续→由中标单位组织实施→项目竣工，项目投资方，建设方和使用方联合验收，办理交接手续→项目结算→项目资产过去时入政府专门账户。

从财政投资方式的资金使用效率、资产管理和项目实施的有效性来看，包干制较差，代建制次之，项目采购制较好。因此，今后高效率财政投资机制的主要实现形式是代建制和项目采购制，这也是优化财政投资方式的主要方向。

8.5.5.2　经营性项目资金的运作模式

经营性城市排水行业项目的资金运作，政府投资主要以货币和资产作为资本金投入，在政策上给予扶植和引导，大量吸收社会资金，本着"谁投资，谁受益"原则，积极拓宽资金融资渠道，走市场化道路，实现投资主体多元化。建立规范的适应现代企业制度的公司，其收入用于归还贷款和再投资。条件具备的成立股份制公司，进入资本市场运作融通资金。财政只需注入一定量的项目资本金，即可获得足够的贷款资金，可以充分发挥财政资金的指数效应。主要包括以项目为主体融资的运作方式以及资本市场和金融创新融资的运作方式两种方式。

第一，"产品支付"型融资方式。这种融资机制是项目在还款方式上的一种创新。最早应用在美国石油、天然气和矿产开发项目中，用以解决项目担保问题，是使项目获得无追索权或有限追索权贷款的融资机制。具体讲，就是借款方在项目投产后不以项目产品的销售收入来偿还债务，而是直接以项目产品来还本付息。在贷款得

---

[1]　孙晓光. 城市基础设施建设及其投融资研究 [D]. 天津大学, 2004.

到偿还前，贷款方通过成立特殊目的的公司（SPV）拥有项目部分或全部产品的所有权。在绝大多数情况下，产品支付只是产权的转移而已，而非产品本身的转移。一般情况下，项目公司通常有义务重新买回项目产品或作为贷款人的代理销售这些产品，或更一般的是，贷款方根据项目公司提供给 SPV 的收货或付款协议，以购买商或最终用户承诺的付款责任来收回贷款并获得商业利润。这里贷款方实质上是通过拥有项目的产品权和销售合同获得了贷款的担保。

第二，"预先购买协议"型融资机制。这种融资方式比"产品支付型"融资方式更灵活。同样，贷款方可以成立一个 SPV 来购买商定数量的未来产品或销售收入。项目公司将来支付 SPV 的产品或收入很好，可以用来偿还银行贷款。其结构类似产品支付，通常由担保信托方对产品的销售和产品所有权的购买进行担保。当项目产品需求量大并且具有广阔的销售前景及增值潜力时，开发项目所需资金巨大。项目发起方无法为项目融资提供足够的担保时，可以采用这种融资方式。不过由于采用这种机制时，项目贷款方仍需承担相当的风险，因此融资费用会有所增加，所以采用此种方式时应适当注意。

第三，"远期购买协议"型融资方式和"设施使用协议"型融资方式。为保证项目的市场和增强项目的融资能力，项目公司通常与项目产品的购买者或项目设施的使用者签订"远期购买协议"或"设施使用协议"。前者即项目产品购买者必须按照协议内容定期支付一定的贷款给项目公司，即使项目的购买者实际上根本没有提货也是如此。同样，后者指无论项目设施的使用者是否真正地使用了设施或利用了项目设施所提供的服务，其都需在融资期间定期向设施的提供者支付一定数量的预先确定下来的使用费。实践中，由于项目产品或服务通常是项目产品的购买者或项目设施的使用者所需的，如果项目公司再对远期购买或使用价格赋予适当的优惠，协议是较容易获得的。一旦项目公司获得了此类协议，其在融资市场上的融资能力就会增强，融资成本就会降低 [1]。

第四，"杠杆租赁"型融资方式。为充分利用国家给大型基础设施建设项目的各种优惠政策，以及解决项目融资能力不足的问题，决策者在购买设备时应充分考虑"杠杆租赁"型融资机制以降低设备采购成本，扩大项目融资渠道。所谓"杠杆租赁"是采用"财务杠杆"方式的融资性节税租赁。出租人一般只投资占购置设备

---

[1] 肖林,张曼.中国大型基础项目融资机制研究 [J].上海综合经济,2001(1):36-38.

所需款项 20%—40%，而在经济上拥有设备的所有权，能享受如同百分之百的同等税收待遇。设备购置的其余额项由银行、保险公司或其他金融机构以对出租人无追索权的借款的形式提供。出租人以租赁设备的第一抵押权、收取租金的租赁合同的受让权作为对这些借款的担保。由于大型基础设施建设项目在起初几年通常没有利润或利润极薄，那么它很可能浪费税收优惠，例如折旧、投资税减、利息费用扣减等，此时采取杠杆租赁型融资机制就可以将各种税收优惠转移给出租人，从而最终降低采购费用。

项目发起人利用"杠杆租赁"型融资机制方法有两种。一种是通过组建信托，由其拥有设备，再将设备租赁给项目公司，发起人之间分享税收优惠。采用这种方式，项目发起人除获得经过财务杠杆放大的税收优惠外，还可以取得高达租赁费用 70%—80% 的无追索权贷款。另一种方式是从租赁公司租赁设备，使租赁公司获得放大的税收优惠，从而降低租金；此外，因为出租资产资金来源具有多样性，风险相应的分散，租赁公司有可能进一步降低租金。这样，项目投资偿还者作为承担人，除获得设备的全部使用权外，还相当于获得了低成本、分期偿还的长期贷款。

8.5.6　推行城市排水行业投融资规划

推行城市排水行业投融资体制改革，应促进城市排水企业按照系统性、均衡性、可持续性、财务稳健性、操作性等原则，从更加全面的视角、更宽广的地域范围和更加综合的业务组合，研究和编制城市排水行业或排水运营企业的投融资规划，为城市或企业长远发展提供投融资支撑。

城市排水企业融资规划是以城市规划或市政基础设施规划为基础，以实现城市排水行业可持续发展为目标，以系统工程的统筹兼顾方法为手段，以城市排水企业发展所涉及的土地储备和供应及各类基础设施、公共服务设施、公益设施项目的投资、融资、建设工作为统筹对象，以政策、法规、资源、资金等为输入，以管理体制设计、参与主体分工机制建立、参与主体利益平衡、各类建设时序安排等为输出的城市发展建设管理技术。

综合考虑和分析融资背景、融资项目类型及特征、融资工具及模式、融资来源等因素，编制融资规划，一般包括以下几个环节和步骤：

（1）以实施为导向对现状和规划进行分析。对以实施规划有什么影响为出发点，对城市排水行业的土地利用现状、制约条件、规划文本等进行分析，找出主要的控制性条件。

（2）研究城市排水行业投融资项目。梳理实施规划需要完成的融资项目，按照功能、类型、对应的投融资模式、投融资主体等进行分类，并对各类项目的投融资需求进行估计。

（3）基于规划对可利用资源进行评估。对城市排水行业基础设施工程中能够用于投资项目资金平衡的各种资源进行评估，主要是指政府特许收费项目和土地资源等。结合各类基础设施、公共服务设施等对土地成熟程度及土地价值的影响，进行土地价值评估；对收费项目，对其建立现金流量模型，分析预测其未来资金流特征，用现金流量模型分析其融资支撑强度。这一步的作用在于可作为研究不同开发时序对城市排水行业项目功能和价值影响的基础。

（4）为城市排水行业企业设计发展模式，提出初步的开发时序。在前面的几项研究工作的基础上，与相关的政府主管领导、各行政部门等进行研讨，共同为城市排水行业项目开发工作提出一套发展模式，包括城市排水行业项目开发的启动点、成长模式、价值提升路径等。

从前文的分析可以看出，融资规划的核心是安排城市排水行业项目融资工具组合和开发时序，也就是，在综合分析城市排水行业项目的功能、类型和现金流量特征以及城市排水行业开发中可提供资金来源的资源后，即分析了项目的融资需求和资金来源后，对项目开发的投融资主体、融资工具及模式和资金来源进行安排。

总体而言，推进投融资体制改革，探索建立市场化、企业化导向的城市排水行业新型投融资体制，是全面落实城市排水行业政府绩效管理目标、建立健全我国城市排水行业政府绩效管理体系的关键所在。根据我国城市投融资体制发展阶段、发展现状与问题，应建立新型城市排水行业政府投入制度，完善排水企业现代企业制度，优化排水企业服务价格机制，创新融资工具组合，推行融资规划，同时因地制宜，分类指导，积极引入合理的资金运作方式，推动形成我国城市排水行业投融资新体制。

本章参考文献

[1] 肖林，张曼. 中国大型基础项目融资机制研究 [J]. 上海综合经济，

2001(1):36-38.

[2] 上海财经大学课题组，应望江. 我国城市化过程中的投融资机制创新研究 [C]// 中国投资学会获奖科研课题评奖会论文集 (2004—2005 年度), 2005.

[3] 宁黎明，张忠德，吴惠涛，等. 上海城市基础设施建设投融资的对策研究 [C]// 中国投资学会获奖科研课题评奖会论文集 (2002—2003 年度), 2003.

[4] 米新英，郭凤艳，刘胜花. "城市经营"中的资金筹集与管理机制 [J]. 职业时空，2004(4):30-32.

[5] 甄富春. 转型期我国城建投融资体制变革与城市规划的应对研究 [D]. 同济大学，2007.

[6] 张亚彬. 投资结构调整中政府作用问题研究 [D]. 中国社会科学院研究生院，2003.

[7] 孙晓光. 城市基础设施建设及其投融资研究 [D]. 天津大学，2004.

[8] 崔国清. 中国城市基础设施建设融资模式研究 [D]. 天津财经大学，2009.

[9] 徐星明. 基建程序旧时代的记忆和投资管理新纪元的开启. http://blog.sina.com.cn/s/blog_80fc48090102w164.html.

[10] 李利权. 改革与完善我国林业投融资体制对策研究 [D]. 东北林业大学，2006.

[11] 梁鸿建. 政府融资平台贷款项目风险管理 [D]. 昆明理工大学，2008.

[12] 傅世杰. 我国投融资体制改革概述 [J]. 党政论坛，1998(6):46-47.

[13] 刘卫锋. 投融资体制改革下的民间投资研究 [D]. 天津财经学院，2005.

[14] 段治平. 我国城市水价改革的历程和趋向分析 [J]. 经济问题，2003(2):28-29.

[15] 田江海. 投资体制改革 30 年 [J]. 经济研究参考，2008(51):5-12+30.

[16] 庄从福. 代建制模式下地方运行的困境与出路 [D]. 华侨大学，2013.

[17] 赵晓艳. 深化我国政府投资体制改革 [D]. 四川大学，2007.

[18] 李国义，曲洪建. 政府投资管理体制创新研究 [J]. 商业研究，2006(4):13-15.

[19] 夏梁，赵凌云. "以市场换技术"方针的历史演变 [J]. 当代中国史研究，

2012(2):27-36.

[20]佚名. 市场经济体制框架的主要内容 [J]. 现代经济信息，1995(8).

[21]田中景. 发达国家公用事业市场化的两难困境——以邮政事业为例 [J]. 国家行政学院学报，2011(1):119-122.

[22]郜建人. 城市基础设施的市场化运营机制研究 [D]. 重庆大学，2004.

[23]陈秋颖. 城市排水存在的问题与解决对策 [J]. 中小企业管理与科技旬刊，2009(7):159-159.

[24]汤峥嵘. 面向可持续发展的株洲市水价定价研究 [D]. 中南大学，2010.

[25]佚名. 城市供水价格管理办法 [J]. 城镇供水，1998(6):4-7.

[26]宋春. 我国城市自来水定价机制研究 [D]. 中南林业科技大学，2011.

[27]冯举. 城市供水价格的政府规制研究 [J]. 公民与法：法学版，2009(2):28-32.

[28]杨鸿玮. 现阶段昆明市城市供水价格政府管制研究 [D]. 云南大学，2011.

[29]方惜，许引旺. 城市水务产业的价格规制改革：规制重构 [J]. 水利发展研究，2005, 5(8):42-45.

[30]黄锦坤. 水资源价格形成机制研究 [D]. 贵州大学，2008.

[31]陈华红，胡税根. 我国水价政府规制研究 [J]. 水利发展研究，2007, 7(11):32-37.

[32]姚军. 城市公共事业市场化改革的理论反思与探讨 [J]. 理论探讨，2011(1):174-176.

[33]李捷文，张思静. 浅谈我国投资项目对国外贷款的利用（一）[J]. 中国工程咨询，2013(1):18-24.

[34]张大儒. 我国政府投资与产业结构合理化的实证分析 [J]. 经济体制改革，2013(4):128-132.

[35]韩景华. 外国政府贷款项目绩效评价研究 [J]. 河南科技月刊，2011(2):30-32.

[36]周伟. 国债资金与PPP项目兼容相关问题探讨 [J]. 水工业市场，2012(2):32-35.

[37] 毛腾飞. 中国城市基础设施建设投融资模式创新研究 [D]. 中南大学，2006.

[38] 潘胜强. 城市基础设施建设投融资管理及其绩效评价 [D]. 湖南大学，2007.

[39] 崔国清. 中国城市基础设施建设融资模式研究 [D]. 天津财经大学，2009.

[40] 发展改革委关于企业债券简化发行核准程序的通知.http://www.lawtime.c.

[41] 张同功. 项目融资模式创新研究 [J]. 中国投资，2010(5):95-97.

[42] 徐希竹. 地方政府公共投资研究 [D]. 东北财经大学，2005.

[43] 郑海良. 当前设立水务产业投资基金的可行性的分析 [J]. 当代经济，2007(10S):92-94.

[44] 薛桦. 项目融资理论与应用研究 [D]. 湖南大学，2001.

[45] 金晓霞. 温州城市基础设施有效利用民间资本的路径选择 [D]. 同济大学，2008.

参考文献

[1]Richard S. Williams. *Performance Management*. International Thomson Business Press, 1998.

[2]Holzer, Marc. *Performance Measurement and Improvement in the Public Sector*. Chinese Public Administration, 2000.

[3]Richard C. Kearney. *Public Sector Performance: Management, Motivation, and Measurement*. Boulder, Colorado: Westview Press, 1999:1-2.

[4]Kaplan, Norton. *The strate Foeused Organization*. Harvard Business School Press，2000.

[5] 盛明科 . 服务型政府 —— 绩效评估体系构建与制度安排研究 [M]. 湘潭大学出版社 , 2009.

[6] 威廉姆斯 . 组织绩效管理 [M]. 清华大学出版社 , 2003.

[7] 周志忍 . 效能建设 : 绩效管理的福建模式及其启示 [J]. 中国行政管理 , 2008(11).

[8] 周志忍 . 绩效管理理论释义及判定标准 [J]. 中国人口报 , 2009(03).

[9] 管珍珍 . 市辖区级政府效能建设研究 [D]. 上海交通大学硕士论文 , 2011（05）.

[10] 郭洁 , 沈体雁 . 基于云计算的我国城市排水行业政府绩效管理网络研究温锋华 [J]. 城市发展研究 , 2013（08）.

[11] 盛明科 . 支持政府绩效管理的组织文化特征与培育途径 —— 基于中西方国家比较的视角武汉大学学报（哲学社会科学版）, 2014（09）.

[12] 中国城市排水行业的发展状况与目标 (3), http://www.reader8.c。

[13] 刘维城．世纪之交的我国城市水污染防治技术经济政策 [C]．中国环境保护产业发展战略论坛论文集，2000.

[14] 王悦．市场化条件下的浦东新区排水管理模式转型研究 [D]．同济大学硕士论文，2006.

[15] 中国城市污水处理现状及规划，http://max.book118.c。

[16] 胡燮．国外水资源管理体制对我国的启示 [J]．法制与社会，2008（2）．

[17] 李中锋等．德国的水资源管理与技术创新 [J]．中国水利，2009（23）．

[18] 李宝娟，燕中凯．德国的城市水务 [J]．中国环保产业，2003（12）．

[19] 蔡翔华．公共事业民营化改革中的政府责任 [J]．理论观察，2006（2）．

[20] 中华禹水务产业投资基金筹备工作组．英国水务改革与发展研究报告 [M]．中国环境科学出版社，2007.

[21] 张汉亚．控制项目建设造价的对策建议 [J]．中国工业经济，1998（3）．

[22] 张汉亚．中国经济发展和体制改革报告之中国改革开放30年（1978-2008)[M]．社会科学文献出版社，2008.

[23] 谢玲．中国基础设施投融资体制改革研究 [J]．武汉大学，2005:9.

[24] 崔国清．中国城市基础设施建设融资模式研究 [D]．天津财经大学博士学位论文，2009.

[25] 国家计委：《关于改进计划体制的若干暂行规定》，1984。

[26] 中共中央：《关于建立社会主义市场经济体制若干问题的决定》，1993.11。

[27] 国务院：《关于金融体制改革的决定（国发〔1993〕第91号）》，1993.12。

[28] 财政部：《中央预算资金拨付管理暂行办法》，2000。

[29] 财政部：《关于印发〈预算外资金管理实施办法〉的通知》（财综字〔1996〕104号）。

[30] 国务院：《"十二五"全国城镇污水处理及再生利用设施建设规划》（国办发〔2012〕24号）。

[31] 国家发改委：《国务院关于印发"十二五"节能减排综合性工作方案的通知》

（国发〔2011〕26 号）。

[32] 建设部：《关于做好城镇污水处理信息报送工作的通知》（建办城函〔2007〕805 号）。

[33] 建设部：《关于做好城镇污水处理信息报送工作的通知》（建办城函〔2007〕805 号）。

[34] 建设部：《城镇污水处理厂污泥处理处置及污染防治技术政策（试行）》（建城 [2009]23 号）。

[35] 建设部：《关于印发〈全国城镇污水处理信息报告、核查和评估办法〉的通知》（建城〔2007〕277 号）。

[36] 建设部：《全国城镇污水处理信息报告、核查和评估办法〉的通知》（建城〔2007〕277 号）。

[37] 建设部：《城市污水再生利用技术政策》（建科〔2006〕100 号）。

[38] 环境保护部：《关于加强城镇污水处理厂污泥污染防治工作的通知》（环办〔2010〕157 号）。

[39]http：//baike.baidu.com/view/378714.htm。

[40] 世界银行：http：//www.worldbank.org.cn/Chinese/。

[41] 中华人民共和国国家发展和改革委员会：http：//www.ndrc.gov.cn/。

[42] 亚洲开发银行：htlp：//cn.adb.org/。

[43] 中华人民共和国国家发展和改革委员会：http：//www.ndrc.gov.cn/。

[44] 摘自 http://tzs.ndrc.gov.cn/tzgz/t20060825_81724.htm。

[45] 住建部：《关于加快市政公用行业市场化进程的意见》，2002.12。

[46] 住建部：《城镇污水处理工作考核暂行办法》，2010.7。

[47] 北京市排水集团：《国内主要城市水务管理模式》，2012。

[48] 北京市排水集团：《北京中心城区排水和再生水设施投融资机制工作方案》，2013。

[49] 肖飞 . 我国城市排水主干网与专用管网的衔接管理研究 [D]. 同济大学硕士论文，2008.

[50] 王悦 . 市场化条件下的浦东新区排水管理模式转型研究 [D]. 同济大学硕士论文，2006.

[51] 谢京 . 城市水务大系统分析与管理创新研究 [D]. 天津大学博士论文，2007.

[52] 顾浩 . 从九大城市看我国城市水务管理 [J]. 中国水利，2008(1).

[53] 丁茂战，陈海燕等 . 我国政府社会事业治理制度改革研究 [M]. 北京中国经济出版社，2006.

[54][美]E·S·萨瓦斯 . 民营化与公私部门的伙伴关系 [M]. 中国人民大学出版社，2002.

[55] 黄昀 . 城市排水行业管理体制不同模式的比较和分析 [J]. 城市排水，2003(4).

[56] 常永明 . 我国水务管理体制改革问题初论 [D]. 河海大学硕士学位论文，2006.

[57] 姚勤华等 . 法国、英国的水务管理模式 [J]. 城市问题，2006(8).

[58] 朱建民 . 以色列的水务管理及其对北京的启示 [J]. 北京水务，2008(2).

[59] 徐朝阳 . 中国城市水务行业市场化研究 [D]. 中国社会科学院博士论文，2011.

[60] 孟飞琴，原晓明 . 浅谈上海市排水管理存在的问题及其发展趋势 [J]. 上海水务，2016, 32(1): 52-57.

附录一 排水行业省级政府绩效评价人民满意度调查问卷

您好!

城市排水行业系统是指从事城市排水系统收集、输送、处理和排放城市污水和雨水的经营单位或者个体的组织结构体系。排水系统是现代化城市的重要基础设施。在城市排水行业市场化进程的宏观背景下,为维护人民群众的利益,保证排水行业的安全运行,省级政府部门必须切实加强对排水行业的监管。为了更好地了解您的需求和期待,为您提供更加优质的公共服务,我们诚挚邀请您参加排水行业省级政府绩效评价人民满意度调查。请您根据实际情况回答问卷并提交,我们承诺将对您所填写的信息严格保密。

感谢您对排水行业省级政府绩效评价工作的大力支持!

排水行业省级政府绩效评价领导小组(机构名)

××××年×月×日

第一部分 个人基本信息

1、您的性别是:

A. 男 B. 女

2、您的年龄是:

A.20—31 岁 B.31—40 岁 C.41—50 岁 D.51—60 岁 E.61—70 岁

F.71—80 岁

3、您的教育程度为：

A. 高中毕业　B. 大学本科　C. 硕士研究生　D. 博士研究生　E. 其他

4、您来自的地区为：

A. 省级或副省级城市　B. 地级市　C. 县级市　D. 农村

5、如果我们有深入调查需要，您是否愿意参加：

A. 愿意　B. 不愿意

第二部分　满意度调查

6、您对省级政府排水工作的整体评价是：

A. 非常满意　B. 比较满意　C. 一般，因为

D. 不满意，因为

E. 非常不满意，因为

7、您对您所在地区的排水服务价格是否满意：

A. 非常满意　B. 比较满意　C. 一般，因为

D. 不满意，因为

E. 非常不满意，因为

F. 不了解

8、您对您所在地区的污水处理工作是否满意：

A. 非常满意　B. 比较满意　C. 一般，因为

D. 不满意，因为

E. 非常不满意，因为

F. 不了解

9、您对您所在地区的雨水处理工作是否满意：

A. 非常满意　B. 比较满意　C. 一般，因为

D. 不满意，因为

E. 非常不满意，因为

F. 不了解

10、您对您所在地区的排涝工作是否满意：

A. 非常满意 B. 比较满意 C. 一般，因为

D. 不满意，因为

E. 非常不满意，因为

F. 不了解

11、您对您所在地区的排水处理企业服务态度是否满意：

A. 非常满意 B. 比较满意 C. 一般，因为

D. 不满意，因为

E. 非常不满意，因为

F. 不了解

12、您对您所在地区的排水处理企业服务效率是否满意：

A. 非常满意 B. 比较满意 C. 一般，因为

D. 不满意，因为

E. 非常不满意，因为

F. 不了解

13、您对您所在地区排水工作政府主管人员的态度是否满意：

A. 非常满意 B. 比较满意 C. 一般，因为

D. 不满意，因为

E. 非常不满意，因为

F. 不了解

14、您对您所在地区排水工作政府主管人员的效率是否满意：

A. 非常满意 B. 比较满意 C. 一般，因为

D. 不满意，因为

E. 非常不满意，因为

F. 不了解

15您对城市景观水体质量是否满意：

A. 非常满意 B. 比较满意 C. 一般，因为

D. 不满意，因为

E. 非常不满意，因为

F. 不了解

16、您认为您所在地区的排水服务与上年度相比的变化是：

A. 显著提高，因为

B. 有所提高，因为

C. 无变化，因为

D. 有所下降，因为

E. 显著下降，因为

F. 不了解

17、对于排水行业省级政府的工作，您希望我们做出哪些改进？（310字以内）

问卷到此结束！

再次感谢您的参与！

附录二　《排水行业政府绩效考核年度报告》

提纲 [1]

第一部分　前　言

本部分拟邀请排水行业政府部门主要领导，从排水行业政府主管部门的地位、职责、工作、面临的问题与挑战等方面对排水行业政府部门的年度工作进行总体评价，并且指出未来工作的发展趋势与努力方向。本部分是对排水行业政府部门年度工作的整体把握和方针指引，在整个绩效报告中发挥总领性、全局性的作用。

第二部分　排水行业政府年度绩效目标回顾

本部分以排水行业长期规划和年度计划为依据，介绍排水行业政府主管部门的愿景、任务和责任，梳理本年度排水行业政府主管部门应完成的目标体系，为年度绩效表现的评估和改善提供基础和依据。

---

[1]　本绩效报告可适用于对省级、市级、县级等各级排水行业政府主管部门的绩效考核。

第三部分 排水行业政府年度绩效报告

本部分主要由三个章节构成,是绩效报告的核心和关键。本部分首先从排水行业政府绩效评价体系的二级指标入手,分指标对各层级政府部门的工作原则、工作成果、尚未解决的问题、下一年度基本工作规划等内容进行总体介绍和评价。其次,本部分使用绩效评价分值对每个二级指标及其包含的三级指标进行具体分析,分析结果包括政府间绝对数值排名、各政府年度分值和排名的相对变化等,全方位、多角度地对排水行业政府部门的工作绩效进行动态比较与评价。最后,根据排水行业政府绩效评价总分值进行政府间排名,并结合历年变化趋势进行评价。

本部分政府间排名和年度变化拟基本使用图表形式展示,评价部分拟综合使用图片、文字框等形式对表现突出的案例进行专题分析。

3.1 年度分指标总体概况

3.2 年度分指标绩效排名及变化趋势

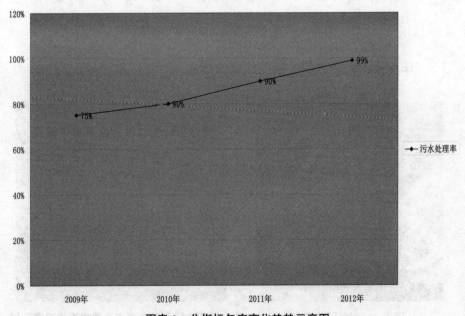

图表 1 分指标年度变化趋势示意图

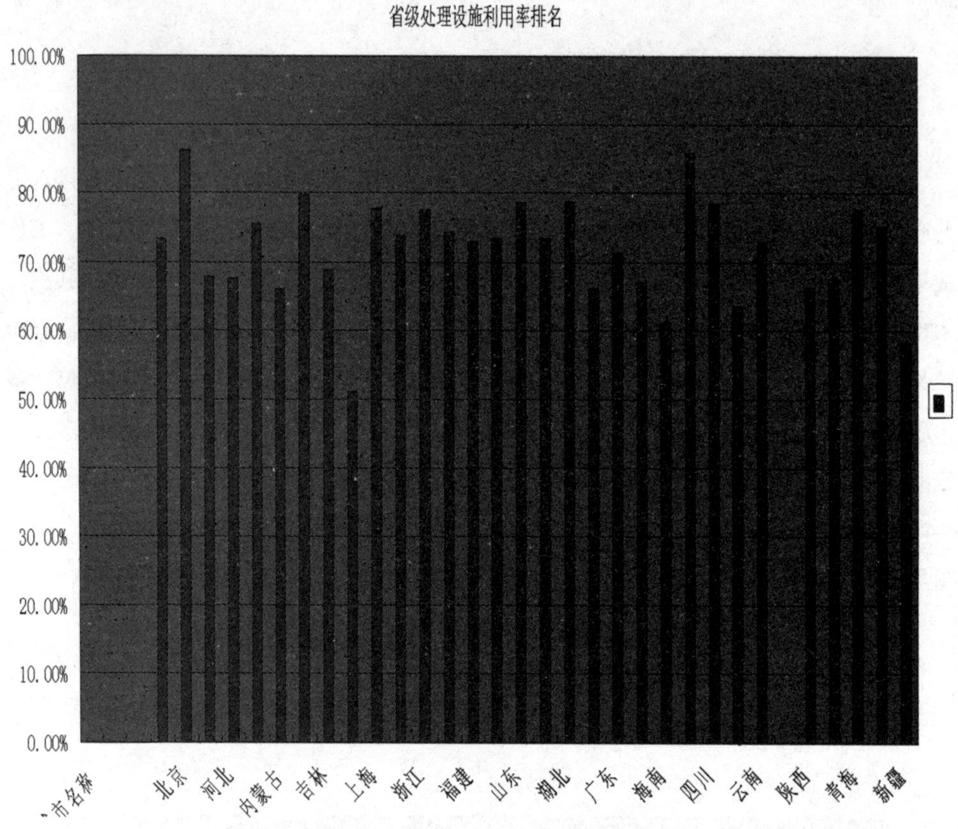

省级处理设施利用率排名

图表 2　政府间分指标绩效评价示意图

3.3　年度排水行业政府主管部门绩效排名

图表 3　相关图片示例

排水行业整体发展水平普遍提高

　　江西省财政支持城镇污水处理设施配套管网建设

　　……

　　北京 2012 年将完成八座污水处理厂升级工作

　　……

图表 4 行业年度重点新闻或事件报道示例

第四部分　问题、建议与展望

本部分以排水行业政府年度绩效报告为基础，点评该年度绩效表现落后的地方政府，并从整体上分析各地方政府排水工作出现的变化和面临的主要挑战。在对问题进行总结的基础上，对排水行业未来发展提出意见与建议。

4.1　相对落后的地方政府及其绩效表现

4.2　排水行业政府面临的问题与挑战

4.3　排水行业政府发展趋势与路径分析

第五部分　附　　录

本部分主要包括年度排水行业政府绩效考核的指标解释、数据来源、采集时间、采集方法、特殊备注等内容，对整个绩效报告起到解释和支撑作用。

5.1　绩效考核指标解释

5.2　年度排水行业政府绩效指标基础数据

5.3　用户满意度问卷

附录三　城镇排水政府绩效管理指标及其评分标准

考核项目		考核内容	评价方法与标准（每项从100分开始扣除，直至扣完为止）	权重	评价依据	备注	指标类型
1. 能力建设与资源保障（权重50%）	1.1 机构	1.1.1 主管部门	按照地方政府"三定"方案设置城镇排水主管部门，并明确其管理职责。	未设置城镇排水主管部门的，扣100分；未明确其制度建设、运营管理、水质监管、改造建设等职责的，扣50分。	3%	1.《城镇排水与污水处理条例》（征求意见稿）；	2011年12月，国务院法制办就《城镇排水与污水处理条例》征求社会意见，参考设置此项。	基本指标
		1.1.2 监测机构	检查是否建有国家站或其他监测站。	对省级政府，未建有国家站的，扣100分；对其他政府，未建有监测站的，扣100分。	2%	1.《城镇排水与污水处理条例》（征求意见稿）；2.《城市排水监测工作管理规定》；3.《关于进一步加强城市排水监测体系建设工作的通知》；4.《污水排入城镇下水道水质标准》（CJ343）；5.《城镇污水处理厂污染物排放标准》（GB18918）。		基本指标
	1.2 人员	1.2.1 管理人员	按照"三定"方案配置城镇排水主管部门管理人员。	未配置城镇排水管理人员的，扣100分；配置的人员数达不到规定的，扣50分；管理人员不熟悉城镇排水相关法规制度和标准规范、不了解当地城镇排水情况的，扣50分。		1.《城镇排水与污水处理条例》（征求意见稿）；2.国务院办公厅关于印发住房和城乡建设部主要职责内设机构和人员编制规定的通知。		扩展指标

一级指标	二级指标	三级指标	检查内容	评分标准	权重	依据	指标类型
1. 能力建设与资源保障（权重50%）	1.3 制度	1.3.1 接入排水管网许可证制度	查阅是否建立和实施接入管网许可证制度，包括申请、核发许可证的标准、流程等制度。	未执行国家有关制度的，扣100分；未制定本地制度的但执行国家有关制度的，扣50分。	4%	1.《中华人民共和国水污染防治法》；2.《城镇排水与污水处理条例》（征求意见稿）。	基本指标
		1.3.2 城镇污水处理设施维护运营许可证制度和维护运营合同制度	检查是否建立城镇污水处理设施维护运营许可证制度和维护运营合同制度。	未建立城镇污水处理设施维护运营许可证制度，扣50分；未建立运营合同制度的，扣50分。	4%	1.《中华人民共和国水污染防治法》；2.《城镇排水与污水处理条例》（征求意见稿）。	基本指标
		1.3.3 排水监测制度	检查建立排水监测制度的情况。	未执行国家有关制度的，扣100分；未制定本地制度的，扣50分。		1.《中华人民共和国水污染防治法》；2.《城镇排水与污水处理条例》（征求意见稿）；3.《城市排水监测工作管理规定》；4.《关于进一步加强城市排水监测体系建设工作的通知》。	扩展指标
		1.3.4 排水价格、收费和财政补贴制度	检查建立排水价格管理办法、污水处理费征缴办法和财政补贴办法的制定情况。	未有明确的排水价格管理办法的，扣25分；未有污水处理费征缴办法的，扣25分；未有污水处理收费不足以支付设施运营成本下的财政补贴办法的，扣25分；未有污水处理费审计办法的，扣25分。	4%	1.《城镇排水与污水处理条例》（征求意见稿）；2.《市政公用事业特许经营管理办法》。	基本指标

		指标	评分标准	扩展指标
1. 能力建设与资源保障（权重50%）	1.3 制度	1.3.5 排水企业管理和考核制度	查阅地方制定的排水企业管理和考核制度的文件。政府直接委托经营主体的：未制定监督考核制度的或未签订考核目标责任协议的，扣100分；通过市场选择经营主体的：未按照《市政公用事业特许经营管理办法》进行招投标选择的，扣100分。	1.《市政公用事业特许经营管理办法》；2.《关于加快市政公用行业市场化进程的意见》；3.《关于加强市政公用事业监管的意见》。
		1.3.6 服务与投诉监管制度	查阅地方制定的城镇排水投诉监管、政风行风评议等有关制度以及评议结果通报材料等。未建立城镇排水服务与投诉监管制度的，扣100分。	1.《关于加强市政公用事业监管的意见》。
		1.3.7 行业监管与信息发布制度	查阅地方制定的行业检查与督察管理制度的文件，以及相应的监督检查报告等材料。未建立行业检查督察制度或污水处理信息发布制度的，扣50分；没有行业检查督察经费来源的，扣25分；行业监管记录和信息发布材料不完备的，扣25分。	1.《城镇排水与污水处理条例》（征求意见稿）；2.《市政公用事业特许经营管理办法》。
		1.3.8 应急管理制度	查阅地方制定的城市排水安全应急预案制度文件，以及相应记录等材料。未制定城镇排水、污水处理、防洪防涝应急管理制度的，扣100分；制定了应急管理制度但未经同级人民政府批准或备案的，扣50分。	1.《中华人民共和国水污染防治法》；2.《突发事件应对法》；3.《城镇排水和污水处理条例》（征求意见稿）；4.《城镇污水处理厂运行、维护及安全技术规程》（CJJ 60-2011）。

一级指标	二级指标	指标	检查内容	评分标准	权重	基本／扩展指标依据	扩展指标
1. 能力建设与资源保障（权重50%）	1.3 制度	1.3.9 部门联动制度	检查本级政府气象、水利、环保、排水等部门之间建立城镇排水和内涝防治数据共享、会商和联动机制。	环保部门与排水部门间建有数据共享和联动机制的，打50分；部门间建有会商和联动机制的，打50分；二者都有的，打100分；二者都没有的，打0分。		1.《城镇排水与污水处理条例》（征求意见稿）	（扩展指标）
	1.4 规划（权重50%）	1.4.1 城镇排水与污水处理规划	检查是否编制《城镇排水与污水处理规划》。	未编制的，扣100分；已编制但未报批或备案的，扣50分。	3%	1.《城乡规划法》；2.《中华人民共和国水污染防治法》；3.《城镇排水与污水处理条例》（征求意见稿）；4.《城市排水工程规划规范》（GB50318-2000）。	（基本指标）
		1.4.2 城市（雨水）防涝综合规划	检查是否编制《城市排水（雨水）防涝综合规划》。	未编制的，扣100分；已编制但未报批或备案的，扣50分。	3%	1.《城乡规划法》；2.《城镇排水与污水处理条例》（征求意见稿）；3.《城市排水工程规划规范》（GB50318-2000）；4.《国务院办公厅关于做好城市排水防涝设施建设工作的通知》（国办发〔2013〕23号）；5.《关于印发城市排水（雨水）防涝综合规划编制大纲的通知》。	参照《城市排水（雨水）防涝综合规划编制大纲》

		指标名称	考察内容	评分标准		依据	
1. 能力建设与资源保障（权重50%）	1.4 规划	1.4.3 城镇排水与污水处理应急预案	检查编制城镇排水与污水处理应急预案的情况。	本级政府未编制城镇排水与污水处理应急预案的，扣50分；主要城镇排水与污水处理设施维护运营单位有一个未制定应急预案的，扣50分。	3%	1.《中华人民共和国水污染防治法》；2.《突发事件应对法》；3.《城镇排水与污水处理条例》（征求意见稿）；4.《城镇污水处理厂运行、维护及安全技术规程》（CJ 60-2011）。	应急预案框架包括总则、组织机构、运行机制、监督管理等部门。应急保障体系、应急处置、信息保障等五个内容。分包括事故善后处理、报告与发布；应急处置部分包括应急技术专家源、备用水源、贮备资金、通讯、交通、医疗、监测、监督管理、培训等，括预案的演练。基本指标
	1.5 信息/科技	1.5.1 数据上报率	考察在建项目和运行项目的信息上报情况。	数据上报管理分值=（在建项目分值+运行项目分值)*50。其中，在建项目分值=（计算结果小于0时，按0计）。	4%	1.《城镇排水和污水处理条例》（征求意见稿）；2.《城镇污水处理工作考核办法》；3.《关于印发〈全国城镇污水处理信息报告、核查和评估办法〉的通知》（建城〔2007〕277号）；4.《关于做好城镇污水处理信息报送工作的通知》（建办城函〔2007〕805号）。	沿用《城镇污水处理工作考核办法》的指标，并采取"全国城镇污水处理管理信息系统"数+据。基本指标
		1.5.2 智慧排水系统（城市防涝信息化管控平台）	考察政府和主要排水企业的排水信息化系统和管网整合建设情况。	本级政府未建立排水信息中心的，扣25分；未建立厂网地理信息系统的，扣25分；未建立调度于一体的管控系统的，扣25分。主要排水企业未建立在线监测系统和信息中心的，扣25分；主要排水企业的在线监测与管网部门未联网的，扣25分。	4%	1.《关于印发城市排水（雨水）防涝综合规划编制大纲的通知》；2.《关于印发城市排水防涝设施普查数据采集与管理技术导则（试行）的通知》。	基本指标

一级	二级	指标	考察内容	评分标准	扩展指标（依据）	基本指标
一、能力建设与资源保障（权重50%）	1.5 信息/科技	1.5.3 排水行业科技含量	考察政府主管部门和主要企业的科技含量情况，包括从事科学技术研究以及采用、改造和采取先进适用技术、工艺、设备、材料的情况。	排水行业科技投入低于本地区科技投入平均水平的，扣25分；排水企业未有高新技术企业的，扣25分；过去1年全行业未有进行技术改造和采取先进适用技术或材料的，扣50分。	1.《城镇排水和污水处理条例》（征求意见稿）；	
	1.6 设施/资源保障	1.6.1 设施覆盖率	考察地区污水处理设施的建设与覆盖情况。	有1及1个设市城市尚未建成城镇污水处理厂的，扣50分；尚未建成城镇污水处理厂县城占该地区县城总数4%的，扣50分；设施覆盖率（即已建成投运污水处理厂的城镇数与占地区城镇总数之和只有在建污水处理厂的城镇数与占地区城镇总数的比）低于全国平均水平的，扣50分。	1.《中华人民共和国水污染防治法》；2.《城镇排水和污水处理条例》（征求意见稿）；3.《"十二五"全国城镇污水处理及再生利用设施建设规划》；4.《全国城镇污水处理信息报告、核查和评估办法》。	截至2013年3月，全国建有污水处理厂达到649个，城市城镇污水处理设施仅有城市总数的98.8%，约占设区有内蒙古自治区阿尔山市等8个城镇尚未建成城镇污水处理厂。全国城镇建成有污水处理厂。全国已有1313个县城建有污水处理厂，约占县城总数的81%。
		1.6.2 排水管网覆盖率	考察地区管网建设与覆盖情况。	地区城镇管网覆盖率（即管网覆盖区建成区面积与建成区总面积之比）小于全国平均水平的，扣50分；地区管网覆盖率小于80%的，扣50分。	1.《中华人民共和国水污染防治法》；2.《城镇排水和污水处理条例》（征求意见稿）；3.《城市排水工程规划规范》（GB 50318-2000）；4.《"十二五"全国城镇污水处理及再生利用设施建设规划》；5.《全国城镇污水处理信息报告、核查和评估办法》。	

	指标	描述	评分标准	依据	备注（指标类型）
1. 能力建设与资源保障（权重）50%	1.6 设施/资产	1.6.3 排水管网密度	地区排水管网密度（即地区管道总长与地区建成区面积的比值）小于9km/km²的，扣100分。	地区排水管网密度（即地区管道总长与地区建成区面积的比值）小于9km/km²的，扣100分。	1.《中华人民共和国水污染防治法》；2.《城镇排水和污水处理条例》（征求意见稿）；3.《城市排水工程规划规范》（GB 50318-2000）。	截至2010年底，我国城市排水管道长度总量达到37万km，城市排水管道密度为9.0km/km²。2002年城市排水管网平均密度：德国平均指标在10km/km²以上；日本在10km/km²以上；美国在20～30km/km²以上。 扩展指标 2%
		1.6.4 污水处理能力	考察地区污水处理建设施的能力情况。	地区污水处理能力比重小于全国平均值的，扣50分。地区已投运和在建污水处理厂总的污水处理能力与地区污水排放总量的比重小于全国平均值的，扣50分。	1.《中华人民共和国水污染防治法》；2.《城镇排水和污水处理条例》（征求意见稿）；3.《"十二五"全国城镇污水处理及再生利用设施建设规划》；4.《全国城镇污水处理信息报告、核查和评估办法》。	地区污水处理能力与地区污水排放总量比值大于1的，不审核。 扩展指标
	1.7 资金/财务	1.7.1 污水处理费总征收率	考察地区污水处理费实际征收情况。	地区污水处理费征收率（即实际征收的污水处理费总额与应征收的污水处理费总额之比）小于90%的，扣100分。	参考《城市污水处理费管理办法》以及各地已经出台的城镇污水处理收费办法，90%是保障污水处理厂正常运营的基本征收率。 1.《中华人民共和国水污染防治法》；2.《城镇排水和污水处理条例》（征求意见稿）。	基本指标
		1.7.2 污水处理费征收覆盖率	考察地区各市县污水处理费征收污水处理率的达标情况。	有1个（含1个）市以上市县未征收污水处理费的，扣100分；污水处理费征收率大于90%的市县比例低于全国平均水平的，扣50分。	参考《城市污水处理费管理办法》以及各地已经出台的城镇污水处理收费办法，90%是保障污水处理厂正常运营的基本征收率。 1.《中华人民共和国水污染防治法》；2.《城镇排水和污水处理条例》（征求意见稿）。	扩展指标

		指标	考察内容	扣分标准	参考依据	基本指标	扩展指标
1.7 资金、财务		1.7.3 污水处理费到位率	考察当地实际征收的污水处理费不足以弥补运营企业方财政对运营企业补贴到位情况。	过去1年实际征收的污水处理费不足以弥补运营企业的污水处理成本，地方财政未给予运营企业补贴到位的，扣50分；享受最低生活保障家庭、社会福利机构和部队免征本地区污水处理费，地方财政应给予运营企业补贴但补贴没有到位的，扣50分。	1.《中华人民共和国水污染防治法》；2.《城镇排水和污水处理条例》（征求意见稿）。		参考《城市污水处理费管理办法》以及各地已经出台的城镇污水处理收费办法
2. 运行水平（权重50%）	2.1 雨污水收集水平	2.1.1 排水体制	考察非干旱地区的新建城市、扩建新区、新开发区或旧城改造地区的排水系统情况。	新建城市、扩建新区、新开发区或旧城改造地区的排水系统未采用分流制的，扣100分。	1.《城乡规划法》；2.《中华人民共和国水污染防治法》；3.《城镇排水和污水处理条例》（征求意见稿）；4.《"十二五"全国城镇污水处理及再生利用设施建设规划》；5.《城市排水工程规划规范》（GB 50318-2000）。		新建城市、扩建新区、新开发区或旧城改造旧城镇的排水系统应采用分流制
		2.1.2 排水许可	考察和检验城镇排水许可制度的落实情况。	排水许可覆盖率（即已获得接入城镇排水管网许可证的排水户数与总排水户数的比值）小于全国平均值的，扣100分。	1.《城市排水许可管理办法》（建城〔2007〕152号）；2.《污水综合排放标准》（GB8978）。	3%	
		2.1.3 污水收集率	考察城镇污水收集和进入城镇污水管网的情况。	污水收集率（即进入城镇污水收集管网的污水总量与城镇污水排放量的比值）小于全国平均值的，扣100分。	1.《城市排水许可管理办法》（建城〔2007〕152号）。		

		基本指标	基本指标	基本指标
2. 运行水平（权重50%）	2.1 雨污水收集水平	2.1.4 监测覆盖率 考察排水监测站对城镇排水水户的排水水量和水质进行监测的记录，以及排水主管部门指定排水监测站对城镇污水处理厂进的出水水量和污泥进行监测的记录。	2% 有1户以上（含1户）重点排污工业企业和重点排水水户未具备检测能力和相应的监测制度的，扣25分；有1户以上（含1户）排水水户未在排水系统的规定位置安装在线监测的，扣25分；有1户以上（含1户）排水水户有排放污水未对城镇排放污水主要水质指标进行实时监测的，扣25分；有1户以上（含1户）《污水排放水户有排放污水不符合《污水综合排放标准》（GB8978）或者发现出水水质、水量和污泥进行定期监测的记录不全或不实的，扣25分。对城镇污水处理厂进的出水水质不符合《污水综合排放标准》（GB8978）或者有单位对城镇污水处理厂进行关行业标准的，扣25分。	1.《城市排水监测工作管理规定》（建城字〔1992〕886号）； 2.《关于进一步加强城市排水监测工作的通知》（建城字〔2012〕62号）； 3.《城市排水许可管理办法》； 4.《污水综合排放标准》（GB8978）； 5.《关于加强城镇污水处理厂运行监管的意见》。
	2.2 出水排放水平	2.2.1 水质化验上报率 考察地区排水水质化验信息及其上报情况。	5% 水质化验管理分值=(COD上报率×2+BOD上报率×1+SS上报率×1+NH3-N上报率×1+TN上报率×0.5+TP上报率×0.5)×100	上报率依据"全国城镇污水处理管理信息系统"数据，取各指标项实报数据与应报期数之比。 1.《城镇污水处理工作考核暂行办法》
		2.2.2 主要污染物消减率 考察地区主要污染物的消减情况。	5% 污染物消减率分值按不同的污染物消减总量的削减量加权计算，计算公式见说明。	主要污染物削减量依据"全国城镇污水处理管理信息系统"数据。 1.《城镇污水处理工作考核暂行办法》

			考察内容	扩展指标	基本指标
2. 运行水平 （权重50%）	2.2 出水排放水平	2.2.3 污泥无害化处理率	检查地区污泥处理的有关台账、记录和报告，计算污泥无害化处理率。	未有污泥处理设施的，扣50分；有1个以上（含1个）污水处理厂未建立污泥管理台账制度、存档和报告制度的，扣10分；有1个以上（含1个）污水处理厂对处理后的污泥及其副产物的去向、用途、用量等的跟踪记录和报告不全的，扣10分；有1个以上（含1个）污水处理厂未建立污泥处理处置信息公开制度的，扣10分；有1个污水处理厂年均污泥处理质量达标率（即年度内出泥质量达标天数占运行天数的百分比）低于全国平均值的，扣10分。 1.《中华人民共和国水污染防治法》；2.《城镇排水和污水处理条例》（征求意见稿）；3.《"十二五"全国城镇污水处理及再生利用设施建设规划》；4.《城市排水工程规划规范》（GB50318-2000）；5.《国家发展改革办公厅、住房城乡建设部办公厅关于进一步加强污泥处理处置工作组织实施示范项目的通知》。	
		2.2.4 年均出水水质达标率	考察地区城镇污水处理厂出水水质综合达标的综合情况。	每发现1个污水处理厂的年均出水水质综合达标率（即年度内出水水质综合达标天数占运行天数的百分比）低于全国平均值的，扣10分。	污水处理厂年均出水率计算方法参照《城镇污水处理厂运营质量评价标准》（征求意见稿）。 1.《中华人民共和国环境保护法》；2.《中华人民共和国水污染防治法》；3.《城市污水再生利用技术政策》（建科〔2006〕100号）；4.《城镇污水处理厂污染物排放标准》（GB18918-2002）；5.《污水综合排放标准》（GB8978-2002）；6.《城镇污水处理厂运营质量评价标准》（征求意见稿）。

指标类别（权重）		指标名称	考核内容	评分标准	依据	指标属性及目标值
2. 运行水平（权重50%）	2.2 出水排放水平	2.2.5 污水再生水利用率	考察地区污水再生水利用情况，以及相关设施建设、运行监管和保障措施等方面的文件资料。	北方地区缺水城市每发现一个污水再生水利用率（即城镇污水再生水利用量与污水排放量之比）达不到15%，扣10分；南方沿海缺水城市每发现有一个或以上达不到10%的，扣10分；每发现一个缺水城市的城市污水防治规划、水污染防治规划、建设规划与城市的城市污水总体规划、城市污水处理及再生水利用设施建设规划，市政工程管线规划、城市供水和排水专项规划中不包含城市污水再生水利用规划，扣10分；再生水水质达不到国家及地方水质标准的，扣25分，或再生水水质监测部门不明确的，扣25分。	1.《中华人民共和国水污染防治法》；2.《城镇排水和污水处理条例》（征求意见稿）；3.《城市污水再生利用技术政策》（建科[2006]100号）；4.“十二五”全国城镇污水处理及再生利用设施建设规划》（国办发[2012]24号）；5.《城市污水处理厂施工及验收规范》；6.《城市再生水管道施工及验收规范》。	基本指标：2010年北方缺水城市的再生水利用率达到10%，南方沿海缺水城市污水直接排放量达到15%；南方沿海缺水城市达到5%~10%；2015年北方地区缺水城市应达到20%~25%，南方沿海缺水城市应达到10%~15%
	2.3 设施运行水平	2.3.1 处理设施利用率	考察地区污水处理设施利用率，也就是总负荷率情况。	处理设施利用效率按不同运行计算，处理率对应的实际处理水量加权计算，荷率公式见说明。（5%）	1.《城镇排水和污水处理法》；2.《城镇污水处理厂运行、维护及安全技术规程》（CJJ 60-2011）；3.《城镇污水处理厂运营质量评价标准》（征求意见稿）。	基本指标：运行负荷率依据“全国城镇污水处理管理信息系统”数据。
		2.3.2 污水处理厂运行负荷率达标率	考察地区污水处理厂投入运行后实际处理负荷率的达标率情况。	地区污水处理达标率（即污水处理厂投运1年内负荷率小于60%的处理厂数量）低于该地区污水处理厂总数的比例的，扣50分；地区污水处理达标率低于全国平均水平的，扣50分；污水处理厂投运3年内负荷率小于75%的污水处理厂占该地区污水处理厂总数的比例，扣50分。	1.《城镇排水和污水处理条例》（征求意见稿）；2.《关于加强城镇污水处理厂运行、维护及安全监管的意见》；3.《城镇污水处理厂运行、维护及安全技术规程》（CJJ 60-2011）；4.《城镇污水处理厂运营质量评价标准》（征求意见稿）。	扩展指标：城镇污水处理厂投入运行后的实际处理负荷率，在一年内不低于设计能力的60%，三年内不低于设计能力的75%。

一级指标	二级指标	三级指标	考核内容	评分标准	权重	政策依据	指标类型	数据来源
2. 运行水平（权重50%）	2.4 效率水平	2.4.1 城镇污水处理率	考察地区城镇污水处理率情况。	地区设市城市中心城区的污水处理率（即污水处理量与污水排放总量的比值）小于90%的，扣50分；县城和镇总的污水处理率小于85%的，扣50分。	4%	1.《城镇污水处理工作考核暂行办法》；2.《城镇排水和污水处理条例》（征求意见稿）；3.《关于加强城镇污水处理监管的意见》；	基本指标	沿用《城镇污水处理考核暂行办法》作为核算指标，并采取"全国城镇污水处理管理信息系统"数据。
		2.4.2 污水处理成本	考察地区污水处理的平均成本，包括平均能耗情况。	若吨污水处理成本（即地区污水处理量的总成本与全国平均值比值）高于全国平均值的，扣50分；若吨污水处理能耗（即地区污水处理量的电量与全国平均值比值）高于全国平均值的，扣50分。	4%	1.《城镇排水和污水处理条例》（征求意见稿）；2.《城镇污水处理厂染物排放标准》（GB18918-2002）；3."十二五"全国城镇污水处理及再生利用设施建设规划》（国发〔2012〕24号）。	基本指标	
	2.5 污水处理厂运行监管水平	2.5.1 年度实施计划	查阅地方制定的城镇排水设施改造和新建项目年度实施计划。	未指定年度实施计划的，扣100分；目或将规划定任务分解落实到具体建设项目或未按年度实施计划的，扣50分；未及时将建设项目进展情况报送住房城乡建设部"全国城镇污水处理管理信息系统"的，扣50分。		1.《城镇排水和污水处理条例》（征求意见稿）；2.《关于加强城镇污水处理厂运行监管的意见》。	扩展指标	采取"全国城镇污水处理管理信息系统"数据。
		2.5.2 建设项目管理	抽查建设项目的管理程序及相关档案。	建设项目未进行施工图审查、竣工验收，建立施工档案的，每缺1项扣10分；改装拆除或移动公共排水设施、新建管网连接未按照要求进行的，扣50分。		1.《建筑法》；2.《建设工程质量管理条例》；3.《城镇排水和污水处理条例》（征求意见稿）；4.《建筑工程施工许可证管理办法》；	扩展指标	

一级指标	二级指标	指标	检查方法	评分标准	权重	指标类型	依据
2. 运行水平（权重50%）	2.5 污水处理厂运行水平（权重50%）	2.5.3 岗前培训与持证上岗	查验培训持证上岗和持证上岗重点岗位人员培训和持证上岗的实施情况。	每工种抽查1-2人，重点检查培训记录、上岗证（健康证、执业资格证等），每发现1人不符合要求的，扣10分。	2%	基本指标	1.《城镇排水和污水处理条例》（征求意见稿）； 2.《关于加强城镇污水处理厂运行监管的意见》； 3.《城镇污水处理厂运行、维护及安全技术规程》（CJJ 60-2011）。
		2.5.4 处理工艺	现场查看污水处理各个工艺环节处理设施的运行情况。	每发现一处不符合国家城镇污水处理厂运行、维护及安全技术规程的，扣10分。		扩展指标	1.《城镇污水处理厂运行、维护及安全技术规程》（CJJ 60-2011）； 2.《城镇污水染物排放标准》（GB18918—2002）。
		2.5.5 运行质量控制水平	现场考核污水处理厂质量控制建立及其落实情况。	未建立排水质量控制操作规程，扣50分；每个处理单元未设置关键控制点及每量化控制指标，每缺1项扣10分；未建立质量控制记录和相关控制点的检测结果，不符合排水质量操作要求的，扣50分；到工序质量控制要求的，扣50分；流量计量仪表未进行定期检定或校准的，扣10分。		扩展指标	1.《城镇排水和污水处理条例》（征求意见稿）； 2.《关于加强城镇污水处理厂运行监管的意见》； 3.《城镇污水处理厂运行、维护及安全技术规程》（CJJ 60-2011）。
		2.5.6 排水设施设备维护保养	查阅污水处理厂制定的排水设施和设备大、中、小维护检修制度。现场查检水设施和设备各合进行经常性保养和清洁的账。	未建立制度的，扣100分；制度不完善的，扣50分；设备完好率在98%以下的，扣50分；排水设施和设备，每发现1处在故障或运行不正常的扣10分；设施设备未进行经常性保养和清洁的，扣10分。		扩展指标	1.《城镇污水处理厂运行、维护及安全技术规程》（CJJ 60-2011）

一级指标	二级指标	考核方法	评分标准	参考标准	指标类型
2. 运行水平（权重50%） 2.5 污水处理厂运行监管水平	2.5.7 安全生产	查阅污水处理厂制定的安全生产相关制度，对在生产岗位工作人员的安全操作技能进行现场考核。	未建立安全生产相关制度、巡回检查制度、交接班制度、安全防护制度和事故报告制度等）或安全生产制度不完善的，每缺1项扣10分；未设置安全生产专职监管人员的，扣50分；抽查岗位人员操作技能熟练程度，每发现1人不熟练的，扣10分。	1.《城镇污水处理厂运行、维护及安全技术规程》（CJ 60-2011）；2《城镇给水排水技术规范》（GB50788-2012）。	扩展指标
	2.5.8 安防监控	查验门卫制度，现场检查污水处理厂安防监控重点部位。	未建立门卫制度的，扣10分；未配置安防监控系统，且监控数据储存时间少于15天的，扣20分；在消化池、污泥气管道、贮气罐、污泥处置构筑物等易燃易爆构筑物处未配备消防器材的，或器材不能正常使用的，每发现1项扣10分。	1.《城镇污水处理厂运行、维护及安全技术规程》（CJ 60-2011）；2《城镇给水排水技术规范》（GB50788-2012）；3《建筑设计防火规范》（GB50016-2012）。	扩展指标
2.6 排水服务水平（权重50%）	2.6.1 服务普及率/可达性	考察地区排水服务的普及率或服务的可达性。	若地区排水管网服务普及率（即接入地区城镇排水管网的户数与城镇总户数之比）小于全国平均值的，扣50分；若地区污水处理服务普及率（即接入地区城镇排水管网并享受城市污水处理服务的户数与城镇总户数之比）小于全国平均值的，扣50分。 3%	1.《城镇排水和污水处理条例》（征求意见稿） 参考联合国排水服务推荐指标	基本指标
	2.6.2 服务便利性	查看服务窗口设置、热线电话、便利程度等服务情况。	每发现有一个污水处理厂未设服务窗口或服务热线的，扣10分；未提供污水处理费查询、缴费、投诉处理等服务流程的，或未公开污水处理费流程的，扣10分；提供相关服务但现场考核发现服务方式不便利的，扣10分。 3%		基本指标

		基本指标	基本指标		扩展指标
2.运行水平（权重50%）	2.6 排水服务水平	2.6.3 投诉及时处理率与服务满意度	查看排水企业的服务和投诉处理记录，考核服务人员对业务的熟悉程度。	每发现1位服务人员对业务不熟悉的，扣10分；每发现1处无服务相关记录的，扣10分；随机选择若干名用户进行服务电话调查，每1个客户不满意，扣10分；投诉处理及时率小于99%的扣10分。 3%	
	2.7 应急管理水平	2.7.1 应急预案演练	查阅政府和主要企业应急预案的规定及企业应急预案演练记录。	每发现1个企业未按照应急预案定期组织演练的，扣10分；每发现1个企业演练记录不完整的，扣10分。 4%	1.《中华人民共和国水污染防治法》； 2.《突发事件应对法》； 3.《城镇排水和污水处理条例》（征求意见稿）； 4.《城镇污水处理厂运行、维护及安全技术规程》（CJ 60-2011）。
		2.7.2 应急专业处理队伍、装备、器材和物资保障	现场查看应急队伍、设施设备和物资储备情况。	每发现1个企业没有应急处理人员或不能现场联络上应急人员的，扣50分；每发现1个企业未根据应急预案针对本地区风险污染物配置应急设施、设备和其他物资储备的，扣10分。	无应急物资储备，但能够提供应急物资源保障相关证明材料的，不扣分。 1.《中华人民共和国水污染防治法》；2.《突发事件应对法》；3.《城镇排水和污水处理条例》（征求意见稿）；4.《城镇污水处理厂运行、维护及安全技术规程》（CJ 60-2011）。

241

注：

1、处理设施利用效率分值按不同运行负荷率对应的实际处理水量加权计算。

计算公式如下：

$$处理设施利用效率分值 = \frac{A + B \times 0.9 + C \times 0.8 + D \times 0.6 + E \times 0.4 + F \times 0.2 + G \times 0}{A + B + C + D + E + F + G} \times 100$$

其中：

A：运行负荷率≥75%的项目实际处理量（万立方米）

B：70%≤运行负荷率<75%的项目实际处理量（万立方米）

C：65%≤运行负荷率<70%的项目实际处理量（万立方米）

D：60%≤运行负荷率<65%的项目实际处理量（万立方米）

E：50%≤运行负荷率<60%的项目实际处理量（万立方米）

F：30%≤运行负荷率<50%的项目实际处理量（万立方米）

G：运行负荷率<30%的项目实际处理量（万立方米）

运行负荷率依据"全国城镇污水处理管理信息系统"数据。

2、污染物削减效率分值按不同的污染物削减效率的削减总量加权计算。

计算公式如下：

$$主要污染物消减效率分值 = \frac{A + B \times 0.9 + C \times 0.8 + D \times 0.6 + E \times 0.4 + F \times 0.2 + G \times 0}{A + B + C + D + E + F + G} \times 100$$

其中：

A：COD削减量≥300mg/L的COD削减总量（吨）

B：250mg/L≤COD削减量<300mg/L的COD削减总量（吨）

C：200mg/L≤COD削减量<250mg/L的COD削减总量（吨）

D：150mg/L≤COD削减量<200mg/L的COD削减总量（吨）

E：100mg/L≤COD削减量<150mg/L的COD削减总量（吨）

F：50mg/L≤COD削减量<100mg/L的COD削减总量（吨）

G：COD削减量<50mg/L的COD削减总量（吨）

主要污染物削减量依据"全国城镇污水处理管理信息系统"数据。